Impuesto sobre Sociedades (IS): Gestión Fiscal de la Empresa

ADGN068PO Administración y gestión

EF/ADGN068PO/JUNIO/24

Anagrama «LUCHA CONTRA LA PIRATERÍA», propiedad de Unión Internacional de Escritores.

CONSEJO DE REDACCIÓN
Ruth Gómez Talaván
Paloma Fernández Garrido

MAQUETACIÓN
Tirso Gustavo Miranda Álvarez

ILUSTRACIÓN DE CUBIERTA
Ignacio Velasco Marugán

© CEA. Ediciones Valbuena

ISBN: 978-84-1077-070-6
Depósito legal: M-14752-2024
Editado en junio de 2024
Imprime: Ediciones Valbuena, S.A.
Impreso en España. Printed in Spain

Presentación

Comprometidos por ofrecer una propuesta formativa ajustada a las necesidades de la sociedad y del mercado de trabajo, Ediciones Valbuena presenta este manual para la Especialidad formativa del **Impuesto sobre Sociedades (IS): Gestión Fiscal de la Empresa**, perteneciente a la Familia profesional de **Administración y gestión**.

Esta **Especialidad Formativa**, con una duración asociada de 70 horas, se integra en el Catálogo de especialidades con el código ADGN068PO.

En la elaboración de los contenidos hemos pretendido garantizar la **adquisición, mejora y actualización de las competencias profesionales** requeridas en el mercado laboral, así como fomentar el **aprendizaje**.

En nuestra web, **www.edicionesvalbuena.es**, estarás al día de todo en cuanto a información sobre cursos, productos y servicios se refiere, además tendrás la opción de dirigirnos cualquier consulta o sugerencia a través de **adams@adams.es**.

Esperando haber cumplido el objetivo propuesto, te expresamos nuestros mejores deseos de éxito.

Ediciones Valbuena

ÍNDICE

Test de unidades

Iconos de Información

Definición

Recuerda

Ejemplo

Nota

Resumen

Más información

Actividad

UNIDAD DIDÁCTICA 1

Introducción, ámbito espacial, elementos personales, hecho imponible y exenciones.

Introducción

1. Imposición directa sobre la renta

2. Contribuyentes (art.7 LIS)

3. Residencia y domicilio fiscal (art.8 LIS)

4. Presunción de rentas y operaciones vinculadas

5. Exenciones

Los **objetivos** de esta unidad son:

1. Identificar las características del impuesto.

2. Determinar la sujeción al impuesto a partir del domicilio de la entidad.

3. Diferenciar las exenciones subjetivas y objetivas.

4. Interpretar las operaciones vinculadas.

5. Identificar las entidades exentas.

Introducción

En esta unidad conoceremos las características propias del impuesto; los contribuyentes obligados a presentar el IS, y los supuestos que conforman el hecho imponible. También conoceremos el funcionamiento y valoración de las operaciones realizadas entre personas vinculadas. Finalmente, nos dedicaremos a diferenciar los tipos de exenciones subjetivas.

1. Imposición directa sobre la renta

1.1. Legislación

El Impuesto sobre Sociedades (en adelante IS) es un impuesto de carácter directo y naturaleza personal que grava la renta obtenida por las sociedades y otras entidades jurídicas.

El IS está regulado fundamentalmente por las disposiciones siguientes:

- La Ley 27/2014, de 27 de noviembre del Impuesto sobre Sociedades (en adelante, LIS).

- Real Decreto 634/2015, de 10 de julio, por el que se aprueba el Reglamento del Impuesto sobre Sociedades (en adelante RIS).

- Además, hay que tener en cuenta los tratados y acuerdos internacionales suscritos por el Estado español sobre la materia. En este sentido, el artículo 3 LIS dispone que «*Lo establecido en esta Ley se entenderá sin perjuicio de lo dispuesto en los tratados y convenios internacionales que hayan pasado a formar parte del ordenamiento interno, de conformidad con el artículo 96 de la Constitución Española*».

- Los llamados "CDI" o convenios internacionales entre Estados para evitar la doble imposición cuando se obtienen rentas en otros territorios o países extranjeros (para evitar tributar por esas rentas en ese país extranjero y además en España). Estos problemas surgen fundamentalmente cuando las personas o entidades residentes en un Estado obtienen rentas procedentes de otro Estado.

Una sociedad residente en territorio español arrienda un inmueble de su propiedad situado en Francia. Si el Estado de residencia (España) y el Estado de la fuente (Francia) gravan la renta derivada del arrendamiento, se producirá una doble imposición.

Empresa española establecida en Toledo que además de vender bienes en España tiene una sucursal en Rusia. Para evitar que las rentas obtenidas por la misma en el citado país tributen en Rusia y simultáneamente en España, es por lo que se establecen estos acuerdos y tratados internacionales sobre la materia

1.2. Caracteres

El artículo 1 LIS señala que el IS «*es un tributo de carácter directo y naturaleza personal que grava la renta de las sociedades y demás entidades jurídicas de acuerdo con las normas de esta Ley»*.

A partir de esta definición se pueden señalar como caracteres, propios del IS, que es un impuesto: directo, personal, subjetivo, periódico, proporcional, sintético, estatal y plural.

⇨ Se trata de un **impuesto directo,** en la medida en que grava una manifestación directa de la capacidad económica, como es la obtención de renta.

⇨ Se trata de un **impuesto personal**, pues la referencia a una persona determinada (la sociedad o entidad que obtiene la renta).

⇨ Se trata de un **impuesto subjetivo**, pues en ocasiones establece reglas especiales en razón de la naturaleza del contribuyente, como por ejemplo bonificaciones por la obtención de rentas en Ceuta o Melilla o incentivos fiscales para las llamadas empresas de reducida dimensión.

⇨ Se trata de un **impuesto periódico**, ya que grava la obtención de renta durante el período impositivo de la entidad.

⇨ Se trata de un **impuesto proporcional**, porque con independencia de que la base imponible sea mayor o menor el tipo de gravamen aplicable no aumenta con el incremento de la base imponible, sino que se aplica el mismo tipo impositivo (25% con carácter general) a toda la base imponible, sea cual fuere el importe de esta (a diferencia de lo que sucede por ejemplo en el IRPF que es un impuesto progresivo por el cual a mayor base imponible mayor tipo de gravamen).

⇨ Se trata de un **impuesto sintético**. En efecto, la renta se grava globalmente, sin distinciones en función de su origen o fuente, a diferencia de lo que sucede en el IRPF, en el que se distingue entre rentas que se imputan en la base imponible general y las que se imputan en la base imponible del ahorro.

⇨ **No está cedido a las Comunidades Autónomas**. A diferencia de lo que sucede en otros impuestos (como, por ejemplo, el IRPF o el IVA), la recaudación obtenida por el IS no está cedida a las Comunidades Autónomas, ni total ni parcialmente y tampoco se han cedido competencias normativas o gestoras en relación con este impuesto. Dicho de otro modo, las Comunidades Autónomas de régimen común no pueden aprobar normas sobre este impuesto (a diferencia de lo que sucede, por ejemplo, en relación con ciertos elementos del IRPF) y carecen de competencias en orden a la gestión, inspección, recaudación y revisión del impuesto.

⇨ Se trata de un **impuesto plural**, porque además de contener un régimen o regulación general o común presenta también regulaciones o regímenes especiales, como por ejemplo el dedicado a los incentivos fiscales para empresas de reducida dimensión, Uniones Temporales de Empresas (UTE), minería, hidrocarburos, entidades navieras, entidades deportivas, cooperativas, por citar alguno de ellos.

1.3. Ámbito de aplicación espacial

El IS se aplica en todo el territorio español, a diferencia de lo que sucede, por ejemplo, en el caso del IVA (que se aplica únicamente en el territorio peninsular y en las Islas Baleares). Señala el artículo 2.1 LIS que, a los efectos de la aplicación del IS, el territorio español *«comprende también aquellas zonas adyacentes a las aguas territoriales sobre las que España pueda ejercer los derechos que le correspondan, referentes al suelo y subsuelo marino, aguas suprayacentes, y a sus recursos naturales, de acuerdo con la legislación española y el derecho internacional»*.

Ahora bien, no en todo el territorio español se aplica la misma normativa sobre el IS. De acuerdo con el artículo 2.2 LIS, la aplicación del IS en el territorio español debe entenderse *«sin perjuicio de los regímenes tributarios forales de concierto y convenio económico en vigor, respectivamente, en los Territorios Históricos de la Comunidad Autónoma del País Vasco y en la Comunidad Foral de Navarra»*.

En Canarias, Ceuta y Melilla, se aplica la normativa estatal, pero con ciertas especialidades. En Canarias se aplican los incentivos previstos en la Ley 20/1991, de 7 de junio, de Modificación de los Aspectos Fiscales del Régimen Económico Fiscal de Canarias, y en la Ley 19/1994, de 6 de julio, de Modificación del Régimen Económico y Fiscal de Canarias.

Las especialidades de la tributación por el IS en Canarias, Ceuta y Melilla serán analizadas más adelante, al estudiar aquellos elementos de la estructura del impuesto que se ven afectados por ellas.

1.4. Hecho imponible

El artículo 4 LIS en su apartado 1 establece que constituye el hecho imponible «*la obtención de renta por el contribuyente, cualquiera que fuese su fuente u origen*».

Por lo tanto, el impuesto grava la renta total, ya sea derivada de actividades ordinarias o principales de la entidad, como derivada de actividades accesorias u ocasionales, y como ya hemos comentado anteriormente grava también la renta mundial, es decir, tanto la obtenida en España como en el extranjero (sin perjuicio de lo anteriormente visto sobre tratados y acuerdos internacionales y CDI). En este sentido señala el artículo 7.2 LIS que «*Los contribuyentes serán gravados por la totalidad de la renta que obtengan, con independencia del lugar donde se hubiere producido y cualquiera que sea la residencia del pagador*».

 Una frutería ha obtenido los siguientes ingresos durante el ejercicio económico:

▶ Venta de fruta: 5.700.000,00 euros.

▶ Alquiler ocasional de almacenes: 800.000,00 euros.

Aunque la actividad ordinaria de esta empresa es la venta de fruta, también ha obtenido 800.000,00 euros por el arrendamiento de almacenes, y tendrá también que tributar por ellos.

La Ley del Impuesto incorpora el concepto de **actividad económica** en su artículo 5 considerando como tal, la ordenación por cuenta propia de los medios de producción y de recursos humanos o de uno de ambos con la finalidad de intervenir en la producción o distribución de bienes o servicios. Esta definición se aplicará también en el IRPF. Se fijan reglas especiales para el arrendamiento de inmuebles, indicando que es necesaria una persona empleada con contrato laboral y jornada completa. Siendo la misma definición que la establecida en la Ley 35/2006, de 28 de noviembre del IRPF en su artículo 27.2. En ambas normas, se eliminó la obligación de tener un local afecto a la actividad de arrendamiento.

Asimismo, se introduce el concepto de **entidad patrimonial**, entendiendo como tal a aquella sociedad cuya actividad principal consiste en la gestión de un patrimonio mobiliario o inmobiliario. En concreto, se entiende por entidad patrimonial y por tanto, no realiza una actividad económica, aquella en la que más de la mitad de su activo esté constituido por valores o no esté afecto a una actividad económica.

Esta definición es similar a la prevista en la Ley 19/1991, de 6 de junio, del Impuesto de Patrimonio, aunque la LIS se diferencia del IP, al considerar afecto a la actividad económica el dinero o derechos de crédito procedentes de la transmisión de elementos patrimoniales afectos o valores afectos que se hayan realizado en el periodo impositivo o en los dos periodos impositivos anteriores.

La determinación del valor del activo se realizará a partir de la media de los balances trimestrales del ejercicio de la entidad o de los balances consolidados, en el caso de que la entidad formara parte de un grupo mercantil, con independencia de la residencia y de la obligación de formular cuentas anuales consolidadas. A estos efectos, como se ha indicado, no se computarán como valores el dinero o derechos de crédito procedentes de la transmisión de elementos patrimoniales afectos a actividades económicas o valores a los que se refiere el párrafo siguiente, que se haya realizado en el período impositivo o en los dos períodos impositivos anteriores.

No se computarán como valores:

a)   Los poseídos para dar cumplimiento a obligaciones legales y reglamentarias.

b)   Los que incorporen derechos de crédito nacidos de relaciones contractuales establecidas como consecuencia del desarrollo de actividades económicas.

c)   Los poseídos por sociedades de valores como consecuencia del ejercicio de la actividad constitutiva de su objeto.

d)   Los que otorguen, al menos, el 5% del capital de una entidad y se posean durante un plazo mínimo de un año, con la finalidad de dirigir y gestionar la participación, siempre que se disponga de la correspondiente organización de medios materiales y personales, y la entidad participada no sea una entidad patrimonial.

La consideración de una sociedad como entidad patrimonial significa que esta no desarrolla una actividad económica y por tanto no le serán de aplicación determinados regímenes fiscales especiales, Tampoco le será de aplicación las ventajas fiscales que ofrece el régimen de empresas de reducida dimensión aplicable a entidades con cifra de negocios en el año anterior inferior a 10 millones de euros. Tampoco se podrá aplicar el régimen de exención para evitar la doble imposición del art. 21 LIS por las rentas derivadas de la transmisión de la participación, en una entidad que tenga la consideración de entidad patrimonial, que no se corresponda con un incremento neto de los beneficios no distribuidos generados por la entidad participada durante el tiempo de tenencia de la participación.

Para finalizar es importante reseñar que el IS grava únicamente la renta obtenida por sociedades y otras entidades residentes en territorio español. La renta percibida por entidades y sociedades no residentes en territorio español, al igual que la renta percibida por personas físicas no residentes en este territorio será gravada, en su caso, por el Impuesto sobre la Renta de no Residentes (IRNR). Este impuesto está regulado fundamentalmente por el Texto Refundido de la Ley del Impuesto sobre la Renta de no Residentes, aprobado por el Real Decreto Legislativo 5/2004, de 5 de marzo, y por el Reglamento del impuesto aprobado por Real Decreto 1776/2004, de 30 de julio.

2. Contribuyentes (art. 7 LIS)

2.1. Entidades no sujetas al impuesto

El IS grava la renta obtenida por las entidades citadas en el artículo 7 cuando, de acuerdo con el artículo 8, tengan su residencia en territorio español.

El artículo 6.2 LIS establece una delimitación negativa al establecer, *«Las entidades en régimen de atribución de rentas no tributarán por el Impuesto sobre Sociedades»*. Por lo tanto, no van a ser contribuyentes del IS.

El apartado 1 del mismo artículo LIS señala que son entidades en régimen de atribución de rentas las siguientes:

a) Las sociedades civiles que no tengan objeto mercantil.

b) Las herencias yacentes.

c) Las comunidades de bienes.

d) Demás entidades a que se refiere el artículo 35.4 LGT, esto es, «demás entidades que, carentes de personalidad jurídica, constituyan una unidad económica o un patrimonio separado susceptibles de imposición».

El régimen de atribución de rentas consiste en que las rentas percibidas por esas entidades a que se refiere este precepto así como las retenciones e ingresos a cuenta que hayan soportado, se atribuirán a los socios, herederos, comuneros o partícipes en función del porcentaje que ostenten en dicha entidad, y serán por lo tanto estos sujetos (socios, herederos, comuneros o partícipes) los que tributarán por esas rentas, en el IRPF (si se trata de socios personas físicas sujetas a este impuesto) o bien por el IRNR (si se trata de personas físicas o entidades sujetas a este impuesto).

 Una Comunidad de bienes es propietaria de bienes que explota mediante contratos de arrendamiento. Cada uno de los socios participa en el 50% sabiendo que durante el presente ejercicio, dicha comunidad, ha facturado por importe de 66.000,00 euros. En este caso, cada uno de los socios debe imputarse los ingresos en función del porcentaje que ostente en la comunidad, es decir, el 50% de 66.000,00 euros, lo que da un resultado para cada uno de 33.000,00 euros.

 En la práctica, desde 2016, la mayoría de las sociedades civiles tributan por el IS al tener objeto mercantil.

2.2. Entidades sujetas al impuesto

Están sujetas al IS las entidades citadas en el artículo 7 LIS cuando, de acuerdo con el artículo 8 LIS, se consideren residentes en el territorio español.

Así, son contribuyentes del IS:

a) Las personas jurídicas, excluidas las sociedades civiles que no tengan objeto mercantil.

b) Las sociedades agrarias de transformación.

c) Los fondos de inversión.

d) Las uniones temporales de empresas.

e) Los fondos de capital-riesgo, y los fondos de inversión colectiva de tipo cerrado.

f) Los fondos de pensiones.

g) Los fondos de regulación del mercado hipotecario.

h) Los fondos de titulización regulados en la Ley 5/2015, de fomento de la financiación empresarial.

i) Los fondos de garantía de inversiones.

j) Las comunidades titulares de montes vecinales en mano común.

k) Los Fondos de Activos Bancarios.

3. Residencia y domicilio fiscal (art.8 LIS)

3.1. Residencia

De acuerdo con el artículo 8.1 LIS, se consideran residentes en territorio español las entidades en las que concurra alguno de los siguientes requisitos:

a) Que se hubieran constituido conforme a las leyes españolas. En este sentido en el caso de las sociedades mercantiles, se deberá tratar de sociedades constituidas con arreglo a alguno de los tipos del ordenamiento mercantil español, una sociedad anónima, limitada, laboral, etc.

Una sociedad anónima que se constituye en España conforme al Texto Refundido de la Ley de Sociedades de capital.

b) Que tengan su domicilio social en España. En este sentido, el artículo 9 de la Ley de Sociedades de Capital establece que la sociedad *«fijará su domicilio dentro del territorio español en el lugar en que se halle el centro de su efectiva administración y dirección, o en que radique su principal establecimiento o explotación».*

Una sociedad de venta de muebles que tiene su domicilio social en la calle Mayor de Palencia, donde efectivamente radica su dirección y administración efectiva.

c) Que tengan su sede de dirección efectiva en territorio español. Se entiende a estos efectos que una entidad tiene su sede de dirección efectiva en territorio español cuando en él radique la dirección y control del conjunto de sus actividades.

Una sociedad alemana dedicada a la venta de cerveza que tiene un establecimiento en Zaragoza y desde el mismo gestiona y administra la venta de esa bebida al resto de Europa y el mundo, aunque la fábrica y la sede principal se encuentren en Bonn.

Además, el citado artículo 8.1 LIS establece una presunción "Iuris Tantum" de residencia en España, con fines antievasivos. La presunción se aplica a entidades radicadas en algún país o territorio de nula tributación que merezca una de las dos calificaciones siguientes:

a) Cuando sus activos principales, directa o indirectamente, consistan en bienes situados o derechos que se cumplan o ejerciten en territorio español.

b) O cuando su actividad principal se desarrolle en territorio español.

Son entidades residentes: las constituidas conforme las leyes españolas; las que tengan su domicilio social o su sede de dirección efectiva en España, y aquellas establecidas en paraísos fiscales si la mayor parte de sus activos o su actividad principal se encuentran en España.

No obstante, se admite prueba en contrario, de tal forma que no será aplicable esta presunción si la entidad acredita las dos circunstancias siguientes:

a) Que su dirección y efectiva gestión tiene lugar en aquel país o territorio.

b) Que la constitución y operativa de la entidad responde a motivos económicos válidos y razones empresariales sustantivas distintas de la simple gestión de valores u otros activos.

3.2. Domicilio fiscal

El domicilio fiscal es el lugar de localización del obligado tributario en sus relaciones con la Administración tributaria (art. 48.1 LGT). En lo que se refiere a las entidades sujetas al IS, el domicilio fiscal es definido por el artículo 8.2 LIS. Este precepto aplica a estos efectos los mismos criterios que el artículo 48.2 LGT emplea para definir el domicilio fiscal de una clase de entidades sujetas al IS: las personas jurídicas. Se trata de los siguientes tres criterios:

El domicilio fiscal será el del domicilio social siempre que en él efectivamente se realice de forma centralizada la gestión administrativa y la dirección de los negocios.

Una sociedad tiene su domicilio social en la Avenida del Mar, nº 5 de Teruel, y desde el mismo dirige y lleva la gestión centralizada de su actividad. En este caso el domicilio fiscal será el mismo que el social, es decir, la Avenida del Mar, nº 5 de Teruel.

Si no se diera el caso anterior, el domicilio fiscal será el lugar en el efectivamente, de forma centralizada, se realice la gestión administrativa y la dirección de los negocios.

Una sociedad tiene su domicilio social en la calle Tempal de Tarragona, pero tiene otro domicilio en la Avenida Diagonal de Barcelona, desde donde dirige y lleva la gestión centralizada de su actividad.

En este caso el domicilio fiscal será la Avenida Diagonal de Barcelona, porque desde allí se lleva la dirección y la gestión centralizada de la misma.

Finalmente, cuando no pueda establecerse el lugar del domicilio fiscal de acuerdo con los criterios anteriores, prevalecerá el lugar donde radique el mayor valor del inmovilizado.

Una sociedad tiene su domicilio social en la calle Alburquerque de La Coruña. También tiene otra sede en la calle Puerto del Mar de Orense y otra sede en la calle Malva de Lugo. Desde las tres sedes se lleva a cabo la gestión de la empresa por cada una de las provincias en las que se encuentran situadas. Además sabemos que en la sede de La Coruña el valor del inmovilizado que radica allí asciende a 23.000,00 euros, en Orense asciende a 56.890,00 euros y en Lugo a 49.432,00 euros. En este caso el domicilio fiscal será en la calle Puerto del Mar de Orense, porque ante la imposibilidad de poder determinar el lugar en el que se lleva la dirección y la gestión centralizada de la misma, debemos acudir al lugar en el que se encuentre mayor valor de inmovilizado, que no es otra que Orense.

El domicilio fiscal será el mismo que el domicilio social si lleva la gestión centralizada y dirección de la actividad; en caso contrario será el lugar donde se lleve efectivamente gestión centralizada y dirección de la actividad; y si, no pudiera determinarse conforme a los dos criterios anteriores, el domicilio fiscal estará situado donde radique la mayor parte del inmovilizado.

4. Presunción de rentas y operaciones vinculadas

4.1. Presunción de rentas (art. 121 LIS)

Se presumirá que han sido adquiridos con cargo a renta no declarada los elementos patrimoniales cuya titularidad corresponda al contribuyente y no se hallen registrados en sus libros de contabilidad.

La presunción procederá igualmente en el caso de ocultación parcial del valor de adquisición.

Se presumirá que los elementos patrimoniales no registrados en contabilidad son propiedad del contribuyente cuando este ostente la posesión sobre ellos.

También se presumirá que el importe de la renta no declarada es el valor de adquisición de los bienes o derechos no registrados en libros de contabilidad, minorado en el importe de las deudas efectivas contraídas para financiar tal adquisición, asimismo no contabilizadas. En ningún caso el importe neto podrá resultar negativo.

La cuantía del valor de adquisición se probará a través de los documentos justificativos o, si no fuera posible, aplicando las reglas de valoración establecidas en la Ley 58/2003, de 17 de diciembre, General Tributaria.

Se presumirá la existencia de rentas no declaradas cuando hayan sido registradas en los libros de contabilidad del contribuyente deudas inexistentes.

El importe de la renta se imputará al período impositivo más antiguo de entre los no prescritos, excepto que el contribuyente pruebe que corresponde a otro u otros.

El valor de los elementos patrimoniales a que se refiere el apartado 1, en cuanto haya sido incorporado a la base imponible, será válido a todos los efectos fiscales.

4.2. Operaciones vinculadas (art. 18 LIS)

4.2.1. Tipos de vinculaciones

Las operaciones efectuadas entre personas o entidades vinculadas se valorarán por su valor de mercado. Se entenderá por valor de mercado aquel que se habría acordado por personas o entidades independientes en condiciones que respeten el principio de libre competencia.

Se considerarán personas o entidades vinculadas las siguientes:

a) Una entidad y sus socios o partícipes.

b) Una entidad y sus consejeros o administradores, salvo en lo correspondiente a la retribución por el ejercicio de sus funciones.

c)   Una entidad y los cónyuges o personas unidas por relaciones de parentesco, en línea directa o colateral, por consanguinidad o afinidad hasta el tercer grado de los socios o partícipes, consejeros o administradores.

d)   Dos entidades que pertenezcan a un grupo.

e)   Una entidad y los consejeros o administradores de otra entidad, cuando ambas entidades pertenezcan a un grupo.

f)   Una entidad y otra entidad participada por la primera indirectamente en, al menos, el 25 por ciento del capital social o de los fondos propios.

g)   Dos entidades en las cuales los mismos socios, partícipes o sus cónyuges, o personas unidas por relaciones de parentesco, en línea directa o colateral, por consanguinidad o afinidad hasta el tercer grado, participen, directa o indirectamente en, al menos, el 25 por ciento del capital social o los fondos propios.

h)   Una entidad residente en territorio español y sus establecimientos permanentes en el extranjero.

 En los supuestos en los que la vinculación se defina en función de la relación de los socios o partícipes con la entidad, la participación deberá ser igual o superior al 25 por ciento. La mención a los administradores incluirá a los de derecho y a los de hecho.

Existe grupo cuando una entidad ostente o pueda ostentar el control de otra u otras según los criterios establecidos en el artículo 42 del Código de Comercio, con independencia de su residencia y de la obligación de formular cuentas anuales consolidadas.

4.2.2. Valoración de las operaciones vinculadas

A los efectos de determinar el valor de mercado que habrían acordado personas o entidades independientes en condiciones que respeten el principio de libre competencia, el artículo 17 RIS establece que se compararán las circunstancias de las operaciones vinculadas con las circunstancias de operaciones entre personas o entidades independientes que pudieran ser equiparables.

Para ello deberán tenerse en cuenta las relaciones entre las personas o entidades vinculadas y las condiciones de las operaciones a comparar atendiendo a la naturaleza de las operaciones y a la conducta de las partes.

Para determinar si dos o más operaciones son equiparables se tendrán en cuenta, en la medida en que sean relevantes y que el contribuyente haya podido disponer razonablemente de información sobre ellas, las siguientes circunstancias:

a) Las características específicas de los bienes o servicios objeto de las operaciones vinculadas.

b) Las funciones asumidas por las partes en relación con las operaciones objeto de análisis, identificando los riesgos asumidos y ponderando, en su caso, los activos utilizados.

c) Los términos contractuales de los que, en su caso, se deriven las operaciones teniendo en cuenta las responsabilidades, riesgos y beneficios asumidos por cada parte contratante.

d) Las circunstancias económicas que puedan afectar a las operaciones vinculadas, en particular, las características de los mercados en los que se entregan los bienes o se prestan los servicios.

e) Las estrategias empresariales.

Asimismo, a los efectos de determinar el valor de mercado que habrían acordado personas o entidades independientes en condiciones que respeten el principio de libre competencia también deberá tenerse en cuenta cualquier otra circunstancia que sea relevante y sobre la que el contribuyente haya podido disponer razonablemente de información, como entre otras, la existencia de pérdidas, la incidencia de las decisiones de los poderes públicos, la existencia de ahorros de localización, de grupos integrados de trabajadores o de sinergias.

En todo caso deberán indicarse los elementos de comparación internos o externos que deban tenerse en consideración.

Cuando las operaciones vinculadas que realice el contribuyente se encuentren estrechamente ligadas entre sí, hayan sido realizadas de forma continua o afecten a un conjunto de productos o servicios muy similares, de manera que su valoración independiente no resulte adecuada, el análisis de comparabilidad a que se refiere el apartado anterior se efectuará teniendo en cuenta el conjunto de dichas operaciones.

Dos o más operaciones son equiparables cuando no existan entre ellas diferencias significativas en las circunstancias que afecten al precio del bien o servicio o al margen de la operación, o cuando existiendo diferencias, puedan eliminarse efectuando los ajustes de comparabilidad necesarios.

El grado de comparabilidad, la naturaleza de la operación y la información sobre las operaciones equiparables constituyen los principales factores que determinarán, en cada caso, el método de valoración más adecuado.

Cuando, a pesar de no existir datos suficientes, se haya podido determinar un rango de valores que cumpla razonablemente el principio de libre competencia, teniendo en cuenta el proceso de selección de comparables y las limitaciones de la información disponible, se podrán utilizar medidas estadísticas para minimizar el riesgo de error provocado por defectos en la comparabilidad.

Cuando exista un reparto de costes suscritos entre personas o entidades vinculadas, se deberán identificar a las personas o entidades participantes, el ámbito de las actividades y proyectos específicos cubiertos por los acuerdos, su duración, criterios para cuantificar el reparto de los beneficios esperados entre los partícipes, la forma de cálculo de sus respectivas aportaciones, especificación de las tareas y responsabilidades de los partícipes.

4.2.3. Métodos de valoración de las operaciones vinculadas

Para la determinación del valor de mercado se aplicará cualquiera de los siguientes métodos:

- **Método del precio libre comparable**

Método del precio libre comparable, por el que se compara el precio del bien o servicio en una operación entre personas o entidades vinculadas con el precio de un bien o servicio idéntico o de características similares en una operación entre personas o entidades independientes en circunstancias equiparables, efectuando, si fuera preciso, las correcciones necesarias para obtener la equivalencia y considerar las particularidades de la operación.

- **Método del coste incrementado**

Método del coste incrementado, por el que se añade al valor de adquisición o coste de producción del bien o servicio el margen habitual en operaciones idénticas o similares con personas o entidades independientes o, en su defecto, el margen que personas o entidades independientes aplican a operaciones equiparables, efectuando, si fuera preciso, las correcciones necesarias para obtener la equivalencia y considerar las particularidades de la operación.

- **Método del precio de reventa**

Método del precio de reventa, por el que se sustrae del precio de venta de un bien o servicio el margen que aplica el propio revendedor en operaciones idénticas o similares con personas o entidades independientes o, en su defecto, el margen que personas o entidades independientes aplican a operaciones equiparables, efectuando, si fuera preciso, las correcciones necesarias para obtener la equivalencia y considerar las particularidades de la operación.

- **Método de la distribución del resultado**

Método de la distribución del resultado, por el que se asigna a cada persona o entidad vinculada que realice de forma conjunta una o varias operaciones la parte del resultado común derivado de dicha operación u operaciones, en función de un criterio que refleje adecuadamente las condiciones que habrían suscrito personas o entidades independientes en circunstancias similares.

- **Método del margen neto operacional**

Método del margen neto operacional, por el que se atribuye a las operaciones realizadas con una persona o entidad vinculada el resultado neto, calculado sobre costes, ventas o la magnitud que resulte más adecuada en función de las características de las operaciones idénticas o similares realizadas entre partes independientes, efectuando, cuando sea preciso, las correcciones necesarias para obtener la equivalencia y considerar las particularidades de las operaciones.

 La elección del método de valoración tendrá en cuenta, entre otras circunstancias, la naturaleza de la operación vinculada, la disponibilidad de información fiable y el grado de comparabilidad entre las operaciones vinculadas y no vinculadas.

Cuando no resulte posible aplicar los métodos anteriores, se podrán utilizar otros métodos y técnicas de valoración generalmente aceptados que respeten el principio de libre competencia.

4.2.4. Servicios profesionales en operaciones vinculadas

En el supuesto de prestaciones de servicios entre personas o entidades vinculadas, se requerirá que los servicios prestados produzcan o puedan producir una ventaja o utilidad a su destinatario.

Cuando se trate de servicios prestados conjuntamente en favor de varias personas o entidades vinculadas, y siempre que no fuera posible la individualización del servicio recibido o la cuantificación de los elementos determinantes de su remuneración, será posible distribuir la contraprestación total entre las personas o entidades beneficiarias de acuerdo con unas reglas de reparto que atiendan a criterios de racionalidad. Se entenderá cumplido este criterio cuando el método aplicado tenga en cuenta, además de la naturaleza del servicio y las circunstancias en que este se preste, los beneficios obtenidos o susceptibles de ser obtenidos por las personas o entidades destinatarias.

El valor convenido coincide con el valor de mercado en el caso de una prestación de servicios por un socio profesional, persona física, a una entidad vinculada y se cumplan los siguientes requisitos:

a) Que más del 75 por ciento de los ingresos de la entidad procedan del ejercicio de actividades profesionales y cuente con los medios materiales y humanos adecuados para el desarrollo de la actividad.

b) Que la cuantía de las retribuciones correspondientes a la totalidad de los socios-profesionales por la prestación de servicios a la entidad no sea inferior al 75 por ciento del resultado previo a la deducción de las retribuciones correspondientes a la totalidad de los socios-profesionales por la prestación de sus servicios.

c) Que la cuantía de las retribuciones correspondientes a cada uno de los socios-profesionales cumplan los siguientes requisitos:

1. Se determine en función de la contribución efectuada por estos a la buena marcha de la entidad, siendo necesario que consten por escrito los criterios cualitativos y/o cuantitativos aplicables.

2. No sea inferior a 1,5 veces el salario medio de los asalariados de la entidad que cumplan funciones análogas a las de los socios profesionales de la entidad. En ausencia de estos últimos, la cuantía de las citadas retribuciones no podrá ser inferior a 5 veces el Indicador Público de Renta de Efectos Múltiples.

El incumplimiento del requisito relativo al valor de mercado en relación con alguno de los socios-profesionales, no impedirá su aplicación a los restantes socios-profesionales.

En el supuesto de acuerdos de reparto de costes de bienes o servicios suscritos entre personas o entidades vinculadas, deberán cumplirse los siguientes requisitos:

a) Las personas o entidades participantes que suscriban el acuerdo deberán acceder a la propiedad u otro derecho que tenga similares consecuencias económicas sobre los activos o derechos que en su caso sean objeto de adquisición, producción o desarrollo como resultado del acuerdo.

b) La aportación de cada persona o entidad participante deberá tener en cuenta la previsión de utilidades o ventajas que cada uno de ellos espere obtener del acuerdo en atención a criterios de racionalidad.

c) El acuerdo deberá contemplar la variación de sus circunstancias o personas o entidades participantes, estableciendo los pagos compensatorios y ajustes que se estimen necesarios.

En el caso de contribuyentes que posean un establecimiento permanente en el extranjero, en aquellos supuestos en que así esté establecido en un convenio para evitar la doble imposición internacional que les resulte de aplicación, se incluirán en la base imponible de aquellos las rentas estimadas por operaciones internas realizadas con el establecimiento permanente, valoradas por su valor de mercado.

Los contribuyentes podrán solicitar a la Administración tributaria que determine la valoración de las operaciones efectuadas entre personas o entidades vinculadas con carácter previo a la realización de estas. Dicha solicitud se acompañará de una propuesta que se fundamentará en el principio de libre competencia.

La Administración tributaria podrá formalizar acuerdos con otras Administraciones a los efectos de determinar conjuntamente el valor de mercado de las operaciones.

El acuerdo de valoración surtirá efectos respecto de las operaciones realizadas con posterioridad a la fecha en que se apruebe, y tendrá validez durante los períodos impositivos que se concreten en el propio acuerdo, sin que pueda exceder de los 4 períodos impositivos siguientes al de la fecha en que se apruebe.

Asimismo, podrá determinarse que sus efectos alcancen a las operaciones de períodos impositivos anteriores siempre que no hubiese prescrito el derecho de la Administración a determinar la deuda tributaria mediante la oportuna liquidación ni hubiese liquidación firme que recaiga sobre las operaciones objeto de solicitud.

En el supuesto de variación significativa de las circunstancias económicas existentes en el momento de la aprobación del acuerdo de la Administración tributaria, este podrá ser modificado para adecuarlo a las nuevas circunstancias económicas.

4.2.5. Comprobación tributaria de las operaciones vinculadas

La Administración tributaria podrá comprobar las operaciones realizadas entre personas o entidades vinculadas y efectuará, en su caso, las correcciones que procedan en los términos que se hubieran acordado entre partes independientes de acuerdo con el principio de libre competencia, respecto de las operaciones sujetas a este Impuesto, al Impuesto sobre la Renta de las Personas Físicas o al Impuesto sobre la Renta de no Residentes, con la documentación aportada por el contribuyente y los datos e información de que disponga. La Administración tributaria quedará vinculada por dicha corrección en relación con el resto de personas o entidades vinculadas.

La corrección practicada no determinará la tributación por este Impuesto ni, en su caso, por el Impuesto sobre la Renta de las Personas Físicas o por el Impuesto sobre la Renta de no Residentes de una renta superior a la efectivamente derivada de la operación para el conjunto de las personas o entidades que la hubieran realizado. Para efectuar la comparación se tendrá en cuenta aquella parte de la renta que no se integre en la base imponible por resultar de aplicación algún método de estimación objetiva.

En aquellas operaciones en las que se determine que el valor convenido es distinto del valor de mercado, la diferencia entre ambos valores tendrá, para las personas o entidades vinculadas, el tratamiento fiscal que corresponda a la naturaleza de las rentas puestas de manifiesto como consecuencia de la existencia de dicha diferencia.

En particular, en los supuestos en los que la vinculación se defina en función de la relación socios o partícipes-entidad, la diferencia tendrá, con carácter general, el siguiente tratamiento:

Cuando la diferencia fuese a favor del socio o partícipe, la parte de la misma que se corresponda con el porcentaje de participación en la entidad se considerará como retribución de fondos propios para la entidad y como participación en beneficios para el socio. La parte de la diferencia que no se corresponda con aquel porcentaje, tendrá para la entidad la consideración de retribución de fondos propios y para el socio o partícipe de utilidad percibida de una entidad por la condición de socio, accionista, asociado o partícipe de acuerdo con lo previsto en el artículo 25.1.d) de la Ley 35/2006, de 28 de noviembre, del Impuesto sobre la Renta de las Personas Físicas y de modificación parcial de las leyes de los Impuestos sobre Sociedades, sobre la Renta de no Residentes y sobre el Patrimonio.

Cuando la diferencia fuese a favor de la entidad, la parte de la diferencia que se corresponda con el porcentaje de participación en la misma tendrá la consideración de aportación del socio o partícipe a los fondos propios de la entidad, y aumentará el valor de adquisición de la participación del socio o partícipe. La parte de la diferencia que no se corresponda con el porcentaje de participación en la entidad, tendrá la consideración de renta para la entidad, y de liberalidad para el socio o partícipe. Cuando se trate de contribuyentes del Impuesto sobre la Renta de no Residentes sin establecimiento permanente, la renta se considerará como ganancia patrimonial.

No se aplicará lo dispuesto en este apartado cuando se proceda a la restitución patrimonial entre las personas o entidades vinculadas. Esta restitución no determinará la existencia de renta en las partes afectadas.

La comprobación de las operaciones vinculadas se regulará con arreglo a las siguientes normas:

1.	La comprobación de las operaciones vinculadas se llevará a cabo en el seno del procedimiento iniciado respecto del obligado tributario cuya situación tributaria sea objeto de comprobación. Sin perjuicio del siguiente punto, estas actuaciones se entenderán exclusivamente con dicho obligado tributario.

2. Si contra la liquidación provisional practicada a dicho obligado tributario como consecuencia de la comprobación, este interpusiera el correspondiente recurso o reclamación, se notificará dicha circunstancia a las demás personas o entidades vinculadas afectadas, al objeto de que puedan personarse en el correspondiente procedimiento y presentar las oportunas alegaciones.

Transcurridos los plazos oportunos sin que el obligado tributario haya interpuesto recurso o reclamación, se notificará la liquidación practicada a las demás personas o entidades vinculadas afectadas, para que aquellos que lo deseen puedan optar de forma conjunta por interponer el oportuno recurso o reclamación. La interposición de recurso o reclamación interrumpirá el plazo de prescripción del derecho de la Administración tributaria a efectuar las oportunas liquidaciones al obligado tributario y a las demás personas o entidades afectadas, a quienes se comunicará dicha interrupción, iniciándose de nuevo el cómputo de dicho plazo cuando la liquidación practicada por la Administración haya adquirido firmeza.

3. La firmeza de la liquidación determinará su eficacia y firmeza frente a las demás personas o entidades vinculadas. La Administración tributaria efectuará las regularizaciones que correspondan, salvo que dichas regularizaciones se hayan efectuado por la propia persona o entidad vinculada afectada.

4.2.6. Acreditación de las operaciones vinculadas

Las personas o entidades vinculadas, con objeto de justificar que las operaciones efectuadas se han valorado por su valor de mercado, deberán mantener a disposición de la Administración tributaria, de acuerdo con principios de proporcionalidad y suficiencia, la documentación específica que se establece en el artículo 13 y siguientes del Reglamento.

Dicha documentación tendrá un contenido simplificado en relación con las personas o entidades vinculadas cuyo importe neto de la cifra de negocios sea inferior a 45 millones de euros.

En ningún caso, el contenido simplificado de la documentación resultará de aplicación a las siguientes operaciones:

1. Las realizadas por contribuyentes del Impuesto sobre la Renta de las Personas Físicas, en el desarrollo de una actividad económica, a la que resulte de aplicación el método de estimación objetiva con entidades en las que aquellos o sus cónyuges, ascendientes o descendientes, de forma individual o conjuntamente entre todos ellos, tengan un porcentaje igual o superior al 25 por ciento del capital social o de los fondos propios.

2. Las operaciones de transmisión de negocios.

3. Las operaciones de transmisión de valores o participaciones representativos de la participación en los fondos propios de cualquier tipo de entidades no admitidas a negociación en alguno de los mercados regulados de valores, o que estén admitidos a negociación en mercados regulados situados en países o territorios calificados como paraísos fiscales.

4. Las operaciones sobre inmuebles.

5. Las operaciones sobre activos intangibles.

La documentación específica no será exigible:

a) A las operaciones realizadas entre entidades que se integren en un mismo grupo de consolidación fiscal, sin perjuicio de lo previsto en el artículo 65.2 de LIS.

b) A las operaciones realizadas con sus miembros o con otras entidades integrantes del mismo grupo de consolidación fiscal por las agrupaciones de interés económico, y las uniones temporales de empresas.

c) Las operaciones realizadas en el ámbito de ofertas públicas de venta o de ofertas públicas de adquisición de valores.

d) A las operaciones realizadas con la misma persona o entidad vinculada, siempre que el importe de la contraprestación del conjunto de operaciones no supere los 250.000 euros, de acuerdo con el valor de mercado.

4.2.7. Infracciones tributarias en materia de las operaciones vinculadas

Falta de aportación o la aportación de forma incompleta, o con datos falsos, de la documentación que las entidades vinculadas deban mantener a disposición de la Administración tributaria cuando la Administración tributaria no realice correcciones.

Esta infracción tendrá la consideración de infracción grave y se sancionará de acuerdo con las siguientes normas:

La sanción consistirá en multa pecuniaria fija de 1.000 euros por cada dato y 10.000 euros por conjunto de datos, omitido, o falso, referidos a cada una de las obligaciones de documentación para el grupo o para cada persona o entidad en su condición de contribuyente.

- La sanción tendrá como límite máximo la menor de las dos cuantías siguientes:

  ⇨ El 10% del importe conjunto de las operaciones sujetas a este Impuesto, al Impuesto sobre la Renta de las Personas Físicas o al Impuesto sobre la Renta de no Residentes realizadas en el período impositivo.

  ⇨ El 1% del importe neto de la cifra de negocios.

Cuando conlleven la realización de correcciones por la Administración tributaria:

a) La falta de aportación o la aportación de documentación incompleta, o con datos falsos de la documentación deban mantener a disposición de la Administración tributaria las personas o entidades vinculadas.

b) Que el valor de mercado que se derive de la documentación no sea el declarado en el Impuesto sobre Sociedades, el Impuesto sobre la Renta de las Personas Físicas o el Impuesto sobre la Renta de no Residentes.

Estas infracciones tendrán la consideración de **infracción grave** y se sancionarán con multa pecuniaria proporcional del 15% sobre el importe de las cantidades que resulten de las correcciones que correspondan a cada operación. Esta sanción será incompatible con la que proceda, en su caso, por la aplicación de los artículos 191, 192, 193 o 195 de la Ley General Tributaria, por la parte de bases que hubiesen dado lugar a la imposición de la infracción prevista en este apartado.

 Las correcciones realizadas por la Administración que determinen falta de ingreso, obtención indebida de devoluciones tributarias o determinación o acreditación improcedente de partidas a compensar en declaraciones futuras o se declare incorrectamente la renta neta sin que produzca falta de ingreso u obtención de devoluciones por haberse compensado en un procedimiento de comprobación o investigación cantidades pendientes de compensación, habiéndose cumplido la obligación de documentación específica, no constituirá la comisión de las infracciones de los artículos 191, 192, 193 o 195 de la Ley 58/2003, de 17 de diciembre, General Tributaria, por la parte de bases que hubiesen dado lugar a la referidas correcciones.

Las sanciones previstas en este apartado serán compatibles con la establecida para la resistencia, obstrucción, excusa o negativa a las actuaciones de la Administración tributaria en el artículo 203 de la Ley General Tributaria, por la desatención de los requerimientos realizados.

4.2.8. Modelo 232

Están obligados a presentar el modelo 232 de declaración informativa de operaciones vinculadas y de operaciones y situaciones relacionadas con países o territorios calificados como paraísos fiscales, aprobado por la Orden HFP/816/2017, de 28 de agosto:

Los contribuyentes del Impuesto sobre Sociedades y del Impuesto sobre la renta de no residentes que actúen mediante establecimiento permanente, así como las entidades en régimen de atribución de rentas constituidas en el extranjero con presencia en territorio español, que realicen las siguientes operaciones con personas o entidades vinculadas en los términos previstos en el artículo 18.2 de la LIS, deberán cumplimentar el cuadro relativo a la «Información de operaciones con personas o entidades vinculadas (art. 13.4 RIS)» del modelo 232:

- Operaciones realizadas con la misma persona o entidad vinculada siempre que el importe de la contraprestación del conjunto de operaciones en el período impositivo supere los 250.000 euros, de acuerdo con el valor de mercado.

- Operaciones específicas, siempre que el importe conjunto de cada una de este tipo de operaciones en el período impositivo supere los 100.000 euros.

Tienen la consideración de operaciones específicas las siguientes:

1. Operaciones con personas físicas que tributen en estimación objetiva que la participación individual o conjuntamente con sus familiares sea ≥ 25% del capital o fondos propios

2. Transmisión de negocios, valores o participaciones en los fondos propios de entidades no admitidos a negociación o admitidos en paraísos fiscales

3. Transmisión de inmuebles y operaciones sobre intangibles .

Cuadro resumen de los obligados a presentar el modelo 232:

Conjunto de operaciones realizadas en el período impositivo (con independencia del importe de operaciones por entidad vinculada)	Obligado
Si el conjunto de operaciones del mismo tipo y método de valoración > 50% de la cifra de negocio de la entidad	Sí
≤ 100.000 € en operaciones específicas del mismo tipo	No
> 100.000 € en operaciones específicas del mismo tipo	Sí
Operaciones realizadas en el período impositivo con la misma persona o entidad	Obligado
≤ 250.000 € de operaciones por entidad vinculada (no operaciones específicas)	No
> 250.000 € de operaciones por entidad vinculada (no operaciones específicas)	Sí

Fuente: manual IS de la Agencia tributaria

5. Exenciones

5.1. Entidades totalmente exentas (art. 9.1. LIS)

La Ley del Impuesto establece una serie de exenciones subjetivas (art. 9 LIS), que a su vez pueden ser totales o parciales, en función de la persona o entidad que obtiene las rentas sujetas a gravamen, y también establece unas exenciones objetivas (arts. 21 y 22 LIS) por la obtención de determinadas rentas en el extranjero. En este epígrafe conoceremos las exenciones subjetivas.

El artículo 9 LIS clasifica las entidades exentas en cuatro grupos:

a) Entidades totalmente exentas.

b) Entidades parcialmente exentas en los términos previstos en el Título II de la Ley 49/2002, de 23 de diciembre, de régimen fiscal de las entidades sin fines lucrativos y de los incentivos fiscales al mecenazgo.

c) Entidades parcialmente exentas en los términos previstos en el Capítulo XIV del Título VII de la LIS.

d) Estarán parcialmente exentos del Impuesto los partidos políticos, en los términos establecidos en la Ley Orgánica 8/2007, de 4 de julio, sobre financiación de los partidos políticos.

En cuanto a las entidades totalmente exentas (art. 9.1 LIS) se trata fundamentalmente de los entes públicos territoriales y de ciertas personificaciones instrumentales de carácter público:

a) El Estado, las Comunidades Autónomas y las entidades locales.

b) Los organismos autónomos del Estado y entidades de derecho público de análogo carácter de las comunidades autónomas y de las entidades locales.

c) El Banco de España, los Fondos de garantía de depósitos de Entidades de Crédito y los Fondos de garantía de inversiones.

d) Las Entidades Gestoras y Servicios Comunes de la Seguridad Social.

e) El Instituto de España y las Reales Academias oficiales integradas en aquél y las instituciones de las Comunidades Autónomas con lengua oficial propia que tengan fines análogos a los de la Real Academia Española.

f) Los organismos públicos mencionados en las Disposiciones adicionales novena y décima, apartado 1, de la Ley 6/1997, de 14 de abril, de Organización y Funcionamiento de la Administración General del Estado, así como las entidades de derecho público de análogo carácter de las Comunidades Autónomas y de las entidades locales.

g) Las Agencias Estatales a que se refieren las Disposiciones adicionales primera, segunda y tercera de la Ley 28/2006, de 18 de julio, de las Agencias estatales para la mejora de los servicios públicos, así como aquellos Organismos públicos que estuvieran totalmente exentos de este Impuesto y se transformen en Agencias estatales.

h) El Consejo Internacional de Supervisión Pública en estándares de auditoría, ética profesional y materias relacionadas.

La exención plena de estas entidades se proyecta no solo sobre la obligación tributaria principal (obligación del pago de la cuota del IS), sino también sobre la obligación de soportar retenciones o ingresos a cuenta [no procede practicar retención o ingreso a cuenta sobre las rentas obtenidas por estas entidades, de acuerdo en el art. 128.4.a) de la LIS, así como sobre deberes de carácter formal (así, estas entidades no están obligadas a presentar declaración por el IS, de acuerdo con el art. 124.2 LIS, ni a inscribirse en el índice de entidades a que se refiere el art. 124.2 LIS)]. En cambio, esas entidades sí estarán obligadas, en su caso, a practicar retenciones e ingresos a cuenta sobre las rentas que satisfagan.

5.2. Entidades parcialmente exentas de acuerdo con la Ley 49/2002, de 23 de diciembre (art. 9.2 LIS)

5.2.1. Entidades sin fines lucrativos

De acuerdo con el artículo 2 de la Ley 49/2002, de 23 de diciembre, de régimen fiscal de las entidades sin fines lucrativos y de los incentivos fiscales al mecenazgo (en adelante, Ley 49/2002), pueden ser entidades sin fines lucrativos las fundaciones; las asociaciones declaradas de utilidad pública; las organizaciones no gubernamentales de desarrollo a que se refiere la Ley 23/1998, de 7 de julio, de Cooperación Internacional para el Desarrollo, siempre que tengan la forma jurídica de fundación o asociación; las delegaciones de fundaciones extranjeras; las federaciones deportivas españolas y autonómicas, los Comités Olímpico y Paralímpico españoles; y las federaciones y asociaciones de todas esas entidades. Estas entidades se considerarán a los efectos de la Ley como entidades sin fines lucrativos cuando cumplan los requisitos previstos en el artículo 3 de la misma Ley. En términos muy resumidos, se trata de los siguientes:

1. Deben perseguir fines de interés general.

2. Deben destinar al menos el 70 por 100 de sus ingresos a la realización de esos fines, y el resto de sus ingresos a incrementar la dotación patrimonial o las reservas.

   El plazo para el cumplimiento de este requisito será el comprendido entre el inicio del ejercicio en que se hayan obtenido las respectivas rentas e ingresos y los cuatro años siguientes al cierre de dicho ejercicio.

3. El importe neto de la cifra de negocios correspondiente al conjunto de las explotaciones económicas no exentas ajenas a su objeto o finalidad estatutaria no puede exceder del 40 por 100 de los ingresos totales de la entidad.

4. Los fundadores, asociados, patronos, representantes estatutarios, miembros de los órganos de gobierno y los cónyuges o parientes hasta el cuarto grado inclusive de cualquiera de ellos no pueden ser los destinatarios principales de las actividades que se realicen por las entidades, ni pueden beneficiarse de condiciones especiales para utilizar sus servicios.

5. Los cargos de patrono, representante estatutario y miembro del órgano de gobierno deben ser gratuitos. Los patronos, representantes estatutarios y miembros del órgano de gobierno podrán percibir de la entidad retribuciones por la prestación de servicios, incluidos los prestados en el marco de una relación de carácter laboral, distintos de los que implica el desempeño de las funciones que les corresponden como miembros del Patronato u órgano de representación.

6. En el negocio fundacional o en los estatutos de la entidad debe estar previsto que, en caso de disolución, su patrimonio se destine en su totalidad a alguna de las entidades consideradas como entidades beneficiarias del mecenazgo o a entidades públicas de naturaleza no fundacional que persigan fines de interés general.

7. Deben estar inscritas en el registro correspondiente.

8. Deben cumplir las obligaciones contables previstas en las normas por las que se rigen o, en su defecto, en el Código de Comercio y disposiciones complementarias.

9. Deben cumplir las obligaciones de rendición de cuentas que establezca su legislación específica.

10. Deben elaborar anualmente una memoria económica en la que se especifiquen los ingresos y gastos del ejercicio, de manera que puedan identificarse por categorías y por proyectos, así como el porcentaje de participación que mantengan en entidades mercantiles.

En las Disposiciones Adicionales de la Ley 49/2002 se hace referencia individualizada a ciertas entidades que podrán aplicar el régimen de exención en el IS, generalmente con matizaciones en las que no nos podemos detener. Se trata de las siguientes entidades: la Cruz Roja Española y la Organización Nacional de Ciegos Españoles (disposición adicional quinta), la Obra Pía de los Santos Lugares (disposición adicional sexta), consorcios Casa de América, Casa de Asia, Instituto Europeo del Mediterráneo y el Museo Nacional de Arte de Cataluña (disposición adicional séptima), las Fundaciones de entidades religiosas (disposición adicional octava), la Iglesia Católica, las iglesias, confesiones y comunidades religiosas que tengan suscritos acuerdos de cooperación con el Estado español, y otras asociaciones y entidades religiosas (disposición adicional novena), Régimen tributario del Instituto de España y las Reales Academias integradas en el mismo, así como de las instituciones de las Comunidades Autónomas que tengan fines análogos a los de la Real Academia Española (disposición adicional décima), obra social de las cajas de ahorro (disposición adicional decimoprimera), Federaciones deportivas, Comité Olímpico Español y Comité Paralímpico Español (disposición adicional decimosegunda) y las entidades benéficas de construcción (disposición adicional decimotercera).

De acuerdo con el artículo 14 de la Ley 49/2002, para que las entidades señaladas se acojan al régimen beneficioso en el IS previsto en el título II de la Ley será necesario, además, que opten expresamente por la aplicación de ese régimen a través de la correspondiente declaración censal, en los términos previstos por el artículo 1 del Reglamento para la aplicación del régimen fiscal de las entidades sin fines lucrativos y de los incentivos fiscales al mecenazgo (aprobado por Real Decreto 1270/2003, de 10 de octubre).

5.2.2.   Contenido de la exención

En la base imponible del IS solo se incluirán las rentas derivadas de las explotaciones económicas no exentas (art. 8.1 de la Ley 49/2002, de 23 de diciembre, de régimen fiscal de las entidades sin fines lucrativos y de los incentivos fiscales al mecenazgo).

Estarán exentas las rentas a que se refiere el artículo 6 de la Ley 49/2002, de 23 de diciembre:

a)   Rentas derivadas de los donativos recibidos para colaborar en los fines de la entidad, incluidas las aportaciones o donaciones en concepto de donación patrimonial y las ayudas económicas recibidas en virtud de convenios de colaboración empresarial y en virtud de contratos de patrocinio publicitario.

b)   Rentas derivadas de las cuotas satisfechas por los asociados, colaboradores o benefactores, siempre que no se correspondan con el derecho a percibir una prestación derivada de una explotación económica no exenta.

c)   Rentas derivadas de subvenciones, salvo las destinadas a financiar la realización de explotaciones económicas no exentas.

d)   Rentas procedentes del patrimonio mobiliario e inmobiliario de la entidad (como dividendos y participaciones en beneficios de sociedades, intereses, cánones y alquileres).

e)   Rentas derivadas de adquisiciones o de transmisiones, por cualquier título, de bienes o derechos, incluidas las obtenidas con ocasión de la disolución y liquidación de la entidad.

f)   Rentas obtenidas en el ejercicio de las explotaciones económicas exentas.

g) Rentas que, de acuerdo con la normativa tributaria, deban ser atribuidas o imputadas a las entidades sin fines lucrativos y que procedan de rentas exentas hasta aquí mencionadas.

De acuerdo con el artículo 7, son explotaciones económicas exentas, siempre que se desarrollen en cumplimiento del objeto o finalidad específica de la entidad, las siguientes:

a) Las explotaciones económicas de prestación de servicios de promoción y gestión de la acción social, así como los de asistencia social e inclusión social que se indican en el artículo citado (así, protección de la infancia y de la juventud, asistencia a la tercera edad, asistencia a víctimas de malos tratos, asistencia a personas con discapacidad, entre otras).

b) Las explotaciones económicas de prestación de servicios de hospitalización o asistencia sanitaria.

c) Las explotaciones económicas de investigación científica y desarrollo tecnológico.

d) Las explotaciones económicas de los bienes declarados de interés cultural conforme a la normativa del Patrimonio Histórico del Estado y de las Comunidades Autónomas, así como de museos, bibliotecas, archivos y centros de documentación, siempre y cuando se cumplan las exigencias establecidas en dicha normativa (en particular respecto de los deberes de visita y exposición pública de dichos bienes).

e) Las explotaciones económicas consistentes en la organización de representaciones musicales, coreográficas, teatrales, cinematográficas o circenses.

f) Las explotaciones económicas de parques y otros espacios naturales protegidos de características similares.

g) Las explotaciones económicas de enseñanza y de formación profesional, en todos los niveles y grados del sistema educativo, así como las de educación infantil hasta los tres años, incluida la guarda y custodia de niños hasta esa edad, las de educación especial, las de educación compensatoria y las de educación permanente y de adultos, cuando estén exentas del Impuesto sobre el Valor Añadido, así como las explotaciones económicas de alimentación, alojamiento o transporte realizadas por centros docentes y colegios mayores pertenecientes a entidades sin fines lucrativos.

h) Las explotaciones económicas consistentes en la organización de exposiciones, conferencias, coloquios, cursos o seminarios.

i) Las explotaciones económicas de elaboración, edición, publicación y venta de libros, revistas, folletos, material audiovisual y material multimedia.

j) Las explotaciones económicas de prestación de servicios de carácter deportivo a personas físicas que practiquen el deporte o la educación física, siempre que tales servicios estén directamente relacionados con dichas prácticas y con excepción de los servicios relacionados con espectáculos deportivos y de los prestados a deportistas profesionales.

k) Las explotaciones económicas que tengan un carácter meramente auxiliar o complementario de las explotaciones económicas exentas o de las actividades encaminadas a cumplir los fines estatutarios o el objeto de la entidad sin fines lucrativos. A estos efectos, no se considerará que las explotaciones económicas tienen un carácter meramente auxiliar o complementario cuando el importe neto de la cifra de negocios del ejercicio correspondiente al conjunto de ellas exceda del 20 por 100 de los ingresos totales de la entidad.

l) Las explotaciones económicas de escasa relevancia, esto es, aquellas cuyo importe neto de la cifra de negocios del ejercicio no supere en conjunto 20.000 euros.

5.3. Otras entidades parcialmente exentas (art. 9.3 y 109 LIS)

Se trata de las siguientes:

a) Las entidades e instituciones sin ánimo de lucro a las que no resulta aplicable el Título II de la Ley 49/2002.

b) Las uniones, federaciones y confederaciones de cooperativas.

c) Los colegios profesionales, las asociaciones empresariales, las cámaras oficiales y los sindicatos de trabajadores.

d) Los fondos de promoción de empleo constituidos al amparo del artículo 22 de la Ley 27/1984, de 26 de julio, sobre reconversión y reindustrialización.

e) Las mutuas de accidentes de trabajo y enfermedades profesionales de la Seguridad Social que cumplan los requisitos establecidos por su normativa reguladora.

f) Las entidades de derecho público Puertos del Estado y las respectivas de las Comunidades Autónomas.

Contenido de la exención

En la base imponible no se imputan las rentas exentas que señala el artículo 110.1 LIS:

a) Las rentas que procedan de la realización de actividades que constituyan su objeto social o finalidad específica, siempre que no tengan la consideración de actividades económicas. En particular, estarán exentas las cuotas satisfechas por los asociados, colaboradores o benefactores, siempre que no se correspondan con el derecho a percibir una prestación derivada de una actividad económica.

b) Las rentas derivadas de adquisiciones y de transmisiones a título lucrativo, siempre que unas y otras se obtengan o realicen en cumplimiento de su objeto o finalidad específica.

c) Las rentas que se pongan de manifiesto en la transmisión onerosa de bienes afectos a la realización del objeto o finalidad específica cuando el total producto obtenido se destine a nuevas inversiones relacionadas con dicho objeto o finalidad específica.

Las nuevas inversiones deberán realizarse dentro del plazo comprendido entre el año anterior a la fecha de la entrega o puesta a disposición del elemento patrimonial y los 3 años posteriores y mantenerse en el patrimonio de la entidad durante 7 años, excepto que su vida útil conforme al método de amortización, de los admitidos en el artículo 12.1 de LIS, que se aplique fuere inferior.

En caso de no realizarse la inversión dentro del plazo señalado, la parte de cuota íntegra correspondiente a la renta obtenida se ingresará, además de los intereses de demora, conjuntamente con la cuota correspondiente al período impositivo en que venció aquel.

La transmisión de dichos elementos antes del término del mencionado plazo determinará la integración en la base imponible de la parte de renta no gravada, salvo que el importe obtenido sea objeto de una nueva reinversión.

La exención a que se refiere el apartado anterior no alcanzará a los rendimientos de actividades económicas, ni a las rentas derivadas del patrimonio, ni a las rentas obtenidas en transmisiones, distintas de las señaladas en él.

 ¿Las siguientes entidades están exentas total o parcialmente, o no están exentas?

- Colegio de abogados de Madrid que obtiene cuotas de sus colegiados y también rentas por la impartición de cursos de práctica jurídica.

- SEPE.

- FOGASA.

- Empresa Municipal de Transportes del Ayuntamiento.

Solución:

Colegio de abogados de Madrid que obtiene cuotas de sus colegiados y también rentas por la impartición de cursos de práctica jurídica: exenta parcial por las cuotas y no exenta por los cursos realizados.

SEPE: exenta total porque es una entidad gestora de la Seguridad Social y además tiene naturaleza de organismo autónomo.

FOGASA: exenta total: tiene naturaleza de organismo autónomo.

Empresa Municipal de Transportes del Ayuntamiento: no exenta, porque aunque pertenece a una entidad pública no tiene naturaleza de organismo autónomo.

5.4. Partidos políticos

Estarán parcialmente exentos del Impuesto los partidos políticos, en los términos establecidos en la Ley Orgánica 8/2007, de 4 de julio, sobre financiación de los partidos políticos.

El artículo 10 de la Ley 8/2007 establece que las rentas obtenidas para la financiación de las actividades que constituyen su objeto o finalidad específica gozarán de exención en el Impuesto sobre Sociedades por las rentas.

La exención se aplicará a los siguientes rendimientos e incrementos de patrimonio:

a) Las cuotas y aportaciones satisfechas por sus afiliados.

b) Las subvenciones percibidas con arreglo a lo dispuesto en esta Ley.

c) Las donaciones privadas efectuadas por personas físicas así como cualesquiera otros incrementos de patrimonio que se pongan de manifiesto como consecuencia de adquisiciones a título lucrativo.

d) Los rendimientos obtenidos en el ejercicio de sus actividades propias. Cuando se trate de rendimientos procedentes de explotaciones económicas propias la exención deberá ser expresamente declarada por la Administración Tributaria.

La exención se aplicará, igualmente, respecto de las rentas que se pongan de manifiesto en la transmisión onerosa de bienes o derechos afectos a la realización del objeto o finalidad propia del partido político siempre que el producto de la enajenación se destine a nuevas inversiones vinculadas a su objeto o finalidad propia o a la financiación de sus actividades, en los plazos establecidos en la normativa del Impuesto sobre Sociedades.

e) Los rendimientos procedentes de los bienes y derechos que integran el patrimonio del partido político.

Las rentas exentas no estarán sometidas a retención ni ingreso a cuenta.

La base imponible positiva que corresponda a las rentas no exentas, será gravada al tipo del 25%.

En esta unidad hemos hecho un recorrido por las características genéricas del Impuesto y su normativa reguladora. En este punto, hemos sabido que aunque el impuesto es de aplicación en todo el territorio español, en las comunidades forales aplican su propia normativa y en Canarias se aplica la normativa referente al régimen especial.

Hemos conocido que el domicilio determina la sujeción de las empresas al impuesto y que deberán declarar la totalidad de las rentas obtenidas mundialmente, sin perjuicio de las exenciones o deducciones por doble imposición que conoceremos en otras unidades.

Nos hemos detenido a conocer la implicación fiscal de las operaciones entre personas vinculadas y qué se entiende por operaciones vinculadas, su valoración, las consecuencias de no utilizar el valor de mercado en ellas, y las sanciones relacionadas con este tipo de operaciones.

Hemos listado las entidades que se consideran exentas o parcialmente exentas del Impuesto.

Finalmente, hemos determinado que las entidades tributarán por el Impuesto en función de su domicilio y lo harán por todas las rentas que obtengan, en otras unidades conoceremos que determinadas rentas obtenidas en el extranjero quedarán exoneradas de tributación.

UNIDAD DIDÁCTICA 2

El impuesto sobre sociedades y la contabilidad. Elementos temporales del impuesto.

Contenido & Objetivos

Introducción

1. Base imponible y contabilidad

2. Imputación temporal

Los **objetivos** de esta unidad son:

1. Determinar las diferencias entre el resultado contable y la base imponible.

2. Desarrollar la estructura del cálculo de la base imponible.

3. Identificar las diferencias permanentes y temporarias.

4. Distinguir la imputación temporal de las rentas.

Introducción

En esta unidad conoceremos qué elementos forman parte de la base imponible del impuesto.

El Impuesto sobre sociedades parte del resultado contable, siendo este positivo o negativo, y a este, se le aplicarán una serie de ajustes extracontables con el fin de obtener la base imponible del impuesto, generando diferencias permanentes o temporarias.

En las siguientes unidades conoceremos diferentes causas que generarán diferencias permanentes o temporales, como la amortización, gastos no deducibles o provisiones. En esta unidad conoceremos aquellas que tienen su origen en la imputación temporal de las rentas.

1. Base imponible y contabilidad

1.1. Cálculo

La base imponible es definida en el artículo 10.1 LIS como el *"importe de la renta en el período impositivo minorada por la compensación de bases imponibles negativas de períodos impositivos anteriores"*.

Según el artículo 10.2 LIS, en la determinación de la base imponible se utilizará el método de estimación directa, el de estimación objetiva *"cuando esta Ley determine su aplicación"* y, con carácter subsidiario, el de estimación indirecta, *"de conformidad con lo dispuesto en la Ley General Tributaria"*.

Señala el artículo 10.3 LIS, que en el método de estimación directa *"la base imponible se calculará, corrigiendo, mediante la aplicación de los preceptos establecidos en esta Ley, el resultado contable determinado de acuerdo con las normas previstas en el Código de Comercio, en las demás Leyes relativas a dicha determinación y en las disposiciones que se dicten en desarrollo de las citadas normas"*.

En el método de estimación objetiva la base imponible se podrá determinar total o parcialmente mediante la aplicación de los signos, índices o módulos a los sectores de actividad que determine la LIS.

1.2. Esquema de liquidación del impuesto

RESULTADO CONTABLE (conforme al Código de Comercio y al Plan General Contable aplicable).

(+/-) Ajustes extracontables.

- Por diferencias de calificación entre la normativa contable y fiscal (amortizaciones, deterioros de valor, provisiones y gastos no deducibles).

- Por diferencias de valoración.

- Por imputación temporal.

= BASE IMPONIBLE PREVIA

(-) Reserva de capitalización

(-) Bases imponibles negativas de ejercicios anteriores.

(+/-) Reserva de nivelación

= BASE IMPONIBLE

(X) Tipo de gravamen.

= CUOTA ÍNTEGRA

⇨ Deducciones para evitar la doble imposición.

⇨ Bonificaciones.

⇨ Deducciones para incentivar la realización de determinadas actividades.

= CUOTA LÍQUIDA

▶ Retenciones e ingresos a cuenta.

▶ Pagos fraccionados.

= CUOTA DIFERENCIAL

1.3. La normativa contable y la normativa fiscal

La normativa contable se encuentra fundamentalmente en los Real Decreto 1514/2007, de 16 de noviembre y 1515/2007, de 16 de noviembre, que aprueban respectivamente el Plan General Contable (general u ordinario) y el Plan General Contable de Pequeñas y Medianas Empresas (PYMES) y los criterios contables específicos para Microempresas.

Las diferencias pueden ser de tres tipos:

- **Diferencias de Calificación:** consisten en que una partida puede ser ingreso o gasto contable y no serlo fiscalmente y viceversa.

- **Diferencias de Valoración:** significa que una partida puede ser o tener la misma consideración en los ámbitos contable y fiscal, pero en cada uno de ellos su valoración va a ser distinta.

- **Imputación Temporal:** consiste en imputar a cada ejercicio los ingresos y gastos que le corresponde, en base al principio de devengo (sin perjuicio de que exista alguna regla especial al respecto).

1.4. Diferencias permanentes y temporales

1.4.1. Diferencias contables y fiscales

Entre los ámbitos contable y fiscal, existe una íntima relación, ya que el IS parte del resultado contable. Esta estrecha relación entre ambos ámbitos va a determinar que muchos aspectos coincidan, pero en otros haya divergencia y eso da lugar a las llamadas diferencias permanentes y temporales (o temporarias, como las denomina el nuevo Plan General Contable). Esto se debe a que cada ámbito tiene normativa y autonomía propia (la normativa del IS ya se ha indicado anteriormente, y en el ámbito contable debemos de tener tener en cuenta el Código de Comercio de 1885, los nuevos Planes Generales Contables, el ordinario o común y el de PYMES, amén de leyes especiales, como la Ley de Sociedades de Capital, etc.).

Las diferencias contables y fiscales, tanto permanentes como temporales, a su vez, pueden ser positivas o negativas.

Existe gasto contable que también es gasto fiscal= no procede ajuste.

Cuando las cantidades son iguales en ambos ámbitos.

Existe gasto contable que no es gasto fiscal= procede ajuste positivo.

Cuando se amortiza más contablemente que lo que dispone la Ley del Impuesto.

No existe gasto contable que sí es gasto fiscal= procede ajuste negativo.

Cuando se amortiza menos contablemente que lo que dispone la Ley del Impuesto.

Existe ingreso contable que también es ingreso fiscal= no procede ajuste.

Cuando las cantidades son iguales en ambos ámbitos.

Existe ingreso contable que no es ingreso fiscal= procede ajuste negativo.

Cuando en las operaciones de ventas a plazos se opta por imputar cada cantidad cobrada en el ejercicio en el que se percibe cada plazo y no según el criterio del devengo.

No existe ingreso contable que sí es ingreso fiscal= procede ajuste positivo.

Cuando no se ha contabilizado alguna partida de ingresos.

Las **diferencias permanentes** son aquellas que van a existir siempre entre los ámbitos fiscal y contable. Pueden ser **positivas o negativas**. Y siendo permanentes, nunca habrá reversión de los ajustes.

Una sociedad anónima recibe una multa de su comunidad autónoma por incumplimiento y responsabilidad en materia medioambiental de 2.400,00 euros. Desde el punto de vista contable lo contabilizará como un gasto en la cuenta "(678) Gastos Excepcionales", pero desde el punto de vista fiscal si acudimos al artículo 15 de la LIS indica expresamente que se trata de un gasto fiscalmente no deducible, por ello tendremos que hacer un ajuste al resultado contable, que en este caso será positivo porque nos hemos imputado contablemente un gasto que fiscalmente no es deducible.

Las **diferencias temporales (o temporarias)** son aquellas que surgen por diferencias entre los ámbitos fiscal y contable en un ejercicio y que generan la reversión en los ejercicios posteriores. Pueden ser positivas o negativas.

 Una sociedad ha amortizado contablemente una máquina por 2.000,00 euros, si bien la normativa del impuesto indica que la cantidad fiscal que procede amortizar es de 1.500,00 euros. De lo expuesto se deduce claramente que existe una diferencia temporaria deducible por valor de 500,00 euros.

Una sociedad ha amortizado contablemente una furgoneta por 1.500,00 euros, si bien la normativa del impuesto indica que la cantidad fiscal que procede amortizar es de 2.000,00 euros. De lo expuesto se deduce claramente que existe una diferencia temporaria imponible por valor de 500,00 euros.

1.4.2. La conciliación entre ambas normativas

Se trata de calcular y reflejar ese resultado entre ambas normativas, en lo relativo a las diferencias temporarias y la determinación de los activos y pasivos por impuesto diferido.

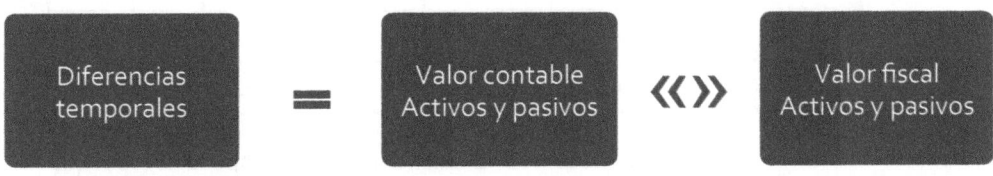

Las **diferencias temporarias** son aquellas que se producen entre el importe en libros de un activo o un pasivo exigible y su correspondiente base fiscal. Se clasifican en: imponibles o deducibles.

Diferencia temporaria imponible: son aquellas que darán lugar a mayores cantidades a pagar o menores cantidades a devolver por impuestos en ejercicios futuros, cuando se recuperen los activos o se liquiden los pasivos de los que se derivan. Con carácter general se reconocerá un pasivo por impuesto diferido por todas las diferencias temporarias imponibles.

Diferencia temporaria deducible: son aquellas que darán lugar a menores cantidades a pagar o mayores cantidades a devolver por impuestos en ejercicios futuros, cuando se recuperen los activos o se liquiden los pasivos de los que se derivan. Con carácter general de acuerdo con el principio de prudencia solo se reconocerán activos por impuesto diferido en la medida en que resulte probable que la empresa disponga de ganancias fiscales futuras que permitan la aplicación de estos activos.

Siempre que se cumpla la condición anterior, se reconocerá un activo por impuesto diferido en los supuestos siguientes:

1. Por las diferencias temporarias deducibles.

2. Por el derecho a compensar en ejercicios posteriores las pérdidas fiscales.

3. Por las deducciones y otras ventajas fiscales pendientes de aplicar en ejercicios posteriores.

 Una empresa ha adquirido mobiliario por 30.000,00 euros. Vamos a suponer que contablemente se le estima una vida útil de 6 años por el método lineal, sin que se haya previsto que tenga valor residual alguno al final de su amortización. Sin embargo, desde el ámbito fiscal el período de amortización es de 10 años. Hagamos un cuadro de evolución de la amortización en los ámbitos contable y fiscal:

Años	1	2	3	4	5	6	7	8	9	10
Contable	5.000	5.000	5.000	5.000	5.000	5.000	-	-	-	-
Fiscal	3.000	3.000	3.000	3.000	3.000	3.000	3.000	3.000	3.000	3.000
Diferencia	2.000	2.000	2.000	2.000	2.000	2.000	-3.000	-3.000	-3.000	-3.000

En este supuesto las diferencias son temporales, porque sumando la amortización contable y la fiscal no podremos superar el valor del mobiliario de 30.000 euros. Por tanto, si en los primeros ejercicios aplicamos más amortización de la que permite la fiscalidad, realizaremos un ajuste extracontable que se regularizará en ejercicios futuros, cuando la norma contable ya no exija aplicar amortización, pero sí nos permite la norma fiscal. Durante los primeros seis años la diferencia es positiva por 2.000,00 euros, porque se ha amortizado contablemente más de lo que permite la legislación del impuesto. Sin embargo, a partir del ejercicio 7 y hasta el ejercicio 10 la diferencia es negativa por 3.000,00 euros porque se ha amortizado contablemente menos de lo que indica la legislación del impuesto.

1.4.3. Determinación de los activos/pasivos por impuesto diferido

Es igual al resultado de multiplicar la diferencia temporaria o deducible por el tipo de gravamen aplicable a esa entidad.

Pasivo/Activos Por impuesto Diferido **=** Diferencia Temporaria Imposible/ deducible **X** TIPO DE GRAVAMEN

Supongamos que la sociedad ha amortizado contablemente una máquina por 2.000,00 euros, si bien la normativa del impuesto indica que la cantidad fiscal que procede amortizar es de 1.500,00 euros. De lo expuesto se deduce claramente que existe una diferencia temporaria deducible por valor de 500,00 euros. Suponemos que tributa al tipo de gravamen del 25%:

Diferencia temporaria deducible (500,00) X tipo de gravamen (25%) = 125

Una sociedad ha amortizado contablemente una furgoneta por 1.500,00 euros, si bien la normativa del impuesto indica que la cantidad fiscal que procede amortizar es de 2.000,00 euros. De lo expuesto se deduce claramente que existe una diferencia temporaria imponible por valor de 500,00 euros. Suponemos que tributa al tipo de gravamen del 25%:

Diferencia temporaria imponible (500,00) X tipo de gravamen (25%) = 125

Por la divergencia entre la normativa contable y la fiscal pueden surgir diferencias, que darán lugar a la aparición de diferentes cuentas, bien para contabilizar los impuestos anticipados bien para contabilizar los impuestos diferidos. Estas cuentas son las siguientes:

(6301) Impuesto diferido

Es la cantidad relativa a la dotación del impuesto por las diferencias temporarias que se han producido en el ejercicio actual y que se aplicarán en ejercicios futuros, o también aquellas que habiéndose producido en períodos o ejercicios anteriores se aplicarán en el ejercicio actual. Se contabiliza en la subcuenta (6301).

(4740) Activos por diferencias temporarias deducibles

Refleja los activos fiscales por diferencias que darán lugar a menores cantidades a pagar o mayores cantidades a devolver por impuestos sobre beneficios futuros. Es una cuenta de activo no corriente. Se carga por el importe del activo por diferencias temporarias deducibles originado en el ejercicio, con abono a la cuenta (6301) Impuesto diferido o por el aumento de los activos por diferencias temporarias deducibles con cargo a la cuenta (638) Ajustes positivos en la imposición sobre beneficios. Se abona por las reducciones de los activos por diferencias temporarias deducibles con cargo a la cuenta (633) Ajustes negativos en la imposición sobre beneficios o cuando se imputen los activos por diferencias temporarias deducibles con cargo a la cuenta (6301) Impuesto diferido.

(479) Pasivos por diferencias temporarias imponibles

Refleja las diferencias que darán lugar a mayores cantidades a pagar o menores cantidades a devolver por impuestos sobre beneficios futuros. Pertenece al Pasivo no corriente del balance. Se abona por el importe de los pasivos por diferencias temporarias imponibles originados en el ejercicio, con cargo a la cuenta (6301) Impuesto diferido.

Continuando con el ejemplo anterior de la sociedad que ha amortizado contablemente una máquina por 2.000,00 euros, si bien la normativa del impuesto indica que la cantidad fiscal que procede amortizar es de 1.500,00 euros. De lo expuesto se deduce claramente que existe una diferencia temporaria deducible por valor de 500,00 euros. Suponemos que tributa al tipo de gravamen del 25%:

- Diferencia temporaria deducible (500,00) X tipo de gravamen (25%) = 125

- 125,00 Activos por diferencias temporarias deducibles (4740) a Impuesto diferido (6301) 125,00

- Cuando la situación revierta se deberá hacer el asiento contrario.

Una sociedad ha amortizado contablemente una furgoneta por 1.500,00 euros, si bien la normativa del impuesto indica que la cantidad fiscal que procede amortizar es de 2.000,00 euros. De lo expuesto se deduce claramente que existe una diferencia temporaria imponible por valor de 500,00 euros. Suponemos que tributa al tipo de gravamen del 25%:

⇨ Diferencia temporaria imponible (500,00) X tipo de gravamen (25%) = 125

⇨ 125,00 Impuesto diferido (6301) a Pasivos por Diferencias temporarias imponibles (479) 125,00

⇨ Cuando la situación revierta se deberá hacer el asiento contrario.

2. Imputación temporal

2.1. Regla general de imputación temporal

2.1.1. Principio del devengo

El artículo 11 LIS regula la imputación temporal de los ingresos y gastos a efectos fiscales, estableciendo una regla general y una serie de reglas especiales.

De acuerdo con el artículo 11.1 LIS se aplica, con **carácter general**, el principio del devengo para la imputación a efectos fiscales de los ingresos y gastos. De acuerdo con este principio, los ingresos y gastos se imputarán al período impositivo en el que se produzca la corriente real de bienes y servicios que esos ingresos y gastos representan. No se sigue, por lo tanto, el criterio de caja (que atiende, por el contrario, al momento en que se produce la corriente monetaria o financiera). El artículo 11.1 LIS añade que esto debe ser con independencia de la fecha de su pago o de su cobro, respetando la debida correlación entre unos y otros.

En el sentido anterior el primer párrafo del artículo 11.3 LIS, indica que no serán fiscalmente deducibles los gastos que no se hayan imputado contablemente en la cuenta de pérdidas y ganancias o en una cuenta de reservas si así lo establece una norma legal o reglamentaria, a excepción de lo previsto en esta Ley respecto de los elementos patrimoniales que puedan amortizarse libremente o de forma acelerada.

 Una sociedad ha contabilizado 100.000,00 euros que corresponden a distintas partidas de gastos de este ejercicio y 345.000,00 euros que corresponden a partidas de ingresos del presente ejercicio.

Como son gastos e ingresos del presente ejercicio no procede practicar ajuste alguno.

El segundo párrafo del artículo 11.3 LIS se refiere a la trascendencia fiscal de los errores que llevan a contabilizar ingresos y gastos en un período impositivo distinto de aquel en que procede hacerlo por aplicación del criterio que utilice a efectos contables la entidad (criterio del devengo o criterio que excepcionalmente aplique para conseguir la imagen fiel). De ese segundo párrafo del artículo 11.3 LIS se deducen las siguientes reglas:

Los ingresos contabilizados en un período impositivo posterior a aquel en que proceda su imputación temporal y los gastos contabilizados en un período impositivo anterior se imputarán a efectos fiscales al período impositivo que corresponda de acuerdo con lo previsto en los párrafos anteriores.

 Una sociedad ha contabilizado en este ejercicio 100.000,00 euros de gastos, de los que 30.000,00 euros corresponden al próximo ejercicio, y también 345.000,00 euros de ingresos, de los que 100.000,00 euros corresponden a partidas del ejercicio anterior.

En este supuesto solo debería contabilizar como gastos del ejercicio 70.000,00 euros y 245.000,00 euros de ingresos, debiendo imputar 30.000,00 euros de gastos al próximo ejercicio y 100.000,00 euros de ingresos en el ejercicio anterior debiendo en este último caso practicar una liquidación complementaria. Por lo tanto debería hacer un ajuste positivo de 30.000,00 euros por los gastos imputados de más y también un ajuste negativo de 100.000,00 euros por los ingresos que corresponden al ejercicio anterior.

En caso de gastos imputados contablemente en un período impositivo posterior a aquel en el que proceda su imputación temporal o de ingresos imputados en un período impositivo anterior, *"la imputación temporal de unos y otros se efectuará en el período impositivo en el que se haya realizado la imputación contable, siempre que de ello no se derive una tributación inferior a la que hubiere correspondido por aplicación de las normas de imputación temporal prevista en los apartados anteriores"*.

2.1.2. Límites en la integración en la base imponible de estos gastos no deducibles fiscalmente en el momento de su contabilización

Los gastos que no fueron deducibles en el período impositivo en que se contabilizaron a los que se refiere el artículo 11.12 de la LIS, se integrarán en la base imponible del período impositivo en el que se cumplan las condiciones para la deducibilidad fiscal de acuerdo con lo establecido en la normativa del Impuesto sobre Sociedades, teniendo en cuenta los siguientes límites:

Según lo dispuesto en el primer párrafo del artículo 11.12 de la LIS, estos gastos se integrarán en la base imponible de acuerdo con lo establecido en esta Ley, con el límite del 70 por ciento de la base imponible positiva previa a su integración, a la aplicación de la reserva de capitalización establecida en el artículo 25 de LIS y a la compensación de bases imponibles negativas.

Por sentencia del Tribunal Constitucional 11/2024, de 18 de enero, se ha declarado inconstitucional los límites aplicables a las grandes empresas en materia de compensación de bases imponibles.

2.2. Reglas especiales de imputación temporal

2.2.1. Imputación temporal en el caso de operaciones a plazos o con precio aplazado (art. 11.4 LIS)

Se considerarán operaciones a plazos o con precio aplazado las ventas y ejecuciones de obra cuyo precio se perciba, total o parcialmente, mediante pagos sucesivos o mediante un sólo pago, siempre que el período transcurrido entre el devengo y el vencimiento del último o único plazo sea superior al año.

En el caso de operaciones a plazos o con precio aplazado, las rentas se entenderán obtenidas proporcionalmente a medida que se efectúen los correspondientes cobros, excepto que la entidad decida aplicar el criterio del devengo. Es decir, el criterio básico en este tipo de operaciones es la imputación de los resultados proporcionalmente a los cobros y sólo subsidiariamente se aplicará el criterio del devengo, es decir, la imputación en el momento de la entrega de bienes o prestación del servicio.

En caso de producirse el endoso, descuento o cobro anticipado de los importes aplazados, se entenderá obtenida, en dicho momento, la renta pendiente de imputación.

Encontramos este ajuste en el modelo 200:

Detalle de las correcciones al resultado de la cuenta de pérdidas y ganancias (excluida la corrección por IS)

	Aumentos		Disminuciones	
Cambio de criterios contables (art. 11.3.2º LIS)	00355		00356	
Operaciones a plazos (art. 11.4 LIS)	00357		00358	
Reversión del deterioro del valor de los elementos patrimoniales (art. 11.6 LIS)........	00359		00360	

Una sociedad ha vendido un solar por 100.000.000,00 euros que se van a cobrar de la siguiente forma: 25.000.000,00 euros en el momento de la venta el día 1 de julio de 20XX, otros 25.000.000,00 euros dentro de un año y 50.000.000,00 euros dentro de dos años. El beneficio fiscal de la operación es de 40.000.000,00 euros.

En este caso la sociedad tiene dos opciones: imputar todo el beneficio fiscal en el momento de la venta, es decir, en el período de 20XX, o bien periodificar el beneficio proporcionalmente a los cobros.

Ejercicio Contable	Beneficio Fiscal	Beneficio	Ajuste extracontable
20X0	40.000.000,00	10.000.000,00	-30.000.000
20X1	0	10.000.000,00	10.000.000
20X2	0	20.000.000,00	20.000.000

Si optase por esta segunda opción en el ejercicio 20X0 tendría que realizar un ajuste negativo de 30.000.000,00 euros, mientras que en los ejercicios 20X1 y 20X2 unos ajustes positivos de 10.000.000,00 y 20.000.000,00 euros respectivamente.

No resultará fiscalmente deducible el deterioro de valor de los créditos respecto de aquel importe que no haya sido objeto de integración en la base imponible por aplicación del criterio establecido en este apartado, hasta que esta se realice.

No se integrará en la base imponible la reversión de gastos que no hayan sido fiscalmente deducibles.

Cuando se eliminen provisiones, por no haberse aplicado a su finalidad, sin abono a una cuenta de ingresos del ejercicio, su importe se integrará en la base imponible de la entidad que las hubiese dotado, en la medida en que dicha dotación se hubiese considerado gasto deducible.

2.2.2. Imputación temporal de gastos por provisiones y fondos internos para la cobertura de contingencias idénticas o análogas a las reguladas en el Texto Refundido de la Ley de Regulación de los Planes y Fondos de Pensiones

De acuerdo con el primer párrafo del artículo 14.1 LIS, estas dotaciones serán imputables en el período impositivo en que se abonen las prestaciones. La misma regla se aplicará respecto de las contribuciones para la cobertura de contingencias análogas a la de los planes de pensiones que no hubieren resultado deducibles.

Esto generará un ajuste extracontable positivo, por la dotación de estos fondos y un ajuste extracontable negativo cuando se abonen efectivamente.

Una sociedad ha aportado en el presente ejercicio 90.000,00 euros a fondos internos para la cobertura de contingencias idénticas o análogas a las reguladas en el Texto Refundido de la Ley de Regulación de los Planes y Fondos de Pensiones, sabiendo además que durante el mismo se han jubilado 6 trabajadores habiéndoles abonado la cantidad de 56.000,00 euros.

En este caso la dotación de 90.000,00 euros no sería fiscalmente deducible debiendo realizar un ajuste positivo por ese importe, y en cambio, sí serían fiscalmente deducibles los 56.000,00 euros que se abonan por esos conceptos en el presente ejercicio, debiendo practicarse un ajuste negativo de 56.000,00 euros.

Encontramos este ajuste en el modelo 200:

Ajustes por pérdidas por deterioro de valores repr. de partic. en el capital o fondos propios (art. 13.2 b) LIS) 00325		00326
Pérdidas por deterioro de valores representativos de deuda (art. 13.2 c) LIS y DT 15ª LIS) 00327		00328
Aplicación del límite del art. 11.12 LIS a las pérdidas por deterioro del art. 13.1 LIS y provisiones y gastos (art. 14.1 y 14.2 LIS).... 00416		00543
Gastos y provisiones por pensiones no afectados por el art. 11.12 LIS (art. 14.1, 14.6 y 14.8 LIS) ⬅ 00335		00336
Otras provisiones no deducibles fiscalmente (art. 14 LIS) no afectadas por el art. 11.12 LIS 00337		00338

2.2.3. Imputación temporal de gastos de personal liquidados mediante la entrega de instrumentos de patrimonio

El **artículo 14.6 de la LIS** establece que los gastos de personal que se correspondan con pagos basados en instrumentos de patrimonio, utilizados como fórmula de retribución a los empleados, y se satisfagan mediante la entrega de los mismos, serán **fiscalmente deducibles** cuando se produzca esta entrega.

Esto generará un ajuste extracontable positivo, por la contabilización de estos gastos y un ajuste extracontable negativo cuando se abonen efectivamente.

> Una sociedad ha dotado en el presente ejercicio 70.000,00 euros como provisión para transacciones con instrumentos de patrimonio con sus empleados, sabiendo además que durante el mismo ha abonado a los trabajadores y trabajadoras de la misma la cantidad 25.000,00 euros.
>
> En este caso la dotación de 70.000,00 euros no sería fiscalmente deducible debiendo realizar un ajuste positivo por ese importe, y en cambio, sí serían fiscalmente deducibles los 25.000,00 euros que se abonan por esos conceptos en el presente ejercicio, debiendo practicarse un ajuste negativo de 25.000,00 euros.

Encontramos este ajuste en el modelo 200:

Ajustes por pérdidas por deterioro de valores repr. de partic. en el capital o fondos propios (art. 13.2 b) LIS)	00325	00326
Pérdidas por deterioro de valores representativos de deuda (art. 13.2 c) LIS y DT 15ª LIS)	00327	00328
Aplicación del límite del art. 11.12 LIS a las pérdidas por deterioro del art. 13.1 LIS y provisiones y gastos (art. 14.1 y 14.2 LIS)	00416	00543
Gastos y provisiones por pensiones no afectados por el art. 11.12 LIS (art. 14.1, 14.6 y 14.8 LIS)	00335	00336
Otras provisiones no deducibles fiscalmente (art. 14 LIS) no afectadas por el art. 11.12 LIS	00337	00338

2.2.4. Recuperación de valor de elementos patrimoniales que hubieran sido objeto de una corrección de valor

Según el artículo 11.6 LIS la reversión de un deterioro o corrección de valor que haya sido fiscalmente deducible, se imputará en la base imponible del período impositivo en el que se haya producido dicha reversión, sea en la entidad que practicó la corrección o en otra vinculada con ella. La misma regla se aplicará en el supuesto de pérdidas derivadas de la transmisión de elementos patrimoniales que hubieren sido nuevamente adquiridos.

Encontramos este ajuste en el modelo 200:

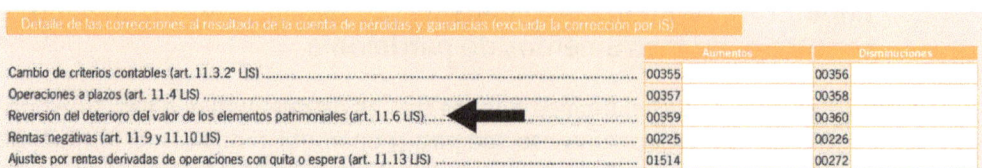

Detalle de las correcciones al resultado de la cuenta de pérdidas y ganancias (excluida la corrección por IS)		
	Aumentos	**Disminuciones**
Cambio de criterios contables (art. 11.3.2º LIS)	00355	00356
Operaciones a plazos (art. 11.4 LIS)	00357	00358
Reversión del deterioro del valor de los elementos patrimoniales (art. 11.6 LIS)	00359	00360
Rentas negativas (art. 11.9 y 11.10 LIS)	00225	00226
Ajustes por rentas derivadas de operaciones con quita o espera (art. 11.13 LIS)	01514	00272

Una sociedad tiene dotada desde el ejercicio 20X0 una pérdida por deterioro de valor de unos terrenos de 80.000,00 euros, cuyo precio de adquisición fue de 900.000,00 euros. En el ejercicio 20X4, como consecuencia de una reordenación urbanística, el valor de mercado de esos terrenos era de 1.500.000,00 euros. Y en el ejercicio actual su valor de mercado es de 2 millones de euros.

En este caso la reversión de la pérdida por deterioro debe efectuarse en el ejercicio que desapareció la causa que la motivó, es decir, en 20X4.

2.2.5. Imputación temporal de la reversión del deterioro del valor de elementos patrimoniales y pérdidas derivadas de la transmisión de elementos patrimoniales que hayan sido nuevamente adquiridos

De acuerdo con el artículo 11.6 LIS, la reversión del deterioro del valor de los elementos patrimoniales que hayan sido objeto de una corrección valorativa por deterioro se imputará en el período impositivo en el que se haya producido dicha reversión, *"sea en la entidad que practicó la corrección o en otra vinculada con ella"*.

La misma regla se aplicará en el supuesto de pérdidas derivadas de la transmisión de elementos patrimoniales del inmovilizado que hubieren sido nuevamente adquiridos.

Una entidad tiene un elemento patrimonial cuyo precio de adquisición fue de 3.500,00 euros.

Habiendo sufrido una depreciación de valor por importe de 1.500 euros, se dotó la correspondiente provisión que tuvo el carácter de deducible en el período en el que se realizó.

Con posterioridad, transmite el elemento, a una entidad vinculada, por su valor contable de 2.000 euros a una entidad vinculada. Con posterioridad a esta transmisión, se recupera el valor del elemento hasta llegar a situarse en 2.800,00 euros.

En este caso, a efectos fiscales deberá integrarse en la base imponible la cuantía de esa recuperación de valor.

Es decir, la entidad adquirente deberá incorporar a la base imponible del período impositivo en el que se produce la recuperación del valor un importe de 800,00, coincidente con lo que hubiera realizado la entidad que transmitió el elemento en el supuesto de no haberse efectuado esta transmisión.

2.2.6. Imputación temporal de las provisiones no aplicadas a su finalidad

De acuerdo con el artículo 11.7 LIS:

Cuando se eliminen provisiones, por no haberse aplicado a su finalidad, sin abono a una cuenta de ingresos del ejercicio, su importe se integrará en la base imponible de la entidad que las hubiese dotado, en la medida en que dicha dotación se hubiese considerado gasto deducible.

2.2.7. Límite para dotaciones por deterioro de créditos

El apartado 12 del artículo 11 de la LIS establece que las dotaciones por deterioro de los créditos u otros activos derivadas de las posibles insolvencias de los deudores no vinculados con el contribuyente, no adeudados por entidades de derecho público y cuya deducibilidad no se produzca por aplicación de lo dispuesto en el artículo 13.1.a) de la LIS, así como los derivados de la aplicación de los apartados 1 y 2 del artículo 14 de la LIS, correspondientes a dotaciones o aportaciones a sistemas de previsión social y, en su caso, prejubilación, que hayan generado activos por impuesto diferido, a los que resulte de aplicación el derecho establecido en el artículo 130 de la LIS, se integrarán en la base imponible de acuerdo con lo establecido en la LIS, con el límite del 70 por ciento de la base imponible positiva previa a su integración, a la aplicación de la reserva de capitalización establecida en el artículo 25 de la LIS y a la compensación de bases imponibles negativas.

Las cantidades no integradas en un período impositivo serán objeto de integración en los períodos impositivos siguientes con el mismo límite. A estos efectos, se integrarán en primer lugar las dotaciones correspondientes a los períodos impositivos más antiguos.

Si en un período impositivo se hubieran efectuado dotaciones por deterioro de los créditos u otros activos derivadas de las posibles insolvencias de los deudores no vinculados con el contribuyente, no adeudados por entidades de derecho público y cuya deducibilidad no se produzca por aplicación de lo dispuesto en el artículo 13.1.a) de la LIS, así como los derivados de la aplicación de los apartados 1 y 2 del artículo 14 de la LIS, correspondientes a dotaciones o aportaciones a sistemas de previsión social y, en su caso, prejubilación, que hayan generado activos por impuesto diferido, y el derecho establecido en el artículo 130 de la LIS resultara de aplicación solo a una parte de los mismos, se integrarán en la base imponible, en primer lugar, aquellas dotaciones correspondientes a los activos a los que no resulte de aplicación el referido derecho.

Encontramos este ajuste en el modelo 200:

Ajustes por pérdidas por deterioro de valores repr. de partic. en el capital o fondos propios (art. 13.2 b) LIS)	00325	00326
Pérdidas por deterioro de valores representativos de deuda (art. 13.2 c) LIS y DT 15ª LIS)	00327	00328
Aplicación del límite del art. 11.12 LIS a las pérdidas por deterioro del art. 13.1 LIS y provisiones y gastos (art. 14.1 y 14.2 LIS)		00543
Gastos y provisiones por pensiones no afectados por el art. 11.12 LIS (art. 14.1, 14.6 y 14.8 LIS)	00335	00336
Otras provisiones no deducibles fiscalmente (art. 14 LIS) no afectadas por el art. 11.12 LIS	00337	00338

2.2.8. Imputación temporal de quitas y esperas

El artículo 11.13 de la LIS dispone que el ingreso correspondiente al registro conta-ble de quitas y esperas consecuencia de la aplicación de la Ley 22/2003, de 9 de julio, Concursal, se imputará en la base imponible del deudor a medida que proceda regis-trar con posterioridad gastos financieros derivados de la misma deuda y hasta el límite del citado ingreso.

No obstante, en el supuesto de que el importe del ingreso a que se refiere el párrafo anterior sea superior al importe total de gastos financieros pendientes de registrar, derivados de la misma deuda, la imputación de aquel en la base imponible se reali-zará proporcionalmente a los gastos financieros registrados en cada período imposi-tivo respecto de los gastos financieros totales pendientes de registrar derivados de la misma deuda.

Encontramos este ajuste en el modelo 200:

Cambio de criterios contables (art. 11.3.2° LIS)	00355		00356
Operaciones a plazos (art. 11.4 LIS)	00357		00358
Reversión del deterioro del valor de los elementos patrimoniales (art. 11.6 LIS)	00359		00360
Rentas negativas (art. 11.9 y 11.10 LIS)	00225		00226
Ajustes por rentas derivadas de operaciones con quita o espera (art. 11.13 LIS)	01514		00272
Otras diferencias de imputación temporal de ingresos y gastos (art. 11 LIS)	00361		00362
Diferencias entre amortización contable y fiscal (art. 12.1 LIS)	00303		00304

2.2.9. Imputación temporal de derechos de rescate de contratos de seguros

Cuando la entidad sea beneficiaria o tenga reconocido el derecho de rescate de contratos de seguro de vida en los que, además, asuma el riesgo de inversión, inte-grará en todo caso en la base imponible la diferencia entre el valor liquidativo de los activos afectos a la póliza al final y al comienzo de cada período impositivo.

Lo dispuesto en este apartado no se aplicará a los seguros que instrumenten compromisos por pensiones asumidos por las empresas en los términos previstos en la Disposición adicional primera del Texto Refundido de la Ley de Regulación de los Planes y Fondos de Pensiones, aprobado por el Real Decreto Legislativo 1/2002, de 29 de noviembre, y en su normativa de desarrollo.

El importe de las rentas imputadas minorará el rendimiento derivado de la percep-ción de cantidades de los contratos.

2.2.10. Imputación temporal de rentas negativas en la transmisión de elementos del inmovilizado

Las rentas negativas generadas en la transmisión de elementos del inmovilizado material, inversiones inmobiliarias, inmovilizado intangible y valores representativos de deuda, cuando el adquirente sea una entidad del mismo grupo de sociedades según los criterios establecidos en el artículo 42 del Código de Comercio, con independencia de la residencia y de la obligación de formular cuentas anuales consolidadas, se imputarán en el período impositivo en que dichos elementos patrimoniales sean dados de baja en el balance de la entidad adquirente, sean transmitidos a terceros ajenos al referido grupo de sociedades, o bien cuando la entidad transmitente o la adquirente dejen de formar parte del mismo.

No obstante, en el caso de elementos patrimoniales amortizables, las rentas negativas se integrarán, con carácter previo a dichas circunstancias, en los períodos impositivos que restarán de vida útil a los elementos transmitidos, en función del método de amortización utilizado respecto de los referidos elementos.

Hemos conocido que el Impuesto sobre Sociedades parte del resultado contable, al que le aplicaremos una serie de ajustes extracontables, positivos o negativos, con el fin de obtener la base imponible.

Algunos de estos ajustes vendrán marcados por la no deducibilidad de un gasto contable, en otros por incentivos o beneficios fiscales. En el primer caso, generará diferencias permanentes, en el segundo, generará diferencias temporarias.

Hemos conocido también, la implicación fiscal del principio de devengo y, por tanto, la imputación temporal de las rentas.

UNIDAD DIDÁCTICA 3

Amortización.
Principios y criterios.

Contenido & Objetivos

Introducción

1. Principios de amortización

2. Amortización del inmovilizado material (I)

3. Amortización del inmovilizado material (II)

4. Amortización del inmovilizado intangible

5. Libertad de amortización en inversiones realizadas en la cadena de valor de movilidad eléctrica, sostenible o conectada

6. Libertad de amortización en inversiones que utilicen energía procedente de fuentes renovables

7 Amortización acelerada de determinados vehículos y de nuevas infraestructuras de recarga

Los **objetivos** de esta unidad son:

1. Calcular la amortización.

2. Optimizar el coste fiscal de la amortización.

3. Comparar los métodos de cálculo de la amortización.

Introducción

En esta unidad vamos a conocer la amortización de los bienes que forman parte del inmovilizado o activo no corriente, en el balance de situación de la empresa.

Este concepto se regula tanto desde un punto de vista contable como fiscal.

La LIS permite aplicar una amortización superior a la recogida contablemente. Este hecho, en algunos casos, provocará ajustes extracontables, calificadas como diferencias temporarias.

1. Principios de amortización

1.1. Introducción

El PGC considera la amortización como la depreciación que normalmente sufre el inmovilizado de la empresa por su funcionamiento, uso y disfrute, sin perjuicio de considerar también la obsolescencia técnica o comercial que pudiera afectarlos.

La LIS, por su parte, define la amortización del inmovilizado material, intangible y de las inversiones inmobiliarias, como la depreciación efectiva que sufren los distintos elementos por funcionamiento, uso, disfrute u obsolescencia.

El segundo párrafo de este artículo 12 LIS y el artículo 3 RIS señalan que la depreciación se considerará efectiva cuando sea el resultado de aplicar alguno de los métodos previstos en las letras a) a e) de ese artículo 12.1 LIS. Su regulación se encuentra en los artículos 12 LIS y 3 a 5 RIS.

Cuando hablamos de un inmovilizado amortizable debemos conocer varios conceptos:

⇨ **Precio de adquisición:** incluye, además del importe facturado por el vendedor después de deducir cualquier descuento o rebaja en el precio, todos los gastos adicionales y directamente relacionados que se produzcan hasta su puesta en condiciones de funcionamiento, incluida la ubicación en el lugar y cualquier otra condición necesaria para que pueda operar de la forma prevista; entre otros: gastos de explanación y derribo, transporte, derechos arancelarios, seguros, instalación, montaje y otros similares.

⇨ **Coste de producción:** de los elementos del inmovilizado material fabricados o construidos por la propia empresa se obtendrá añadiendo al precio de adquisición de las materias primas y otras materias consumibles, los demás costes directamente imputables a dichos bienes. También se añadirá la parte que razonablemente corresponda de los costes indirectamente imputables a los bienes de que se trate en la medida en que tales costes correspondan al periodo de fabricación o construcción y sean necesarios para la puesta del activo en condiciones operativas.

⇨ **Importe recuperable:** entendido este como el mayor importe entre su valor razonable menos los costes de venta y su valor en uso.

El RIS establece una serie de normas comunes en materia de amortización. Comienza considerando que la depreciación de los elementos patrimoniales del inmovilizado material, intangible e inversiones inmobiliarias es efectiva cuando sea el resultado de aplicar alguno de los métodos previstos en el apartado 1 del artículo 12 de la LIS. Y por tanto, vincula la efectividad de la amortización a la aplicación de un método de cálculo fiscal.

La misma norma establece que será amortizable el precio de adquisición o coste de producción, excluido, en su caso, el valor residual. Asimismo, cuando se trate de edificaciones, no será amortizable la parte del precio de adquisición correspondiente al valor del suelo excluidos, en su caso, los costes de rehabilitación. Cuando no se conozca el valor del suelo se calculará prorrateando el precio de adquisición entre los valores catastrales del suelo y de la construcción en el año de adquisición. No obstante, el contribuyente podrá utilizar un criterio de distribución del precio de adquisición diferente, cuando se pruebe que dicho criterio se fundamenta en el valor normal de mercado del suelo y de la construcción en el año de adquisición.

Los elementos patrimoniales del inmovilizado material e inversiones inmobiliarias empezarán a amortizarse desde su puesta en condiciones de funcionamiento y los del inmovilizado intangible desde el momento en que estén en condiciones de producir ingresos. También deberemos tener en cuenta, que los bienes deberán amortizarse dentro del período de su vida útil.

Los elementos patrimoniales que han sido objeto de las operaciones de renovación, ampliación o mejora, continuarán amortizándose según el método que se venía aplicando con anterioridad a la realización de las mismas, pero deberán tenerse en cuenta a efectos de determinar si alargan la vida útil estimada del activo.

Cuando las renovaciones, ampliaciones o mejoras de los elementos patrimoniales del inmovilizado material e inversiones inmobiliarias se incorporen a dicho inmovilizado, el importe de las mismas se amortizará durante los períodos impositivos que resten para completar la vida útil de los referidos elementos patrimoniales.

En los supuestos de fusión, escisión, total y parcial, y aportación, deberá proseguirse para cada elemento patrimonial adquirido el método de amortización a que estaba sujeto, excepto si el contribuyente prefiere aplicar a los mismos su propio método de amortización.

1.2. Deducción del 30% del importe de los gastos correspondientes a la amortización contable (excluidas empresas de reducida dimensión)

El artículo 7 de la Ley 16/2012, de 27 de diciembre, por la que se adoptan diversas medidas tributarias dirigidas a la consolidación de las finanzas públicas y al impulso de la actividad económica, estableció para los períodos impositivos iniciados dentro de los años 2013 y 2014, una limitación temporal en la deducibilidad de las amortizaciones.

Asimismo, estableció que el gasto de amortización contable, no deducible, se deducirá de forma lineal a opción del contribuyente en 10 años o en la vida útil del elemento patrimonial a partir del primer período impositivo que se inicie en 2015.

Según lo dispuesto en los párrafos anteriores, para los períodos impositivos que se inicien a partir de 1 de enero de 2015 procederá revertir el ajuste practicado, ya sea en el plazo de 10 años o en el plazo de vida útil que reste al elemento patrimonial.

Las cantidades correspondientes a dicha reversión se recogerán en el modelo 200 del IS:

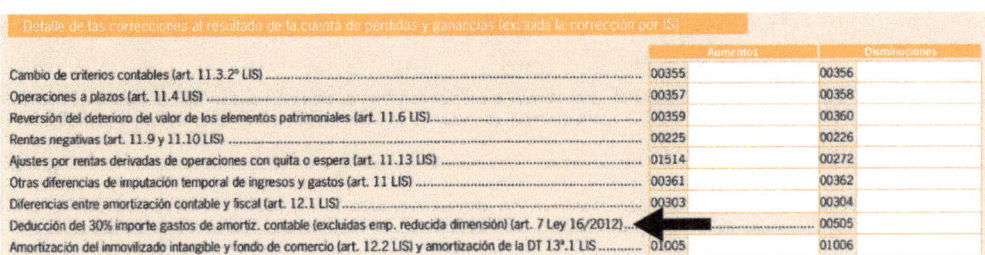

Detalle de las correcciones al resultado de la cuenta de pérdidas y ganancias (excluida la corrección por IS)		Aumentos		Disminuciones
Cambio de criterios contables (art. 11.3.2ª LIS)		00355		00356
Operaciones a plazos (art. 11.4 LIS)		00357		00358
Reversión del deterioro del valor de los elementos patrimoniales (art. 11.6 LIS)		00359		00360
Rentas negativas (art. 11.9 y 11.10 LIS)		00225		00226
Ajustes por rentas derivadas de operaciones con quita o espera (art. 11.13 LIS)		01514		00272
Otras diferencias de imputación temporal de ingresos y gastos (art. 11 LIS)		00361		00362
Diferencias entre amortización contable y fiscal (art. 12.1 LIS)		00303		00304
Deducción del 30% importe gastos de amortiz. contable (excluidas emp. reducida dimensión) (art. 7 Ley 16/2012)				00505
Amortización del inmovilizado intangible y fondo de comercio (art. 12.2 LIS) y amortización de la DT 13ª.1 LIS		01005		01006

2. Amortización del inmovilizado material (I)

2.1. Amortización según tablas

2.1.1. Tabla de coeficientes de amortización lineal

La depreciación se entenderá efectiva cuando sea el resultado de aplicar al precio de adquisición o coste de producción del elemento alguno de los siguientes coeficientes:

- El coeficiente de amortización lineal máximo establecido en las tablas de amortización que reproducimos a continuación.

- El coeficiente de amortización lineal que se deriva del período máximo de amortización establecido en las tablas de amortización (que suele denominarse abreviadamente coeficiente «mínimo» de amortización).

- Cualquier otro coeficiente de amortización lineal comprendido entre los dos anteriormente mencionados.

A los efectos de aplicar lo previsto en el apartado 3.1.º del artículo 11 de la Ley del Impuesto, el artículo 4 RIS establece que cuando un elemento patrimonial se hubiere amortizado contablemente en algún período impositivo por un importe inferior al resultante de aplicar el coeficiente previsto en la letra b) anterior, se entenderá que el exceso de las amortizaciones contabilizadas en posteriores períodos impositivos respecto de la cantidad resultante de la aplicación de lo previsto en la letra a) anterior, corresponde al período impositivo citado en primer lugar, hasta el importe de la amortización que hubiera correspondido por aplicación de lo dispuesto en el coeficiente de amortización lineal que se deriva del período máximo de amortización establecido en la tabla.

Las tablas de amortización y las instrucciones para su aplicación figuran en el art. 12.1.a) de la LIS. Se clasifican los diferentes elementos de una forma mucho más simplificada de lo que se hacía en el régimen anterior.

Tabla de coeficientes de amortización lineal:

TIPO DE ELEMENTO	Coeficiente lineal máximo	Periodo de años máximo
Obra civil		
Obra civil general	2%	100
Pavimentos	6%	34
Infraestructuras y obras mineras	7%	30
Centrales		
Centrales hidráulicas	2%	100
Centrales nucleares	3%	60
Centrales de carbón	4%	50
Centrales renovables	7%	30
Otras centrales	5%	40

Tipo de elemento	Coeficiente lineal máximo	Periodo de años máximo
Edificios		
Edificios industriales	3%	68
Terrenos dedicados exclusivamente a escombreras	4%	50
Almacenes y depósitos (gaseosos, líquidos y sólidos)	7%	30
Edificios comerciales, administrativos, de servicios y viviendas	2%	100
Instalaciones		
Subestaciones. Redes de transporte y distribución de energía	5%	40
Cables	7%	30
Resto instalaciones	10%	20
Maquinaria	12%	18
Equipos médicos y asimilados	15%	14
Elementos de transporte		
Locomotoras, vagones y equipos de tracción	8%	25
Buques, aeronaves	10%	20
Elementos de transporte interno	10%	20
Elementos de transporte externo	16%	14
Autocamiones	20%	10

TIPO DE ELEMENTO	Coeficiente lineal máximo	Periodo de años máximo
Mobiliario y enseres		
Mobiliario	10%	20
Lencería	25%	8
Cristalería	50%	4
Útiles y herramientas	25%	8
Moldes, matrices y modelos	33%	6
Otros enseres	15%	14
Equipos electrónicos e informáticos. Sistemas y programas		
Equipos electrónicos	20%	10
Equipos para procesos de información	25%	8
Sistemas y programas informáticos.	33%	6
Producciones cinematográficas, fonográficas, videos y series audiovisuales	33%	6
Otros elementos	10%	20

2.1.2. Régimen transitorio

Debido a la aprobación, en 2014, de la tabla de coeficientes de amortización lineal se establece el siguiente régimen transitorio en la Disposición Transitoria 13ª para aquellos elementos patrimoniales adquiridos con anterioridad:

⇨ Los elementos que coincidan en los coeficientes de amortización de ambas tablas aplicarán los mismos coeficientes y método de amortización.

⇨ Los elementos patrimoniales para los que se aplicara un coeficiente de amortización distinto al establecido en la nueva tabla se amortizarán durante el periodo de tiempo que reste de su vida útil sobre su valor neto fiscal al inicio del primer periodo impositivo que comience a partir de 1 de enero de 2015.

⇨ Para entidades que estuvieran aplicando un método de amortización distintos del lineal y en aplicación de la nueva tabla de amortización, al elemento le correspondiera un plazo de amortización distinto, podrán aplicar el método de amortización lineal en el periodo que reste para completar su nueva vida útil, sobre el valor existente al inicio del primer periodo impositivo que comience a partir de 1 de enero de 2015.

⇨ Para los elementos adquiridos entre el 1 de enero de 2003 y 31 de diciembre de 2004, el coeficiente de amortización lineal máximo previsto se multiplicará por 1,1.

Los cambios en los coeficientes de amortización deben contabilizarse como un cambio de estimación contable.

El inmovilizado intangible con vida útil definida se amortiza en función de la misma, sin necesidad de cumplir ningún tipo de requisito en cuanto a su forma de adquisición o de relación con la entidad transmitente. Cuando la misma no pueda estimarse de manera fiable, la amortización será deducible con el límite anual máximo de la veinteava parte de su importe.

La amortización del fondo de comercio será deducible con el límite anual máximo de la veinteava parte de su importe.

Este régimen no resulta aplicable a activos intangibles adquiridos en períodos impositivos iniciados antes del 1 de enero de 2015 a entidades que formen parte del mismo grupo mercantil, con independencia de la residencia y de la obligación de formular cuentas anuales consolidadas.

Se establece también un nuevo supuesto de libertad de amortización aplicable a todos los contribuyentes para elementos del inmovilizado material nuevos, con valor unitario máximo de 300 euros, y hasta el límite de 25.000 euros por período impositivo. Si el período impositivo tuviera una duración inferior, el límite señalado será el resultado de multiplicar 25.000 euros por la proporción a la duración del período impositivo respecto del año.

Asimismo, se especifica que las cantidades aplicadas a la libertad de amortización minoran, a efectos fiscales, el valor de los elementos amortizados.

La sociedad "CONSTRUCCIONES LAS PALOMAS, S.L" dedicada a la construcción tributa en el régimen general del IS. Con fecha 1 de enero de 2013 adquiere herramientas y útiles por importe de 200.000 €. Puede optar por aplicar diferentes sistemas o métodos. Si decide amortizar por el método lineal podrá hacerlo al ritmo del 30% anual (3,33 años) de acuerdo al porcentaje máximo establecido en el Reglamento de IS (R.D. 1777/2004), o en función del número de años máximo, que en el caso de las herramientas y útiles es de 8 años (12,5%).

Dentro de este margen podrá aplicar el porcentaje que considere más oportuno para los intereses económicos financieros de la compañía (15%, 21%, 25%, etc.). La empresa se decide por amortizar el máximo lineal por tablas.

Una empresa ha adquirido un almacén por 300.000,00 euros (de los cuales 100.000,00 euros corresponden al valor del suelo). Si acudimos a la tabla, observamos que su coeficiente lineal máximo es el 3% y el período máximo de años es de 68 años. Pues bien en consonancia con lo que hemos indicado este almacén se puede amortizar:

Aplicando el coeficiente lineal máximo del 3%:

200.000,00 euros X 3% = 6.000,00 euros anuales (el suelo no se amortiza)

Aplicando el período máximo de años:

200.000,00 euros / 68 años = 2.941,18 euros anuales

Cualquier otro coeficiente de amortización lineal comprendido entre los dos anteriormente mencionados [el 3% y el 1,47% (100/68)]:

Por ejemplo, el 2%

200.000,00 euros X 2% = 4.000,00 euros anuales

El contribuyente aplicará el coeficiente lineal de la tabla del elemento que figure en las mismas y que más se asimile al elemento. En su defecto el coeficiente lineal máximo de amortización aplicable será del 10 por 100 y el periodo máximo de veinte años.

2.2. Amortización según porcentaje constante

Los artículos 12 LIS y 5 RIS se refieren al método de amortización según porcentaje constante.

Este método puede aplicarse a elementos, nuevos o usados, distintos de los edificios, mobiliario y enseres.

La amortización se determina aplicando un porcentaje constante sobre el valor pendiente de amortización. A estos efectos, el porcentaje se determina de la siguiente forma:

▶ Se elige un periodo de vida útil entre el periodo de amortización máximo determinado en las tablas y el período de amortización mínimo que resultaría de aplicar el coeficiente máximo previsto en las tablas, y se calcula el coeficiente correspondiente a ese período.

▶ El coeficiente así determinado se pondera por los siguientes coeficientes:

- 1,5 (si el período es inferior a 5 años).

- 2 (si el período es igual o superior a 5 años e inferior a 8 años).

- 2,5 (si el período es igual o superior a 8 años).

En ningún caso el porcentaje constante resultante de esta ponderación podrá ser inferior al 11 por 100.

El importe que quede pendiente de amortizar en el período impositivo en que se produzca la conclusión de la vida útil se amortizará en su totalidad en dicho período impositivo.

Este método da lugar a una amortización degresiva (con cuotas de amortización decrecientes), excepto en el último año. En el que se computa el 100%, se deduce todo lo que queda por amortizar

 Una sociedad adquiere un ordenador en el año 20X0 por valor de 6.000,00€ a la que le corresponde según las tablas de elementos comunes un coeficiente máximo del 25% y un periodo máximo de 8 años. Desea saber si puede amortizarlo en 5 años por el método del porcentaje constante.

Se puede amortizar en 5 años ya que se encuentra entre el periodo máximo y el mínimo de amortización.

La cuota o porcentaje correspondiente a 5 años es del 20%.

Multiplicamos el % por el dígito, en este caso al ser un periodo igual o superior a 5 e inferior a 8 le corresponde el 2.

20 % X 2 = 40 % constante

Año	Valor pendiente a amortizar		Porcentaje constante	Amortización anual
20X0	6.000,00	*	40%	2.400,00
20X1	3.600,00	*	40%	1.440,00
20X2	2.160,00	*	40%	864,00
20X3	1.296,00	*	40%	518,40
20X4	777,6			777,60
				6.000,00

2.3. Amortización según números dígitos

Los artículos 12.1.c) LIS y 6 RIS se refieren al método de amortización de los números dígitos.

Este método puede aplicarse a elementos, nuevos o usados, distintos de los edificios, mobiliario y enseres.

La cuota de amortización se determinará de la siguiente forma:

▶ Se elige un período de amortización entre el período máximo determinado en las tablas y el período de amortización mínimo que resultaría de aplicar el coeficiente máximo previsto en las tablas, ambos inclusive.

▶ Se obtiene la suma de dígitos mediante la adición de los valores numéricos asignados a los años en que se haya de amortizar el elemento patrimonial.

▶ Se asignará el valor numérico mayor de la serie de años en que haya de amortizarse el elemento patrimonial al año en que deba comenzar la amortización, y para los años siguientes, valores numéricos sucesivamente decrecientes en una unidad, hasta llegar al último considerado para la amortización, que tendrá un valor numérico igual a la unidad. La asignación puede también efectuarse de manera inversa a la señalada.

▶ Se obtiene la suma de dígitos mediante la adición de los valores numéricos asignados a los años en que se haya de amortizar el elemento patrimonial.

▶ Se dividirá el precio de adquisición o coste de producción entre la suma de dígitos obtenida según el párrafo anterior, determinándose así la cuota por dígito.

▶ Se multiplicará la cuota por dígito por el valor numérico que corresponda al período impositivo.

Este método da lugar a una amortización degresiva si se asignan valores decrecientes a los sucesivos años del período a partir del año en que deba comenzar la amortización, o progresiva en otro caso.

2.4. Amortización bienes utilizados en más de un turno

De acuerdo con el artículo 4.2 RIS, cuando un elemento patrimonial se utilice diariamente en más de un turno normal de trabajo (salvo que se trate de un elemento que por su naturaleza técnica deba ser utilizado de forma continuada), podrá amortizarse en función del coeficiente formado por la suma de:

a) El coeficiente mínimo de amortización.

b) El resultado de multiplicar la diferencia entre el coeficiente de amortización lineal máximo y el coeficiente mínimo por el cociente entre las horas diarias habitualmente trabajadas y ocho horas.

Lo dispuesto en este apartado, no será de aplicación a aquellos elementos que por su naturaleza técnica deban ser utilizados de forma continuada.

2.5. Amortización de bienes usados

El artículo 4.3 RIS se refiere a la amortización de elementos que se adquieren usados. Se consideran usados aquellos elementos que no son puestos en condiciones de funcionamiento por primera vez. En cualquier caso, no merecen esa calificación los edificios cuya antigüedad sea inferior a diez años. Las reglas establecidas para la amortización de esos elementos son las siguientes:

a) Sobre el precio de adquisición, hasta el límite resultante de multiplicar por 2 la cantidad derivada de aplicar el coeficiente de amortización lineal máximo.

b)   Si se conoce el precio de adquisición o coste de producción originario, este podrá ser tomado como base para la aplicación del coeficiente de amortización lineal máximo.

c)   Si no se conoce el precio de adquisición o coste de producción originario, el contribuyente podrá determinar aquél pericialmente. Establecido dicho precio de adquisición o coste de producción se procederá de acuerdo con lo previsto en la letra anterior.

Tratándose de elementos patrimoniales usados adquiridos a entidades pertenecientes a un mismo grupo de sociedades, según los criterios establecidos en el artículo 42 del Código de Comercio, con independencia de la residencia y de la obligación de formular cuentas anuales consolidadas, la amortización se calculará de acuerdo con lo previsto en la letra b), excepto si el precio de adquisición hubiese sido superior al originario, en cuyo caso la amortización deducible tendrá como límite el resultado de aplicar al precio de adquisición el coeficiente de amortización lineal máximo.

A los efectos de este apartado no se considerarán como elementos patrimoniales usados los edificios cuya antigüedad sea inferior a diez años.

Una sociedad adquiere un ordenador en el año 20X0 por valor de 6.000,00€ a la que le corresponde según las tablas de elementos comunes un coeficiente máximo del 25% y un periodo máximo de 8 años. Desea saber si puede amortizarlo en 5 años por el método de los números dígitos.

Sí puede amortizar en 5 años ya que se encuentra entre el periodo máximo y el mínimo de amortización.

Sumamos los dígitos = 1 + 2 + 3 + 4 + 5 = 15

Dividimos el valor a amortizar entre la suma = 6.000,00 € / 15 = 400,00€. En nuestro ejemplo utilizamos el método creciente o de amortización progresiva.

Año	Dígito	*	Cuota	Amortización anual
20X0	1	*	400	400
20X1	2	*	400	800
20X2	3	*	400	1.200,00
20X3	4	*	400	1.600,00
20X4	5	*	400	2.000,00
				6.000,00

Una empresa ha adquirido mobiliario de segunda mano por 30.000,00 euros. Si acudimos a la tabla de coeficientes de amortización, observamos que su coeficiente lineal máximo es el 10%. Pues bien, en consonancia con lo que hemos indicado esta fotocopiadora se puede amortizar: 30.000,00 euros X 10% X 2 = 6.000,00 euros anuales.

3. Amortización del inmovilizado material (II)

3.1. Amortización según plan

De acuerdo con el artículo 12.1.d) LIS, la amortización podrá ajustarse a un plan formulado por el contribuyente y aceptado por la Administración tributaria. El procedimiento que se debe seguir a estos efectos está regulado en el artículo 7 RIS. De acuerdo con los apartados 6 y 7 de este precepto, el procedimiento puede concluir de las siguientes formas:

a) Mediante una resolución expresa en la que bien se apruebe el plan de amortización inicialmente formulado por el contribuyente, bien se apruebe un plan alternativo de amortización formulado por el contribuyente en el curso del procedimiento, o bien se desestime el plan formulado por el contribuyente.

b) Si no se dicta resolución expresa en el plazo de 3 meses, se entenderá aprobado el plan formulado por el contribuyente (silencio positivo).

La solicitud del plan de amortización deberá contener los siguientes datos:

a) Descripción de los elementos patrimoniales objeto del plan especial de amortización, indicando la actividad a la que se hallen adscritos y su ubicación.

b) Método de amortización que se propone, indicando la distribución temporal de las amortizaciones que se derivan del mismo.

c) Justificación del método de amortización propuesto.

d) Precio de adquisición o coste de producción de los elementos patrimoniales.

e) Fecha de inicio de la amortización de los elementos patrimoniales.

En el caso de elementos patrimoniales en construcción, se indicará la fecha prevista en que deba comenzar la amortización. La solicitud se presentará dentro del período de construcción o de amortización de los elementos patrimoniales. El contribuyente podrá desistir de la solicitud formulada.

3.2. Amortización según el importe de la depreciación efectiva

La aplicación de los métodos señalados en las letras anteriores exime de la necesidad de probar que las amortizaciones dotadas se corresponden con la depreciación efectiva del elemento de que se trate.

De acuerdo con la letra e) del artículo 12.1 LIS, la amortización podrá dotarse también en función de la depreciación realmente producida.

En este caso, la sociedad debe estar en condiciones de justificar que la amortización dotada responde a la depreciación que realmente ha sufrido el elemento.

3.3. Supuestos de amortización libre

Como señala el artículo 12.3 LIS respecto de los supuestos de amortización libre que establece, las cantidades aplicadas a la libertad de amortización incrementarán la base imponible con ocasión de la amortización (contable) o transmisión de los elementos que disfrutaron de aquélla. Este artículo prevé la amortización libre de los siguientes elementos:

a) Los elementos del inmovilizado material, intangible e inversiones inmobiliarias de las sociedades anónimas laborales y de las sociedades limitadas laborales afectos a la realización de sus actividades, adquiridos durante los cinco primeros años a partir de la fecha de su calificación como tales.

b) Los elementos del inmovilizado material e intangible, excluidos los edificios, afectos a las actividades de investigación y desarrollo.

Los edificios podrán amortizarse de forma lineal durante un período de 10 años, en la parte que se hallen afectos a las actividades de investigación y desarrollo.

c) Los gastos de investigación y desarrollo activados como inmovilizado intangible, excluidas las amortizaciones de los elementos que disfruten de libertad de amortización.

d) Los elementos del inmovilizado material o intangible de las entidades que tengan la calificación de explotaciones asociativas prioritarias de acuerdo con lo dispuesto en la Ley 19/1995, de 4 de julio, de modernización de las explotaciones agrarias, adquiridos durante los cinco primeros años a partir de la fecha de su reconocimiento como explotación prioritaria.

e) Los elementos del inmovilizado material nuevos, cuyo valor unitario no exceda de 300 euros, hasta el límite de 25.000 euros referido al período impositivo. Si el período impositivo tuviera una duración inferior a un año, el límite señalado será el resultado de multiplicar 25.000 euros por la proporción existente entre la duración del período impositivo respecto del año.

Las cantidades aplicadas a la libertad de amortización minorarán, a efectos fiscales, el valor de los elementos amortizados.

3.4. Supuestos de amortización acelerada

El artículo 12.3.b) LIS prevé, como se ha indicado, la libertad de amortización de los elementos del inmovilizado material e intangible, afectos a las actividades de investigación y desarrollo, excluidos los edificios.

El mismo precepto prevé que la parte de los edificios que se encuentre afecta a esas actividades podrá amortizarse, por partes iguales, durante un período de 10 años, lo que supondrá generalmente una "aceleración" de la amortización.

Los ajustes establecidos en el artículo 12.3 b) los encontramos en el modelo 200:

Detalle de las correcciones al resultado de la cuenta de pérdidas y ganancias (excluida la corrección por IS)				
		Aumentos		Disminuciones
Cambio de criterios contables (art. 11.3.2° LIS)		00355		00356
Operaciones a plazos (art. 11.4 LIS)		00357		00358
Reversión del deterioro del valor de los elementos patrimoniales (art. 11.6 LIS)		00359		00360
Rentas negativas (art. 11.9 y 11.10 LIS)		00225		00226
Ajustes por rentas derivadas de operaciones con quita o espera (art. 11.13 LIS)		01514		00272
Otras diferencias de imputación temporal de ingresos y gastos (art. 11 LIS)		00361		00362
Diferencias entre amortización contable y fiscal (art. 12.1 LIS)		00303		00304
Deducción del 30% importe gastos de amortiz. contable (excluidas emp. reducida dimensión) (art. 7 Ley 16/2012)				00505
Amortización del inmovilizado intangible y fondo de comercio (art. 12.2 LIS) y amortización de la DT 13ª.1 LIS		01005		01006
Amortización de inmovilizado afecto a actividades de investigación y desarrollo (art. 12.3 b) LIS) ◄		00305		00306
Libertad de amortización de gastos de investigación y desarrollo (art. 12.3 c) LIS)		00307		00308
Libertad de amortización inmovilizado material nuevo (art. 12.3 e) LIS)		01003		01004

 Una sociedad adquiere una concesión administrativa para afectarla a actividades de investigación y desarrollo el año 20XX por valor de 80.000,00€ y un período de vigencia de 15 años.

En este caso, la amortización podrá ser la normal que viene establecida en la ley del Impuesto, es decir, de 80.000,00€ X 10% = 8.000,00 €/anuales. Pero también se establece la posibilidad para que esa empresa amortice los 80.000,00€ del precio de adquisición como quiera, todo en este ejercicio, a razón del 50% durante dos ejercicios, a razón del 25% durante cuatro ejercicios, etc.

Para los periodos impositivos iniciados en el ejercicio 2015, en aplicación de la Disposición Transitoria 34ª, se mantuvo el régimen transitorio establecido respecto a la libertad de amortización de elementos nuevos del activo material fijo (libertad de amortización con mantenimiento de empleo y libertad de amortización en elementos nuevos del activo material fijo sin estar condicionado a ningún requisito para el mantenimiento de la plantilla), régimen de aplicación para aquellas inversiones realizadas hasta la entrada en vigor del Real Decreto–Ley 12/2012, de 30 de marzo. Por tanto, en 2015 se podrá aprovechar la libertad de amortización por inversiones previas con los límites del 40% (con mantenimiento de empleo) y 20% (sin mantenimiento de empleo) de la base imponible previa.

3.5. Amortización de los elementos objeto de operaciones de arrendamiento financiero

Se refiere al tratamiento contable del arrendamiento financiero la norma de registro y valoración 8.ª del PGC.

Los apartados 2 a 4 del artículo 106 LIS establecen los siguientes requisitos:

▶ Los contratos tendrán una duración mínima de 2 años cuando tengan por objeto bienes muebles y de 10 años cuando tengan por objeto bienes inmuebles o establecimientos industriales. No obstante, reglamentariamente, para evitar prácticas abusivas, se podrán establecer otros plazos mínimos de duración en función de las características de los distintos bienes que puedan constituir su objeto.

▶ Las cuotas de arrendamiento financiero deberán aparecer expresadas en los respectivos contratos diferenciando la parte que corresponda a la recuperación del coste del bien por la entidad arrendadora, excluido el valor de la opción de compra y la carga financiera exigida por ella, todo ello sin perjuicio de la aplicación del gravamen indirecto que corresponda.

El importe anual de la parte de las cuotas de arrendamiento financiero correspondiente a la recuperación del coste del bien deberá permanecer igual o tener carácter creciente a lo largo del período contractual.

Si concurren las circunstancias señaladas, tendrán la consideración de gastos deducibles las cantidades a que se refieren los apartados 5 y 6 del artículo 106 LIS:

▶ La carga financiera satisfecha.

▶ La parte de las cuotas de arrendamiento financiero satisfechas correspondiente a la recuperación del coste del bien, en la medida en que este sea amortizable. Esta cantidad no podrá superar el límite del resultado de aplicar al coste del bien el duplo del coeficiente máximo de amortización lineal según tablas, multiplicado por 1,5, pudiendo ser deducible el exceso en los períodos impositivos sucesivos, con el mismo límite.

Procederá en consecuencia realizar un ajuste extracontable negativo en la medida en que la parte de la cuota correspondiente a la recuperación del coste bien fiscalmente deducible supere el importe de la amortización contable.

Una sociedad adquiere mediante un contrato de arrendamiento financiero un ascensor en el año 20XX por valor de 27.000,00€ a la que le corresponde según las tablas de elementos comunes un coeficiente máximo del 10% y un periodo máximo de 20 años. Los datos del contrato son los siguientes:

Años	Precio adquisición	Carga financiera	Recuperación coste
0	27.000	-	-
1	-	1.500,00	9.000,00
2	-	1.500,00	9.000,00
3	-	1.500,00	9.000,00

La cuota de amortización contable será: 27.000,00 X 10% = 2.700,00

La cuota de amortización fiscal será: 27.000,00 X 10% X 2 = 5.400,00

Hagamos un cuadro de evolución de la amortización en los ámbitos contable y fiscal:

Años	1	2	3	4	5	6	7	8	9	10
Contable	2.700	2.700	2.700	2.700	2.700	2.700	2.700	2.700	2.700	2.700
Fiscal	5.400	5.400	5.400	2.700	2.700	2.700	2.700	—	—	—
Diferencia	-2.700	-2.700	-2.700	0	0	0	0	+2700	+2700	+2700

Por lo tanto, durante los tres primeros años, que coinciden con la duración del contrato, deberá practicar un ajuste temporal negativo de 2.700,00 €; durante los ejercicios cuarto al séptimo incluido no procederá ajuste alguno; y durante los ejercicios octavo al décimo el ajuste será positivo de 2.700,00 €.

La normativa fiscal establece que el exceso de las cuotas de recuperación del bien respecto al duplo del coeficiente máximo de amortización lineal podrá ser deducible en los siguientes períodos impositivos. El verbo "podrá" no obliga a que las empresas apliquen este exceso. En este ejemplo únicamente hemos aplicado el ajuste negativo a aquellos períodos en los que se amortiza el arrendamiento financiero (recuperación del bien) y hemos procedido a realizar el ajuste positivo una vez el bien ha sido amortizado fiscalmente en su totalidad.

Los ajustes extracontables los encontramos en el modelo 200:

Valoración de bienes y derechos. Régimen especial operaciones reestructuración (capítulo VII del título VII LIS)	00379	00380
Minería e hidrocarburos: factor agotamiento (arts. 91 y 95 LIS)	00381	00382
Hidrocarburos: Amortización de inversiones intangibles y gastos de investigación (art. 99 LIS)	00383	00384
Transparencia fiscal internacional (art. 100 LIS)	00387	00388
Empresas de reducida dimensión: libertad de amortización (art. 102 LIS)	00311	00312
Empresas de reducida dimensión: amortización acelerada (art. 103 LIS y DT 28ª LIS)	00313	00314
Empresas de reducida dimensión: pérdidas por deterioro créditos insolvencias (art. 104 LIS)	00323	00324
Arrendamiento financiero: régimen especial (art. 106 LIS)	00317	00318
Régimen fiscal entidades de tenencia de valores extranjeros (capítulo XIII del título VII LIS)	00385	00386
Régimen de entidades parcialmente exentas (capítulo XIV del título VII LIS)	00389	00390
Montes vecinales en mano común (capítulo XV del título VII LIS)		00396

3.6. Régimen fiscal del lease-back

El apartado 3 de la norma de registro y valoración 8.ª del PGC se refiere a las operaciones de lease-back. Se aplica ese apartado *"Cuando por las condiciones económicas de una enajenación, conectada al posterior arrendamiento de los activos enajenados, se desprenda que se trata de un método de financiación".*

En este caso, el arrendatario debe proceder de la siguiente forma, de acuerdo con el PGC:

- No variará la calificación del activo, ni reconocerá beneficios ni pérdidas derivadas de la enajenación.

- Registrará el importe recibido con abono a una partida que ponga de manifiesto el correspondiente pasivo financiero.

- La carga financiera total se distribuirá a lo largo del plazo del arrendamiento y se imputará a la cuenta de pérdidas y ganancias del ejercicio en que se devengue, aplicando el método del tipo de interés efectivo.

En relación con la posible amortización libre o acelerada de los activos objeto del lease-back, damos por reproducidas las consideraciones realizadas en el anterior apartado de nuestra exposición.

3.7. Libertad de amortización pendiente de aplicar el 1 de enero del 2015

La disposición transitoria decimotercera de la LIS regula la aplicación de la tabla de amortización en elementos patrimoniales adquiridos con anterioridad al 1 de enero del 2015.

Los elementos patrimoniales para los que, en períodos impositivos iniciados con anterioridad a 1 de enero de 2015, se estuvieran aplicando un coeficiente de amortización distinto al que les correspondiese por aplicación de la tabla de amortización prevista en el artículo 12.1 LIS, se amortizarán durante los períodos impositivos que resten hasta completar su nueva vida útil, de acuerdo con la referida tabla, sobre el valor neto fiscal del bien existente al inicio del primer período impositivo que comience a partir de 1 de enero de 2015.

Asimismo, aquellos contribuyentes que estuvieran aplicando un método de amortización distinto al resultante de aplicar los coeficientes de amortización lineal en períodos impositivos iniciados con anterioridad a 1 de enero de 2015 y, en aplicación de la tabla de amortización prevista les correspondiere un plazo de amortización distinto, podrán optar por aplicar el método de amortización lineal en el período que reste hasta finalizar su nueva vida útil, sobre el valor neto fiscal existente al inicio del primer período impositivo que comience a partir de 1 de enero de 2015.

Las adquisiciones de activos nuevos realizadas entre el 1 de enero de 2003 y el 31 de diciembre de 2004 aplicarán los coeficientes de amortización lineal máximos previstos en la LIS, multiplicados por 1,1.

Los cambios en los coeficientes de amortización aplicados por los contribuyentes, que se puedan originar a raíz de la entrada en vigor de la LIS, se contabilizarán como un cambio de estimación contable.

Los contribuyentes que hubieran realizado inversiones hasta la entrada en vigor del Real Decreto-ley 12/2012, de 30 de marzo, a las que haya resultado de aplicación la Disposición adicional undécima del Texto Refundido de la Ley del Impuesto sobre Sociedades, según redacción dada por el Real Decreto-ley 6/2010, de 9 de abril, de medidas para el impulso de la recuperación económica y el empleo, y por el Real Decreto-ley 13/2010, de 3 de diciembre, de actuaciones en el ámbito fiscal, laboral y liberalizadoras para fomentar la inversión y la creación de empleo, y tengan cantidades pendientes de aplicar, correspondientes a la libertad de amortización, podrán aplicar dichas cantidades en las condiciones establecidas en la anterior normativa.

4. Amortización del inmovilizado intangible

De acuerdo con los artículos 12.1.a) LIS y 3.1 RIS, los métodos examinados en el apartado anterior son aplicables no solo en relación con los elementos del inmovilizado material e inversiones inmobiliarias, sino también en relación con los elementos del inmovilizado intangible. No obstante, debe tenerse en cuenta, por un lado, que los métodos analizados (amortización según tablas, según porcentaje constante, y según números dígitos) se basan directa o indirectamente en las tablas de amortización oficialmente aprobadas y, por otro lado, que en estas tablas se hacen muy escasas referencias a elementos del inmovilizado intangible.

Por este motivo, salvando los casos en que la Administración aprueba un plan de amortización propuesto por el contribuyente, los elementos del inmovilizado intangible se amortizarán generalmente de acuerdo con lo previsto en el artículo 12.2 LIS. Adviértase, en este sentido, que el primer inciso del artículo 3.1. RIS establece que los elementos patrimoniales del inmovilizado intangible deberán amortizarse de acuerdo con lo previsto en ese artículo 12 LIS.

El citado artículo 12.2 LIS dispone que: *"El inmovilizado intangible se amortizará atendiendo a su vida útil. Cuando la misma no pueda estimarse de manera fiable, la amortización será deducible con el límite anual máximo de la veinteava parte de su importe. La amortización del fondo de comercio será deducible con el límite anual máximo de la veinteava parte de su importe"*.

Una sociedad adquiere una concesión administrativa el año 20XX por valor de 80.000,00 € y un período de vigencia de 10 años.

En este caso la amortización será de 80.000,00 € X 10% = 8.000,00 €/anuales.

El mismo ejemplo anterior: una sociedad adquiere una concesión administrativa el año 20XX por valor de 80.000,00 € y un período de vigencia de 8 años.

En este caso la amortización será de 80.000,00 € X 12,5% = 10.000,00 €/anuales.

La Ley 22/2015, de 20 de julio, de Auditoría de Cuentas, en su disposición final primera, modificó el artículo 39.4 del Código de Comercio, estableciendo que los elementos del inmovilizado intangible se consideran activos con vida útil definida, pasando a ser amortizables en esa vida útil. No obstante, en los casos en que la vida útil de esos elementos del inmovilizado intangible no pueda determinarse de manera fiable se amortizarán en un plazo de 10 años, salvo que una disposición legal o reglamentaria establezca un plazo diferente.

Respecto al fondo de comercio, el artículo 39.4 del Código de Comercio permite su amortización contable desde 2016, siempre que se adquieran a título oneroso. Salvo prueba en contrario, se presumirá que la vida útil del fondo de comercio es de diez años.

Como consecuencia de las modificaciones realizadas en el ámbito contable, la citada Ley 22/2015 modificó el artículo 12.2 de la LIS estableciendo que el inmovilizado intangible se amortizará atendiendo a su vida útil, y cuando esta no pueda estimarse de manera fiable, será deducible la amortización con el límite anual máximo de la veinteava parte de su importe.

En cuanto al fondo de comercio, el artículo 12.2 de la LIS establece la deducibilidad de la amortización del fondo de comercio con un límite anual de la veinteava parte de su importe.

Por lo tanto, para los períodos impositivos que se inicien a partir de 1 de enero de 2016, este nuevo régimen determina que los elementos del inmovilizado intangible se amortizarán contable y fiscalmente, atendiendo a su vida útil. Cuando la vida útil de estos elementos no pueda determinarse de manera fiable, se amortizará en un 10 por ciento anual según la normativa contable y en un máximo del 5 por ciento anual según la fiscal.

Respecto al fondo de comercio, se amortizará en el ámbito contable en un 10 por ciento anual y como máximo en un 5 por ciento anual en el ámbito fiscal.

La disposición transitoria trigésima quinta de la LIS establece un régimen transitorio por el que lo dispuesto en el artículo 12.2 de dicha norma no será aplicable a los activos intangibles, incluido el fondo de comercio, adquiridos en períodos impositivos iniciados con anterioridad a 1 de enero de 2015, a entidades que formen parte con la adquirente del mismo grupo de sociedades según los criterios establecidos en el artículo 42 del Código de Comercio, con independencia de la residencia y de la obligación de formular cuentas anuales consolidadas.

5. Libertad de amortización en inversiones realizadas en la cadena de valor de movilidad eléctrica, sostenible o conectada

Este tipo de libertad de amortización se aplica a inversiones que se realizaron entre el 2 de abril del 2020 al 30 de junio del 2021.

Las inversiones en elementos nuevos del inmovilizado material que impliquen la sensorización y monitorización de la cadena productiva, así como la implantación de sistemas de fabricación basados en plataformas modulares o que reduzcan el impacto ambiental, afectos al sector industrial de automoción, puestos a disposición del contribuyente y que entren en funcionamiento entre el 2 de abril de 2020 y el 30 de junio de 2021, podrán ser amortizados libremente en los períodos impositivos que concluyan entre el 2 de abril de 2020 y el 30 de junio de 2021 siempre que, durante los 24 meses siguientes a la fecha de inicio del período impositivo en que los elementos adquiridos entren en funcionamiento, la plantilla media total de la entidad se mantenga respecto de la plantilla media del año 2019.

Los inmuebles no podrán acogerse a la libertad de amortización regulada en esta disposición.

La cuantía de la inversión que podrá beneficiarse del régimen de libertad de amortización será como máximo de 500.000 euros.

Para el cálculo de la plantilla media total de la entidad se tomarán las personas empleadas, en los términos que disponga la legislación laboral, teniendo en cuenta la jornada contratada en relación a la jornada completa.

Para la aplicación de la libertad de amortización regulada en esta disposición, los contribuyentes deberán aportar informe motivado emitido por el Ministerio de Industria, Comercio y Turismo para calificar la inversión del contribuyente como apta. Dicho informe tendrá carácter vinculante para la Administración tributaria.

El informe deberá solicitarse por el contribuyente dentro de los dos meses siguientes a la entrada en funcionamiento del elemento y será emitido por el órgano competente en un plazo máximo de dos meses desde la recepción de la solicitud. En todo caso, para las inversiones en elementos que hayan entrado en funcionamiento desde el 2 de abril hasta el 18 de noviembre de 2020, dicho informe se podrá solicitar hasta el 18 de enero de 2021.

El procedimiento de emisión por parte del Ministerio de Industria, Comercio y Turismo de los informes motivados a que se refiere este apartado se regulará, en lo que le resulte de aplicación y no se oponga a lo establecido en esta disposición, por lo dispuesto en el Real Decreto 1432/2003, de 21 de noviembre, por el que se regula la emisión por el Ministerio de Ciencia y Tecnología de informes motivados relativos al cumplimiento de requisitos científicos y tecnológicos, a efectos de la aplicación e interpretación de deducciones fiscales por actividades de investigación y desarrollo e innovación tecnológica.

Si en el momento de presentar la declaración del Impuesto sobre Sociedades no se hubiera emitido por el Ministerio de Industria, Comercio y Turismo el informe a que se refiere este apartado por causa no imputable al contribuyente, este podrá aplicar con carácter provisional la libertad de amortización prevista en esta disposición siempre que haya solicitado dicho informe dentro del plazo de solicitud anteriormente indicado. En el caso de que el Ministerio de Industria, Comercio y Turismo no considere apta la inversión, el contribuyente deberá ingresar, junto con la cuota correspondiente al período impositivo en el que se notifique dicho informe, el importe de la cuota íntegra que hubiere correspondido a la cantidad deducida en exceso más los intereses de demora correspondientes.

En el supuesto de que se incumpliese la obligación de mantenimiento de la plantilla en los términos establecidos en el apartado 1 de esta disposición, se deberá proceder a ingresar la cuota íntegra que hubiere correspondido a la cantidad deducida en exceso más los intereses de demora correspondientes. El ingreso de la cuota íntegra y de los intereses de demora se realizará conjuntamente con la autoliquidación correspondiente al período impositivo en el que se haya incumplido la obligación.

Las entidades a las que, de acuerdo con lo establecido en el artículo 101 LIS, les sean de aplicación los incentivos fiscales para las empresas de reducida dimensión previstos en el capítulo XI del título VII LIS, podrán optar entre aplicar el régimen de libertad de amortización previsto en el artículo 102 LIS o aplicar el régimen de libertad de amortización regulado en esta disposición.

Esta medida se acoge al Marco nacional temporal relativo a las medidas de ayuda destinadas a respaldar la economía en el contexto del actual brote de COVID-19, tras las Decisiones de la Comisión Europea SA.56851 (2020/N), de 2 de abril de 2020, SA.57019 (2020/N), de 24 de abril de 2020, y SA.58778 (2020/N), de 22 de octubre de 2020.

6. Libertad de amortización en inversiones que utilicen energía procedente de fuentes renovables

Las inversiones en instalaciones destinadas al autoconsumo de energía eléctrica que utilicen energía procedente de fuentes renovables de acuerdo con lo definido en el Real Decreto 244/2019, de 5 de abril, por el que se regulan las condiciones administrativas, técnicas y económicas del autoconsumo de energía eléctrica, así como aquellas instalaciones para uso térmico de consumo propio que utilicen energía procedente de fuentes renovables, que sustituyan instalaciones que utilicen energía procedente de fuentes no renovables fósiles y que sean puestas a disposición del contribuyente a partir de la entrada en vigor del Real Decreto-ley 18/2022, de 18 de octubre, por el que se aprueban medidas de refuerzo de la protección de los consumidores de energía y de contribución a la reducción del consumo de gas natural en aplicación del «Plan + seguridad para tu energía (+SE), así como medidas en materia de retribuciones del personal al servicio del sector público y de protección de las personas trabajadoras agrarias eventuales afectadas por la sequía, y entren funcionamiento en 2023 y 2024, podrán ser amortizadas libremente en los períodos impositivos:

1. Que se inicien o concluyan en 2023, cuando la entrada en funcionamiento de los elementos a que se refiere este apartado se produzca en 2023.

2. Que se inicien o concluyan en 2024, cuando la entrada en funcionamiento de los elementos a que se refiere este apartado se produzca en 2024.

Lo establecido en este apartado estará condicionado a que durante los 24 meses siguientes a la fecha de inicio del período impositivo en que los elementos adquiridos entren en funcionamiento, la plantilla media total de la entidad se mantenga respecto de la plantilla media de los doce meses anteriores.

Los edificios no podrán acogerse a la libertad de amortización regulada en esta disposición.

La cuantía máxima de la inversión que podrá beneficiarse del régimen de libertad de amortización será de 500.000 euros.

A efectos de la presente disposición, se considerará energía renovable la procedente de fuentes renovables no fósiles, es decir, energía eólica, energía solar (solar térmica y solar fotovoltaica) y energía geotérmica, energía ambiente, energía mareomotriz, energía undimotriz y otros tipos de energía oceánica, energía hidráulica y energía procedente de biomasa, gases de vertedero, gases de plantas de depuración, y biogás, tal y como se definen en la Directiva (UE) 2018/2001 del Parlamento Europeo y del Consejo de 11 de diciembre de 2018, relativa al fomento del uso de energía procedente de fuentes renovables.

En el caso de las instalaciones de producción de energía eléctrica, solo se considerará energía renovable aquella que proceda de instalaciones de la categoría b) del artículo 2.1 del Real Decreto 413/2014, de 6 de junio, por el que se regula la actividad de producción de energía eléctrica a partir de fuentes de energía renovables, cogeneración y residuos.

En el caso de instalaciones que empleen bombas de calor accionadas eléctricamente solo se considerará energía renovable su uso para calor a partir de un rendimiento de factor estacional (SCOPnet) de 2,5 de acuerdo con la Decisión 2013/114/UE de la Comisión de 1 de marzo de 2013, por la que se establecen las directrices para el cálculo por los Estados miembros de la energía renovable procedente de las bombas de calor de diferentes tecnologías, conforme a lo dispuesto en el artículo 5 de la Directiva 2009/28/CE del Parlamento Europeo y del Consejo.

En el caso de que tales bombas se usen para frío, solo se considerará que producen energía renovable cuando el sistema de refrigeración funcione por encima del requisito de eficiencia mínimo expresado como factor de rendimiento estacional primario y este sea al menos 1,4 (SPFplow), de conformidad con lo dispuesto en el Reglamento Delegado (UE) 2022/759 de la Comisión de 14 de diciembre de 2021 por el que se modifica el anexo VII de la Directiva (UE) 2018/2001 del Parlamento Europeo y del Consejo con respecto a una metodología para calcular la cantidad de energías renovables utilizada para la refrigeración y los sistemas urbanos de refrigeración.

En el caso de sistemas de generación de energía renovable térmica (calor y frío) para climatización o generación de agua caliente sanitaria, únicamente se entenderá que se ha mejorado el consumo de energía primaria no renovable cuando se reduzca al menos un 30 por ciento el indicador de consumo de energía primaria no renovable, o bien se consiga una mejora de la calificación energética de las instalaciones para obtener una clase energética «A» o «B», en la misma escala de calificación.

7. Amortización acelerada de determinados vehículos y de nuevas infraestructuras de recarga

Las inversiones en vehículos nuevos FCV, FCHV, BEV, REEV o PHEV, según definición del anexo II del Reglamento General de Vehículos, aprobado por Real Decreto

2822/1998, de 23 de diciembre, afectos a actividades económicas y que entren en funcionamiento en los períodos impositivos que se inicien en los años 2023, 2024 y 2025, podrán amortizarse en función del coeficiente que resulte de multiplicar por 2 el coeficiente de amortización lineal máximo previsto en las tablas de amortización oficialmente aprobadas.

Las inversiones en nuevas infraestructuras de recarga de vehículos eléctricos, de potencia normal o de alta potencia, en los términos definidos en el artículo 2 de la Directiva 2014/94/UE del Parlamento Europeo y del Consejo, de 22 de octubre de 2014, relativa a la implantación de una infraestructura para los combustibles alternativos, afectas a actividades económicas, y que entren en funcionamiento en los períodos impositivos que se inicien en los años 2023, 2024 y 2025, podrán amortizarse en función del coeficiente que resulte de multiplicar por 2 el coeficiente de amortización lineal máximo previsto en las tablas de amortización oficialmente aprobadas.

Para la aplicación de la amortización acelerada regulada en el apartado anterior, se exigirá el cumplimiento de los siguientes requisitos:

a) Aportación de la documentación técnica preceptiva, según las características de la instalación, en forma de Proyecto o Memoria, prevista en el Real Decreto 842/2002, de 2 de agosto, por el que se aprueba el Reglamento electrotécnico para baja tensión, elaborada por el instalador autorizado debidamente registrado en el Registro Integrado Industrial, regulado en el título IV de la Ley 21/1992, de 16 de julio, de Industria, y en su normativa reglamentaria de desarrollo.

b) Obtención del certificado de instalación eléctrica diligenciado por la Comunidad Autónoma competente.

Hemos conocido que el cálculo de la amortización está vinculado a la depreciación efectiva del bien, que estará determinado por el propio contribuyente o bien, por la Administración, previa solicitud por el contribuyente.

La LIS establece las tablas de los porcentajes de amortización en términos de mínimos y máximos.

A partir de las tablas oficiales, hemos conocido diversos sistemas de amortización, de porcentaje constante o de dígitos.

UNIDAD DIDÁCTICA 4

Arrendamiento financiero, provisiones, reglas de valoración y gastos no deducibles.

Contenido & Objetivos

Introducción

1. Arrendamiento financiero

2. Deterioro de valor y provisiones

3. Valoración

4. Gastos no deducibles y subcapitalización

5. Compensación de base imponible negativa, período impositivo y devengo del impuesto, tipos de grava-men y cálculo de la cuota íntegra unidad

Los **objetivos** de esta unidad son:

1. Identificar los ajustes extracontables que se imputarán en la base imponible.

2. Listar las diferencias entre el resultado contable y la base imponible.

3. Desarrollar el cálculo del Impuesto.

Introducción

En esta unidad seguimos calculando la base imponible del impuesto, a la que le aplicaremos ajustes extracontables positivas o negativas, que generarán diferencias permanentes y temporarias, como comentamos en la unidad 2.

Partiremos de la imputación fiscal de las cuotas por arrendamiento financiero, continuaremos con la determinación y valoración de los deterioros y provisiones sobre el inmovilizado o el circulante del balance de la empresa.

Seguiremos relacionando los gastos no deducibles fiscalmente que generarán diferencias permanentes fiscales.

Acabaremos la unidad determinando la base imponible y la cuota del impuesto.

1. Arrendamiento financiero

1.1. Introducción

Arrendamiento: según el PGC, se entiende por arrendamiento, cualquier acuerdo, con independencia de su instrumentación jurídica, por el que el arrendador cede al arrendatario, a cambio de percibir una suma única de dinero o una serie de pagos o cuotas, el derecho a utilizar un activo durante un periodo de tiempo determinado, con independencia de que el arrendador quede obligado a prestar servicios en relación con la explotación o mantenimiento de dicho activo.

Arrendamiento financiero: el arrendamiento financiero se define como aquel en el que de las condiciones económicas del contrato, se deduzca que se transfieren sustancialmente todos los riesgos y beneficios inherentes a la propiedad del activo objeto del contrato.

En un acuerdo de arrendamiento de un activo con opción de compra, se presumirá que se transfieren sustancialmente todos los riesgos y beneficios inherentes a la propiedad, cuando no existan dudas razonables de que se va a ejercitar dicha opción. También se presumirá, salvo prueba en contrario, dicha transferencia, aunque no exista opción de compra, entre otros, en los siguientes casos:

a) Contratos de arrendamiento en los que la propiedad del activo se transfiere, o de sus condiciones se deduzca que se va a transferir, al arrendatario al finalizar el plazo del arrendamiento.

b) Contratos en los que el plazo del arrendamiento coincida o cubra la mayor parte de la vida económica del activo, y siempre que de las condiciones pactadas se desprenda la racionalidad económica del mantenimiento de la cesión de uso.

El plazo del arrendamiento es el periodo no revocable para el cual el arrendatario ha contratado el arrendamiento del activo, junto con cualquier periodo adicional en el que este tenga derecho a continuar con el arrendamiento, con o sin pago adicional, siempre que al inicio del arrendamiento se tenga la certeza razonable de que el arrendatario ejercitará tal opción.

c) En aquellos casos en los que, al comienzo del arrendamiento, el valor actual de los pagos mínimos acordados por el arrendamiento suponga la práctica totalidad del valor razonable del activo arrendado.

d) Cuando las especiales características de los activos objeto del arrendamiento hacen que su utilidad quede restringida al arrendatario.

e) El arrendatario puede cancelar el contrato de arrendamiento y las pérdidas sufridas por el arrendador a causa de tal cancelación fueran asumidas por el arrendatario.

f) Los resultados derivados de las fluctuaciones en el valor razonable del importe residual recaen sobre el arrendatario.

g) El arrendatario tiene la posibilidad de prorrogar el arrendamiento durante un segundo periodo, con unos pagos por arrendamiento que sean sustancialmente inferiores a los habituales del mercado.

1.2. Contratos y cuotas

La LIS, en su artículo 106 regula el régimen fiscal de contratos de arrendamiento financiero en los que el arrendador es una entidad de crédito o un establecimiento financiero de crédito.

Estos contratos tendrán una duración mínima de 2 años cuando tengan por objeto bienes muebles y de 10 años cuando tengan por objeto bienes inmuebles o establecimientos industriales.

Las cuotas de arrendamiento financiero deberán aparecer expresadas en los respectivos contratos diferenciando la parte que corresponda a la recuperación del coste del bien por la entidad arrendadora, excluido el valor de la opción de compra y la carga financiera exigida por ella, todo ello sin perjuicio de la aplicación del gravamen indirecto que corresponda.

El importe anual de la parte de las cuotas de arrendamiento financiero correspondiente a la recuperación del coste del bien deberá permanecer igual o tener carácter creciente a lo largo del período contractual.

Tendrá, en todo caso, la consideración de gasto fiscalmente deducible la carga financiera satisfecha a la entidad arrendadora. La misma consideración tendrá la parte de las cuotas de arrendamiento financiero satisfechas correspondiente a la recuperación del coste del bien, salvo en el caso de que el contrato tenga por objeto terrenos, solares y otros activos no amortizables. En el caso de que tal condición concurra solo en una parte del bien objeto de la operación, podrá deducirse únicamente la proporción que corresponda a los elementos susceptibles de amortización, que deberá ser expresada diferenciadamente en el respectivo contrato.

El importe de la cantidad deducible no podrá ser superior al resultado de aplicar al coste del bien el duplo del coeficiente de amortización lineal según tablas de amortización que corresponda al citado bien. El exceso será deducible en los períodos impositivos sucesivos, respetando igual límite. Tratándose de entidades de reducida dimensión se tomará el duplo del coeficiente de amortización lineal según tablas de amortización multiplicado por 1,5.

La deducción de las cantidades a que se refiere el apartado anterior no estará condicionada a su imputación contable en la cuenta de pérdidas y ganancias.

Encontramos estos ajustes extracontables en el modelo 200:

Valoración de bienes y derechos. Régimen especial operaciones reestructuración (capítulo VII del título VII LIS)	00379	00380
Minería e hidrocarburos: factor agotamiento (arts. 91 y 95 LIS)	00381	00382
Hidrocarburos: Amortización de inversiones intangibles y gastos de investigación (art. 99 LIS)	00383	00384
Transparencia fiscal internacional (art. 100 LIS)	00387	00388
Empresas de reducida dimensión: libertad de amortización (art. 102 LIS)	00311	00312
Empresas de reducida dimensión: amortización acelerada (art. 103 LIS y DT 28ª LIS)	00313	00314
Empresas de reducida dimensión: pérdidas por deterioro créditos insolvencias (art. 104 LIS)	00323	00324
Arrendamiento financiero: régimen especial (art. 106 LIS)	00317	00318
Régimen fiscal entidades de tenencia de valores extranjeros (capítulo XIII del título VII LIS)	00385	00386
Régimen de entidades parcialmente exentas (capítulo XIV del título VII LIS)	00389	00390
Montes vecinales en mano común (capítulo XV del título VII LIS)		00396

 Una sociedad constructora (ERD) adquiere mediante arrendamiento financiero una excavadora por 60.000 euros que según tablas tiene un coeficiente de amortización máximo del 12%. El valor de la opción de compra es de 1.000 euros. El arrendamiento financiero ha sido contratado a un interés efectivo del 1% anual. Disponemos de la siguiente información:

Año	Amort.	Cuota total	Carga financiera	Recuperación del coste
1	7.200	21.876,25	3.729,00	18.147,25
2	7.200	21.877,13	2.654,00	19.223,13
3	7.200	21.876,64	1.058,00	20.818,64
4	7.200	1.810,98		1.810,98
5	7.200			
6	7.200			
7	7.200			
8	7.200			
9	2.400			
Total	60.000,00	67.441,00	7.441,00	60.000,00

Calcular el importe deducible fiscalmente suponiendo que la sociedad tiene la consideración de empresa de reducida dimensión y que el arrendamiento financiero se puede acoger al artículo 106 LIS.

La carga financiera (calculada aplicando el método del tipo de interés efectivo) es deducible tanto contable como fiscalmente. No procede realizar por este concepto ajustes extracontables.

Contablemente se computará como gasto la amortización del bien. Supondremos que el bien se amortiza linealmente de acuerdo con el coeficiente de amortización máximo (12%).

Fiscalmente, se puede deducir como gasto la parte de las cuotas de arrendamiento financiero satisfechas correspondiente a la recuperación del coste del bien, con el límite del resultado de aplicar al coste del bien el duplo por 1,5 del coeficiente máximo de amortización lineal según tablas (pudiendo ser deducible el exceso en los períodos impositivos sucesivos, con el mismo límite).

2. Deterioro de valor y provisiones

2.1. Pérdidas por deterioro de los créditos derivadas de las posibles insolvencias de los deudores

Se produce una pérdida por deterioro cuando el valor de un elemento del activo se deprecia de forma esporádica y reversible.

El tratamiento fiscal del deterioro de valor se encuentra en el artículo 13 LIS. Como veremos a continuación, la norma fiscal establece requisitos adicionales a los previstos en el PGC para admitir la deducción fiscal de las pérdidas por deterioro. Por lo demás, no hace falta insistir en que, fuera de los casos regulados en la LIS, la pérdida por deterioro fiscalmente deducible coincidirá con la pérdida contabilizada.

El artículo 13.1 LIS establece que serán **deducibles** esas pérdidas cuando, en el momento del devengo del impuesto, concurra alguna de las siguientes circunstancias:

a) Que haya transcurrido el plazo de seis meses desde el vencimiento de la obligación.

b) Que el deudor esté declarado en situación de concurso.

c) Que el deudor esté procesado por el delito de alzamiento de bienes.

d) Que las obligaciones hayan sido reclamadas judicialmente o sean objeto de un litigio judicial o procedimiento arbitral de cuya solución dependa su cobro.

La deducción fiscal de las pérdidas por deterioro de otros créditos está sometida a condiciones más estrictas.

El artículo 13.1 LIS dispone que **no serán deducibles**:

a) Las correspondientes a créditos adeudados por entidades de derecho público, excepto que sean objeto de un procedimiento arbitral o judicial que verse sobre su existencia o cuantía.

b) Las correspondientes a estimaciones globales del riesgo de insolvencias de clientes y deudores.

c) Las correspondientes a créditos adeudados por personas o entidades vinculadas, salvo que estén en situación de concurso y se haya producido la apertura de la fase de liquidación por el juez, en los términos establecidos en la Ley 22/2003, de 9 de julio, Concursal.

 Con carácter excepcional y debido a la situación generada por el COVID-19 el Real Decreto Ley 35/2020 establece la posibilidad de deducir las pérdidas por deterioros de los créditos derivados de las posibles insolvencias de deudores en empresas de reducida dimensión en los períodos 2020 y 2021, exigiendo que haya transcurrido entre la fecha de devengo y la fecha del fin del ejercicio tres meses, frente a la norma general que exige hayan transcurrido seis meses.

El mismo plazo temporal se exigirá para la dotación por los saldos considerados de dudoso cobro que adeuden los arrendatarios.

2.2. Pérdidas por deterioro no deducibles

El **art. 13.2 de la LIS** establece que no serán deducibles:

a) Las pérdidas por deterioro del inmovilizado material, inversiones inmobiliarias e inmovilizado intangible, incluido el fondo de comercio.

b) Las pérdidas por deterioro de los valores representativos de la participación en el capital o en los fondos propios de entidades respecto de la que se den las siguientes circunstancias:

1. En el período impositivo en que se registre el deterioro, no se cumpla el de participación, directa o indirecta, en el capital o en los fondos propios de la entidad sea, al menos, del 5 por ciento. Además, se exige que la participación se deberá poseer de manera ininterrumpida durante al menos 1 año.

 La disposición transitoria decimosexta de la LIS establece la reversión pérdidas por deterioro de los valores representativos de la participación en el capital o en los fondos propios de entidades que hayan resultado fiscalmente deducibles de la base imponible del IS, en períodos impositivos iniciados con anterioridad a 1 de enero de 2013, se integrará, como mínimo, por partes iguales en la base imponible correspondiente a cada uno de los cinco primeros períodos impositivos que se inicien a partir de 1 de enero de 2016.

2. En caso de participación en el capital o en los fondos propios de entidades no residentes en territorio español, en dicho período impositivo se cumpla el requisito establecido en artículo 21.1 b) de la LIS, es decir, que la entidad haya

estado sujeta y no exenta por un impuesto extranjero de naturaleza idéntica o análoga a este Impuesto a un tipo nominal de, al menos, el 10 por ciento.

c) Las pérdidas por deterioro de los valores representativos de deuda.

Las pérdidas por deterioro señaladas en este apartado serán deducibles en los términos establecidos en el artículo 20 de LIS. En el supuesto previsto en la letra b) anterior, aquellas serán deducibles siempre que las circunstancias señaladas se den durante el año anterior al día en que se produzca la transmisión o baja de la participación.

Ajustes extracontables en el modelo 200:

Otros supuestos de libertad de amortización (art. 12.3 a) y d) y DA 16ª LIS)	00309	00310
Libertad de amortización con mantenimiento de empleo (RDL 6/2010 y DT 13ª.2 LIS)	00514	00509
Libertad de amortización sin mantenimiento de empleo (RDL 13/2010 y DT 13ª.2 LIS)	00516	00551
Pérdidas por deterioro del art. 13.1 LIS no afectada por el art. 11.12 ni por DT 33ª.1 LIS	00321	00322
Pérdidas por deterioro del art. 13.1 LIS y provisiones y gastos (art. 14.1 y 14.2 LIS) a los que se refiere el art. 11.12 y DT 33ª.1 LIS	00415	00211
Pérdidas por deterioro de IM, inversiones inmobiliarias e II, incluido el fondo de comercio (art. 13.2 a) y DT 15 LIS)		00332
Ajustes por pérdidas por deterioro de valores repr. de partic. en el capital o fondos propios (art. 13.2 b) LIS)	00325	00326
Pérdidas por deterioro de valores representativos de deuda (art. 13.2 c) LIS y DT 15ª LIS)	00327	00328
Aplicación del límite del art. 11.12 LIS a las pérdidas por deterioro del art. 13.1 LIS y provisiones y gastos (art. 14.1 y 14.2 LIS)	00416	00543
Gastos y provisiones por pensiones no afectados por el art. 11.12 LIS (art. 14.1, 14.6 y 14.8 LIS)	00335	00336
Otras provisiones no deducibles fiscalmente (art. 14 LIS) no afectadas por el art. 11.12 LIS	00337	00338

Por otro lado, el artículo 15 LIS, en su letra k, establece que no será gasto deducible las pérdidas por deterioro de los valores representativos de la participación en el capital o en los fondos propios de entidades respecto de la que se de alguna de las siguientes circunstancias:

1. Que, en el período impositivo en que se registre el deterioro, se cumplan los requisitos establecidos en el artículo 21 de LIS, o

2. que, en caso de participación en el capital o en los fondos propios de entidades no residentes en territorio español, en dicho período impositivo no se cumpla el requisito establecido en la letra b) del apartado 1 del artículo 21 de LIS.

Si no cumple uno o ninguno de los requisitos del art. 21.1.a) LIS:

• Participación ≥ 5% o V. Adq > 20 M€ (participaciones adquiridas antes del 1 de enero de 2021).

• Antigüedad 1 año.

Pero **sí cumple** el requisito del art. 21.1.b) LIS, es decir, la entidad participada tributa a tipo nominal ≥ 10%.

Entonces se aplicará el artículo 13.2. LIS.

Por tanto, no serán deducibles, aunque sí serán deducibles cuando la participación se transmita o se dé de baja (art. 20 LIS).

2.3. Provisiones para riesgos y gastos

2.3.1. Introducción

Tradicionalmente, las "provisiones de riesgos y gastos" (también conocidas como "provisiones de pasivo") eran la expresión contable de obligaciones estimadas de la entidad como consecuencia de gastos o pérdidas que, en la fecha de cierre del ejercicio, fueran probables o ciertas, pero indeterminadas en cuanto a su cuantía o en cuanto a la fecha en que se podían originar.

En el vigente PGC, de acuerdo con lo previsto en la norma de registro y valoración 15.ª, toda provisión debe responder a una obligación actual derivada de un suceso pasado, cuya cancelación sea probable que origine una salida de recursos y cuyo importe pueda medirse con fiabilidad. Pueden venir determinadas por una disposición legal, contractual o por una obligación implícita o tácita. De este modo, no procede dotar una provisión, a diferencia de lo que sucedía tradicionalmente, en presencia de riesgos meramente probables. Dicho de otro modo, en el nuevo PGC la indeterminación que lleva a dotar una provisión no se refiere a la existencia de la obligación, sino al importe de esta, o a la fecha en que se cancelará.

La dotación a la provisión constituye un gasto del ejercicio. Como señala la norma de registro y valoración citada, las provisiones deben valorarse en la fecha de cierre del ejercicio por el "valor actual de la mejor estimación posible del importe necesario para cancelar o transferir a un tercero la obligación".

 La obligación de satisfacer una indemnización por daños causados a terceros cuya cuantía esté pendiente de ser fijada por los tribunales de justicia deberá contabilizarse como provisión si concurren las circunstancias señaladas. Si, por el contrario, no se discute la cuantía de esa obligación, no procede dotar una provisión, sino contabilizar el importe de la pérdida ya determinado.

El artículo 14 LIS se refiere al tratamiento fiscal de las provisiones.

2.3.2. Dotaciones a fondos internos de pensiones

No serán deducibles los gastos por provisiones y fondos internos para la cobertura de contingencias idénticas o análogas a las que son objeto del texto refundido de la Ley de Regulación de los Planes y Fondos de Pensiones, aprobado por el Real Decreto Legislativo 1/2002, de 29 de noviembre. Estas dotaciones no tendrán la consideración de gasto fiscalmente deducible en el momento de la dotación. Tendrá la consideración de gasto fiscalmente deducible cuando abonen las prestaciones.

Una entidad financiera ha recibido autorización para tener un fondo interno de pensiones. En el ejercicio actual ha dotado 10.000,00 € con destino al fondo interno de pensiones que ha contabilizado como gasto. Asimismo la empresa ha pagado con cargo al fondo interno de pensiones 2.000,00 €, cantidad que había sido contabilizada como gasto en ejercicios anteriores.

En este supuesto la entidad tendrá que realizar un doble ajuste, por un lado, un ajuste extracontable positivo de 10.000,00 € al no ser deducibles las cantidades dotadas a un fondo interno de pensiones, pero por otro tendrá que hacer un ajuste extracontable negativo por los 2.000,00 € ya que aunque no los ha contabilizado como gasto en el presente ejercicio, será gasto fiscal ya que se satisface en este momento y no fue gasto fiscal cuando se dotó.

Encontramos este ajuste extracontable en el modelo 200:

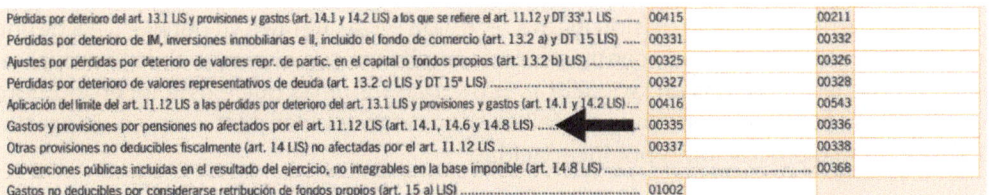

Pérdidas por deterioro del art. 13.1 LIS y provisiones y gastos (art. 14.1 y 14.2 LIS) a los que se refiere el art. 11.12 y DT 33ª.1 LIS	00415	00211
Pérdidas por deterioro de IM, inversiones inmobiliarias e II, incluido el fondo de comercio (art. 13.2 a) y DT 15 LIS)	00331	00332
Ajustes por pérdidas por deterioro de valores repr. de partic. en el capital o fondos propios (art. 13.2 b) LIS)	00325	00326
Pérdidas por deterioro de valores representativos de deuda (art. 13.2 c) LIS y DT 15ª LIS)	00327	00328
Aplicación del límite del art. 11.12 LIS a las pérdidas por deterioro del art. 13.1 LIS y provisiones y gastos (art. 14.1 y 14.2 LIS)	00416	00543
Gastos y provisiones por pensiones no afectados por el art. 11.12 LIS (art. 14.1, 14.6 y 14.8 LIS)	00335	00336
Otras provisiones no deducibles fiscalmente (art. 14 LIS) no afectadas por el art. 11.12 LIS	00337	00338
Subvenciones públicas incluidas en el resultado del ejercicio, no integrables en la base imponible (art. 14.8 LIS)		00368
Gastos no deducibles por considerarse retribución de fondos propios (art. 15 a) LIS)	01002	

2.3.3. Los gastos relativos a retribuciones a largo plazo al personal mediante sistemas de aportación definida o prestación definida

La provisión por retribuciones a largo plazo al personal (cuenta contable 140) es la expresión contable de las obligaciones con el personal de la empresa cuya cuantía o vencimiento son inciertas, tales como retribuciones post-empleo de prestación definida (pensiones, asistencia sanitaria una vez concluida la relación laboral y otras prestaciones por jubilación o retiro) o prestaciones por incapacidad.

Como excepción, sí son fiscalmente deducibles las siguientes contribuciones:

- Contribuciones de los promotores de planes de pensiones y contribuciones realizadas a planes de previsión social empresarial. Por regla general, es necesario que estas contribuciones se imputen a cada partícipe o asegurado, en la parte correspondiente.

- Contribuciones para la cobertura de contingencias análogas a las de los planes de pensiones, siempre que se cumplan una serie de requisitos:

  ⇨ Que sean imputadas fiscalmente a las personas a quienes se vinculen las prestaciones.

  ⇨ Que se transmita de forma irrevocable el derecho a la percepción de las prestaciones futuras.

  ⇨ Que se transmita la titularidad y la gestión de los recursos en que consistan dichas contribuciones.

- Contribuciones efectuadas por las empresas promotoras previstas en la Directiva (UE) 2003/41/CE, del Parlamento Europeo y del Consejo, de 3 de junio de 2003, relativa a las actividades y la supervisión de fondos de pensiones de empleo, siempre que se cumplan los requisitos que hemos citado, y las contingencias cubiertas sean las previstas en el artículo 8.6 del Texto Refundido de la Ley de Regulación de los Planes y Fondos de Pensiones (jubilación, incapacidad, fallecimiento y dependencia).

Tampoco serán deducibles los gastos asociados a provisiones concernientes a los costes de cumplimiento de contratos que excedan a los beneficios económicos que se esperan recibir de los mismos.

Contablemente, esta provisión estará recogida en la cuenta 140 del PGC, las define como "Obligaciones legales, contractuales o implícitas con el personal de la empresa, distintas de las recogidas en las cuentas 146 y 147, sobre las que existe incertidumbre acerca de su cuantía o vencimiento, tales como retribuciones post-empleo de prestación definida o prestaciones por incapacidad.

La provisión correspondiente a retribuciones a largo plazo de prestación definida se cuantificará teniendo en cuenta los eventuales activos afectos, en los términos recogidos en la norma de registro y valoración.

Si de la aplicación de lo dispuesto en esta norma surgiese un activo, la empresa creará la correspondiente cuenta en el grupo 2 que figurará en el activo no corriente del balance, en la partida «Otras inversiones»."

De acuerdo con la definición de la cuenta 4994 del PGC, la provisión por contratos onerosos surge "cuando los costes que conlleva el cumplimiento de un contrato exceden a los beneficios económicos que se esperan recibir del mismo".

 El repentino incremento del coste de las materias primas empleadas para fabricar unos bienes que deberán ser entregados en cumplimiento de contratos ya celebrados.

2.3.4. Gastos asociados a provisiones no deducibles

De acuerdo con el artículo 14.3 LIS no son deducibles los siguientes gastos:

1. Los gastos asociados a provisiones derivados de obligaciones implícitas o tácitas

   Señala el PGC que las provisiones "pueden venir determinadas por una disposición legal, contractual o por una obligación implícita o tácita" y que, en este último caso, "su nacimiento se sitúa en la expectativa válida creada por la empresa frente a terceros, de asunción de una obligación por parte de aquella".

    Un ejemplo ilustrativo de este tipo de obligaciones, como señala el profesor Pérez Royo, es el compromiso de puntualidad del AVE. El nacimiento de la obligación de devolver el precio del billete cuando el AVE llegue a su destino con un retraso superior a diez minutos no trae causa de una disposición legal o contractual, sino de la expectativa creada por la empresa a través, por ejemplo, de sus campañas de publicidad.

2. Los concernientes a los costes de cumplimiento de contratos que excedan a los beneficios económicos que se esperan recibir de los mismos.

3. Los gastos derivados de reestructuraciones, excepto si se refieren a obligaciones legales o contractuales y no meramente tácitas.

   De acuerdo con la definición de la cuenta 146 del PGC, la provisión para reestructuraciones es el «Importe estimado de los costes que surjan directamente de una reestructuración, siempre y cuando se cumplan las dos condiciones siguientes:

   a) Estén necesariamente impuestos por la reestructuración.

   b) No estén asociados con las actividades que continúan en la empresa».

   A estos efectos, se entiende por reestructuración «un programa de actuación planificado y controlado por la empresa, que produzca un cambio significativo en:

   • El alcance de la actividad llevado a cabo por la empresa, o

   • La manera de llevar la gestión de su actividad».

La Dirección General de Tributos, en consulta V0225-09 (9/2/2009), aplica esta letra d) del artículo 13.1 LIS para rechazar la deducción de la dotación contable de una provisión para cubrir el riesgo derivado de la posible indemnización en caso de despido de los trabajadores vinculados con un determinado contrato de servicios a un cliente. Según ese órgano directivo, «Teniendo en cuenta que en el supuesto concreto planteado, la provisión no responde a una obligación actual, legal o contractual, sino que tiene por finalidad cubrir el posible riesgo derivado de una posible indemnización futura en caso de despido del trabajador, la provisión no será gasto fiscalmente deducible en el período impositivo en que se hubiere dotado, puesto que, en el momento en que la consultante pretende llevar a cabo dicha dotación, no existe la obligación cierta de indemnizar a los trabajadores sino una simple expectativa de acuerdo con lo establecido en el citado artículo 13.1 d) del LIS».

4.   Los gastos relativos al riesgo de devoluciones de ventas.

5.   Los de personal que se correspondan con pagos basados en instrumentos de patrimonio, utilizados como fórmula de retribución a los empleados, y se satisfagan en efectivo.

Retribución a los trabajadores a través de la entrega de opciones sobre acciones (stock-options).

Señala el artículo 14.5 LIS que estos gastos se integrarán en la base imponible (esto es, serán fiscalmente deducibles) en el período impositivo en el que se aplique la provisión a su finalidad. Dicho de otro modo, en el período impositivo en que las obligaciones señaladas deban cumplirse procederá deducir fiscalmente el gasto o pérdida correspondiente.

Los gastos de personal que se correspondan con pagos basados en instrumentos de patrimonio serán fiscalmente deducibles en el período impositivo en que se cumpla el compromiso pactado. La pérdida derivada de un contrato oneroso será gasto fiscalmente deducible cuando deba cumplirse el contrato.

2.3.5. Gastos correspondientes a actuaciones medioambientales

De acuerdo con el artículo 14.4 LIS, los gastos correspondientes a actuaciones medioambientales serán deducibles "cuando se correspondan a un plan formulado por el contribuyente y aceptado por la Administración tributaria".

Los contribuyentes podrán someter a la Administración tributaria un plan de gastos correspondientes a actuaciones medioambientales, que se regulan en los artículos 10 y siguientes.

Los gastos que no hubieran resultado fiscalmente deducibles, se integrarán en la base imponible del período impositivo en el que se aplique la provisión a su finalidad.

Contablemente, encontramos estas provisiones en la cuenta 145 "Provisión para actuaciones medioambientales" y se definen como obligaciones legales, contractuales o implícitas de la empresa o compromisos adquiridos por la misma, de cuantía indeterminada, para prevenir o reparar daños sobre el medio ambiente, salvo las que tengan su origen en el desmantelamiento, retiro o rehabilitación del inmovilizado.

2.3.6. Gastos relativos a provisiones realizadas por las entidades aseguradoras

El artículo 14.7 LIS se refiere a la deducción fiscal de los siguientes importes:

a) **Gastos relativos a las provisiones técnicas realizadas por las entidades aseguradoras.**

Serán fiscalmente deducibles hasta el importe de las cuantías mínimas establecidas por las normas aplicables (en concreto, por el artículo 16 del Texto Refundido de la Ley de ordenación y supervisión de los seguros privados, aprobado por medio del Real Decreto Legislativo 6/2004, de 29 de octubre, y las normas reglamentarias que lo desarrollan).

b) **Importe de la dotación en el ejercicio a la reserva de estabilización.**

Será fiscalmente deducible con el límite señalado, aun cuando no se haya integrado en la cuenta de pérdidas y ganancias. Cualquier aplicación de dicha reserva se integrará en la base imponible del período impositivo en el que se produzca.

 Las correcciones por deterioro de primas o cuotas pendientes de cobro serán incompatibles, para los mismos saldos, con la dotación para la cobertura de posibles insolvencias de deudores.

2.3.7. Gastos relativos a las provisiones técnicas efectuados por sociedades de garantía recíproca y por sociedades de reafianzamiento

El primer párrafo del artículo 14.8 LIS se refiere a los gastos relativos a las provisiones técnicas efectuados por las sociedades de garantía recíproca con cargo a la cuenta de pérdidas y ganancias:

a) Esos gastos serán fiscalmente deducibles hasta que el mencionado fondo alcance la cuantía mínima obligatoria a que se refiere el artículo 9 de la Ley 1/1994, de 11 de marzo, sobre Régimen Jurídico de las Sociedades de Garantía Recíproca.

b) Las dotaciones que excedan las cuantías obligatorias serán deducibles en un 75%.

El segundo párrafo del artículo 14.8 LIS dispone que las subvenciones otorgadas por las Administraciones públicas a las sociedades de garantía recíproca y las rentas que se deriven de dichas subvenciones, siempre que unas y otras se destinen al fondo de provisiones técnicas, no se integrarán en la base imponible.

Por otro lado, este segundo párrafo dispone que el régimen previsto en este art. 14.8 LIS para las provisiones técnicas de las sociedades de garantía recíproca se aplicará a las sociedades de reafianzamiento en cuanto a las actividades que de acuerdo con lo previsto en el artículo 11 de la Ley 1/1994, sobre Régimen Jurídico de las Sociedades de Garantía Recíproca, han de integrar necesariamente su objeto social.

2.3.8. Gastos inherentes a los riesgos derivados de garantías de reparación y revisión

El artículo 14.9 LIS se refiere a la deducción fiscal de los gastos inherentes a los riesgos derivados de garantía y reparación, así como de las dotaciones para la cobertura de gastos accesorios por devoluciones de ventas. Estos gastos serán deducibles siempre que el saldo de la provisión no supere el límite máximo establecido en ese precepto. Este límite será el resultado de aplicar a las ventas con garantías vivas a la conclusión del período impositivo el siguiente porcentaje:

a) **En el caso de entidades que no sean de nueva creación**. El porcentaje determinado por la proporción en que se hubieran hallado los gastos realizados para hacer frente a las garantías habidas en el periodo impositivo y en los dos anteriores respecto a las ventas con garantías realizadas en dichos periodos impositivos.

b) **En el caso de entidades de nueva creación**. El porcentaje en que se hubieran hallado los gastos realizados para hacer frente a las garantías habidas en los periodos impositivos que hubieran transcurrido respecto a las ventas con garantías realizadas en dichos periodos impositivos.

Una entidad que fabrica y vende televisores ofrece una garantía respecto de las piezas, excluyendo la mano de obra, de 12 meses sobre todos los productos vendidos.

Los gastos originados por estas garantías han sido en miles de euros los siguientes:

Ejercicio	Importe
20X0	80,00 €
20X1	100,00 €
20X2	120,00 €

Las ventas con garantía realizadas en estos mismos períodos fueron las siguientes:

Ejercicio	Importe
20X0	4.500,00 €
20X1	5.000,00 €
20X2	5.500,00 €

Además sabemos que el importe de los productos vendidos con garantías vivas a 31/12/20X2 es de 5.200,00€.

El saldo de la provisión antes de la dotación correspondiente a 20X2 es de 98,00 €.

El porcentaje de gastos de reparación sobre ventas, considerando los años 20X0, 20X1 y 20X2 será el resultado del siguiente cálculo: (80+100+120)/(4.500+5.000+5.500) = 2%.

Por lo tanto, el límite máximo del saldo de la provisión a 31/12/20X2, a los efectos fiscales que estamos examinando, será 104,00 € (resultado de calcular el 2% de 5.200).

Como la provisión indicada tiene un saldo de 98,00 €, en 20X2 sería fiscalmente deducible una dotación de hasta 6,00 € (resultado de minorar 104 en 98).

2.4. Límite en dotaciones por deterioro de créditos

El artículo 11.12 de la LIS, regula una limitación en la integración en la base imponible de una serie de gastos que no fueron deducibles en el período impositivo en el que se contabilizaron por aplicación de los criterios de imputación establecidos por la normativa del Impuesto sobre Sociedades, y que por ese motivo, generaron activos por impuesto diferido susceptibles de convertirse en crédito exigible frente a la Administración Tributaria.

A estos efectos, el artículo 11.12 de la LIS establece que las dotaciones por deterioro de los créditos u otros activos derivadas de las posibles insolvencias de los deudores no vinculados con el contribuyente, no adeudados por entidades de derecho público y cuya deducibilidad no se produzca por aplicación de lo dispuesto en el artículo 13.1.a) LIS, así como los derivados de la aplicación de los apartados 1 y 2 del artículo 14 LIS, correspondientes a dotaciones o aportaciones a sistemas de previsión social y, en su caso, prejubilación, que hayan generado activos por impuesto diferido, a los que resulte de aplicación el derecho establecido en el artículo 130 LIS, se integrarán en la base imponible, con el límite del 70 por ciento de la base imponible positiva previa a su integración, a la aplicación de la reserva de capitalización establecida en el artículo 25 de LIS y a la compensación de bases imponibles negativas.

Las cantidades no integradas en un período impositivo serán objeto de integración en los períodos impositivos siguientes con el mismo límite. A estos efectos, se integrarán en primer lugar las dotaciones correspondientes a los períodos impositivos más antiguos.

La aplicación de esta limitación generará ajustes extracontables que se recogerán en el modelo 200:

Pérdidas por deterioro del art. 13.1 LIS y provisiones y gastos (art. 14.1 y 14.2 LIS) a los que se refiere el art. 11.12 y DT 33ª.1 LIS	00415	00211
Pérdidas por deterioro de IM, inversiones inmobiliarias e II, incluido el fondo de comercio (art. 13.2 a) y DT 15 LIS)	00331	00332
Ajustes por pérdidas por deterioro de valores repr. de partic. en el capital o fondos propios (art. 13.2 b) LIS)	00325	00326
Pérdidas por deterioro de valores representativos de deuda (art. 13.2 c) LIS y DT 15ª LIS)	00327	00328
Aplicación del límite del art. 11.12 LIS a las pérdidas por deterioro del art. 13.1 LIS y provisiones y gastos (art. 14.1 y 14.2 LIS)	00416	00543
Gastos y provisiones por pensiones no afectados por el art. 11.12 LIS (art. 14.1, 14.6 y 14.8 LIS)	00335	00336
Otras provisiones no deducibles fiscalmente (art. 14 LIS) no afectadas por el art. 11.12 LIS	00337	00338
Subvenciones públicas incluidas en el resultado del ejercicio, no integrables en la base imponible (art. 14.8 LIS)		00368
Gastos no deducibles por considerarse retribución de fondos propios (art. 15 a) LIS)	01002	

3. Valoración

3.1. Introducción

El primer párrafo del artículo 17 LIS establece la regla general aplicable en materia de valoración de elementos patrimoniales. De acuerdo con ese precepto, los elementos patrimoniales se valorarán de acuerdo con los criterios previstos en el Código de Comercio, corregidos por la aplicación de los preceptos establecidos en la LIS.

La aplicación de los criterios contables lleva en ocasiones a valorar los elementos patrimoniales por su valor razonable.

No obstante, las variaciones de valor originadas por aplicación del criterio del valor razonable no tendrán efectos fiscales mientras no deban imputarse a la cuenta de pérdidas y ganancias, sin perjuicio de lo señalado en la letra l) del artículo 15 de la Ley, o mientras no deban imputarse a una cuenta de reservas si así lo establece una norma legal o reglamentaria. El importe de las revalorizaciones contables no se integrará en la base imponible, excepto cuando se lleven a cabo en virtud de normas legales o reglamentarias que obliguen a incluir su importe en la cuenta de pérdidas y ganancias. El importe de la revalorización no integrada en la base imponible no determinará un mayor valor, a efectos fiscales, de los elementos revalorizados.

Las operaciones de aumento de capital o fondos propios por compensación de créditos se valorarán fiscalmente por el importe de dicho aumento desde el punto de vista mercantil, con independencia de cuál sea la valoración contable.

Los elementos patrimoniales transmitidos en virtud de fusión y escisión total o parcial, se valorarán, en sede de las entidades y de sus socios, de acuerdo con lo establecido en el Capítulo VII del Título VII LIS.

3.2. Reglas especiales

Una vez establecida la regla general, en el citado artículo 17 LIS, se establecen excepciones a la regla general al decir que se valorarán por su valor de mercado las siguientes operaciones societarias y de transmisiones:

a) Los transmitidos o adquiridos a título lucrativo. No se incluyen las subvenciones.

b) Los aportados a entidades y los valores recibidos en contraprestación.

c) Los transmitidos a los socios por causa de disolución de la sociedad y separación de los mismos (se integrará en la base imponible de éstos la diferencia entre el valor de mercado de los elementos recibidos y el valor fiscal de la participación anulada).

d) Los transmitidos a los socios por reducción del capital con devolución de aportaciones, reparto de la prima de emisión y distribución de beneficios (en la reducción de capital con devolución de aportaciones se integrará en la base imponible de los socios el exceso del valor normal de mercado de los elementos recibidos sobre el valor fiscal de la participación. La misma regla se aplicará en el caso de distribución de la prima de emisión de acciones o participaciones. En la distribución de beneficios se integrará en la base imponible de los socios el valor de mercado de los elementos recibidos).

e) Los transmitidos en virtud de fusión y escisión total o parcial (se integrará en la base imponible de los socios la diferencia entre el valor de mercado de la participación recibida y el valor fiscal de la participación anulada, salvo que resulte de aplicación el régimen fiscal especial previsto en el Capítulo VII del Título VII de esta Ley).

f) Los adquiridos por permuta.

g) Los adquiridos por canje o conversión.

Por valor del mercado debe entenderse el que hubiera sido acordado entre partes independientes, pudiendo admitirse cualquiera de los métodos previstos en el art. 18.4 de la LIS.

La entidad Colores S.A. ha transmitido a título lucrativo una máquina cuyo precio de adquisición fue de 45.000,00 €, y que tenía una amortización acumulada de 23.000,00 €. Su valor de mercado es de 22.000,00 €.

En este caso al no haber recibido cantidad alguna por la transmisión de la máquina debería realizar un ajuste positivo de 22.000,00 € que es la diferencia entre su valor de transmisión y su valor de mercado.

En los supuestos previstos en las letras a), b), c), d) y e) la entidad transmitente integrará en su base imponible la diferencia entre el valor de mercado de los elementos transmitidos y su valor fiscal. No obstante, en el supuesto de aumento de capital o fondos propios por compensación de créditos, la entidad transmitente integrará en su base imponible la diferencia entre el importe del aumento de capital o fondos propios, en la proporción que le corresponda, y el valor fiscal del crédito capitalizado.

En los supuestos previstos en las letras f) y g), las entidades integrarán en la base imponible la diferencia entre el valor de mercado de los elementos adquiridos y el valor fiscal de los entregados.

En la adquisición a título lucrativo, la entidad adquirente integrará en su base imponible el valor de mercado del elemento patrimonial adquirido.

La integración en la base imponible de las rentas a las que se refiere este artículo se efectuará en el período impositivo en el que se realicen las operaciones de las que derivan dichas rentas.

3.3. Valoración en los casos de cambio de residencia, operaciones realizadas con o por personas o entidades residentes en paraísos fiscales y cantidades sujetas a retención (art. 19 LIS)

Se integrará en la base imponible la diferencia entre el valor de mercado y el valor fiscal de los elementos patrimoniales que sean propiedad de una entidad residente en territorio español que traslada su residencia fuera de este, excepto que dichos elementos patrimoniales queden afectados a un establecimiento permanente situado en territorio español de la mencionada entidad. En caso de afectación a un establecimiento permanente, será de aplicación a dichos elementos patrimoniales lo previsto en el artículo 78 de la LIS.

En el supuesto de elementos patrimoniales transferidos a un Estado miembro de la Unión Europea o del Espacio Económico Europeo que haya celebrado un acuerdo con España o con la Unión Europea sobre asistencia mutua en materia de cobro de créditos tributarios que sea equivalente a la asistencia mutua prevista en la Directiva 2010/24/UE del Consejo, de 16 de marzo de 2010, sobre la asistencia mutua en materia de cobro de los créditos correspondientes a determinados impuestos, derechos y otras medidas, el contribuyente podrá optar por fraccionar el pago de la deuda tributaria resultante de la aplicación de lo dispuesto en el párrafo anterior por quintas partes anuales iguales.

El ejercicio de la opción se realizará exclusivamente en la propia declaración del impuesto correspondiente al período impositivo concluido con ocasión del cambio de residencia, debiéndose efectuar el pago de la primera fracción en el plazo voluntario de declaración correspondiente a dicho período impositivo.

El vencimiento y exigibilidad de cada una de las cuatro fracciones anuales restantes, junto con los intereses de demora devengados por cada una de ellas, se producirá de forma sucesiva transcurrido un año desde la finalización del plazo voluntario de declaración correspondiente al último período impositivo.

Salvo las especialidades contenidas en este apartado, a este fraccionamiento le será de aplicación lo dispuesto en la Ley 58/2003, de 17 de diciembre, General Tributaria, y su normativa de desarrollo, en cuanto al devengo de intereses de demora y a la constitución de garantías. No obstante, únicamente será exigible la constitución de garantías cuando se justifique la existencia de indicios racionales de que el cobro de la deuda se podría ver frustrado o gravemente dificultado.

En el caso de que dichos indicios racionales sean apreciados por el órgano de recaudación en el plazo de los 6 meses siguientes a la finalización del plazo voluntario de pago de la primera fracción, se pondrá en conocimiento del contribuyente mediante el oportuno requerimiento para que aporte garantías suficientes en el plazo de 10 días contados a partir del siguiente a la notificación del mismo.

Si el requerimiento no es atendido o, siéndolo, no se considera aportada garantía suficiente o debidamente justificada lo innecesario de la misma, se exigirá la totalidad de la deuda pendiente en los plazos a los que se refiere el artículo 62.2 de la Ley 58/2003, de 17 de diciembre, General Tributaria. De no producirse el ingreso en dicho plazo, comenzará el periodo ejecutivo y deberá iniciarse el procedimiento de apremio en los términos previstos en el artículo 167.1 de la Ley 58/2003, de 17 de diciembre, General Tributaria.

El fraccionamiento perderá su vigencia en los siguientes supuestos:

a) Cuando los elementos patrimoniales afectados sean objeto de transmisión a terceros.

b) Cuando los elementos patrimoniales afectados se trasladen con posterioridad a un tercer Estado distinto de los señalados en el párrafo segundo de este apartado.

c) Cuando el contribuyente traslade con posterioridad su residencia fiscal a un tercer Estado distinto de los señalados en el párrafo segundo de este apartado.

d) Cuando el contribuyente se encuentre en liquidación o esté incurso en un procedimiento de ejecución colectiva, como concurso, o cualquier procedimiento equivalente.

e) Cuando el contribuyente no efectúe el ingreso en el plazo previsto en el fraccionamiento.

En los casos de transmisión o traslado a los que se refieren las letras a) y b) de este apartado, cuando se trate de una transmisión o traslado parcial de los elementos patrimoniales, el fraccionamiento perderá su vigencia únicamente respecto de la parte proporcional de la deuda tributaria correspondiente a la diferencia positiva entre el valor de mercado y el valor fiscal de dichos elementos, cuando el contribuyente pruebe que dicha transmisión o traslado afecta solo a alguno o algunos de los elementos patrimoniales.

En los supuestos de pérdida de vigencia contemplados en las letras a), b) y c) de este apartado, las cantidades para las cuales ha perdido su vigencia el fraccionamiento deberán ser ingresadas en el plazo de un mes contado a partir de que se produzca la pérdida de vigencia del fraccionamiento.

La falta de ingreso en el referido plazo de un mes determinará que se proceda, exclusivamente respecto de las cantidades para las cuales ha perdido su vigencia el fraccionamiento, a iniciar el procedimiento de apremio, con su exigencia en los plazos a que se refiere el artículo 62.5 de la Ley 58/2003, de 17 de diciembre, General Tributaria. El importe que se ingrese será aplicado a los últimos vencimientos del fraccionamiento. De no producirse el ingreso de las cantidades exigidas en dichos plazos, se considerará vencida, en su caso, el resto de deuda fraccionada, debiendo iniciarse el procedimiento de apremio respecto de la misma.

La pérdida de vigencia del fraccionamiento a que se refiere la letra d) de este apartado determinará el vencimiento y exigibilidad de la totalidad de la deuda pendiente en el plazo de un mes contado a partir de que se produzca la misma. La falta de ingreso en el referido plazo determinará el inicio del periodo ejecutivo debiendo iniciarse el procedimiento de apremio en los términos previstos en el artículo 167.1 de la Ley 58/2003, de 17 de diciembre, General Tributaria.

Si concurre el supuesto de pérdida de vigencia del fraccionamiento al que se refiere la letra e) de este apartado, se procederá a iniciar el procedimiento de apremio exclusivamente respecto de dicha fracción incumplida, exigiéndose en los plazos a que se refiere el artículo 62.5 de la Ley 58/2003, de 17 de diciembre, General Tributaria. Se exigirá el importe de dicha fracción, los intereses de demora devengados a partir del día siguiente al del vencimiento del plazo de ingreso en período voluntario hasta la fecha del vencimiento del plazo concedido, y el recargo del período ejecutivo sobre la suma de ambos conceptos.

De no producirse el ingreso de las cantidades exigidas conforme al párrafo anterior se considerarán vencidas el resto de las fracciones pendientes, debiendo iniciarse el procedimiento de apremio respecto de todas las deudas. Se exigirán los intereses de demora devengados a partir del día siguiente al del vencimiento del plazo de ingreso en periodo voluntario hasta la fecha del vencimiento de pago de la fracción incumplida.

A partir de 1 de enero de 2021 por transposición de la Directiva (UE) 2016/1164 del Consejo se establece que no será de aplicación lo dispuesto en el presente apartado y, por tanto, no se integrará en la base imponible, la diferencia entre el valor de mercado y el valor fiscal de los elementos patrimoniales transferidos, que estén relacionados con la financiación o entrega de garantías o para cumplir requisitos prudenciales de capital o a efectos de gestión de liquidez, siempre que se prevea que deben volver a territorio español para afectarse en el plazo máximo de un año a un establecimiento permanente situado en España.

De acuerdo con el artículo 19.2 LIS, se valoran por su valor normal de mercado las operaciones que se efectúen con personas o entidades residentes en países o territorios calificados como paraísos fiscales. Quienes realicen estas operaciones señaladas en el párrafo anterior estarán sujetos a la obligación de documentación a que se refiere el artículo 18.3 de LIS.

El artículo 19.3 LIS se refiere a las cantidades sobre las que debe practicarse retención a cuenta del IS.

Se establecen al respecto estas reglas generales:

a) El perceptor computará en su base imponible la cantidad íntegra devengada (haya sido o no practicada la retención a cuenta).

b) Si la retención no se ha practicado o se ha practicado por importe inferior al debido, por causa imputable exclusivamente al retenedor, el perceptor deducirá la cantidad que debió ser retenida.

c) En el caso de retribuciones legalmente establecidas que hubieran sido satisfechas por el sector público, el perceptor solo podrá deducir las cantidades efectivamente retenidas.

d) Cuando no pudiera probarse la contraprestación íntegra devengada, la Administración tributaria podrá computar como importe íntegro una cantidad que, una vez restada de ella la retención procedente, arroje la efectivamente percibida. En este caso se deducirá de la cuota, como retención a cuenta, la diferencia entre lo realmente percibido y el importe íntegro.

Los ajustes que se produzcan se declararán en el modelo 200:

Ajustes por la limitación en la deducibilidad de gastos financieros (art. 16 LIS)	00363	00364
Revalorizaciones contables (art. 17.1 LIS)	00345	00346
Operaciones de aumento de capital o fondos propios por compensación de créditos (art. 17.2 LIS)	01818	01819
Socio SICAV: Reducciones de capital y distribución de la prima de emisión (art. 17.6 LIS)	00371	
Transmisiones lucrativas y societarias: aplicación del valor de mercado (art. 17.4 LIS)	00347	00348
Operaciones vinculadas: aplicación del valor de mercado (art. 18 LIS)	01011	01012
Cambio de residencia a Estados miembros de la Unión Europea o EEE (art. 19.1 LIS)	01572	01573
Operaciones del art. 19 LIS distintas del cambio de residencia a Estados miembros de la Unión Europea o EEE	01574	01575
Efectos de la valoración contable diferente a la fiscal (art. 20 LIS)	01015	01016

3.4. Integración en la base imponible de la diferencia entre la valoración de un elemento o servicio a efectos fiscales y su valoración contable (art. 20 LIS)

Cuando un elemento patrimonial o un servicio tengan diferente valoración contable y fiscal, la entidad adquirente de aquél integrará en su base imponible la diferencia entre ambas, de la siguiente manera:

Tratándose de **elementos patrimoniales integrantes del activo circulante**, en el período impositivo en que los mismos motiven el devengo de un ingreso o un gasto.

Una sociedad que se dedica a la promoción inmobiliaria tiene valorado un solar (para las promotoras inmobiliarias se trata de existencias) como consecuencia de una permuta contablemente en 10.000.00,00 € y fiscalmente en 100.000.000,00 €.

En este caso, a la hora de valorar las existencias finales se tomará como valor contable 10.000.000,00 € del solar pero como valor a efectos fiscales se tomará 100.000.000,00 €. Lo cual se hará mediante un ajuste extracontable positivo de 90.000.000,00 €.

Tratándose de **elementos patrimoniales no amortizables integrantes del inmovilizado**, en el período impositivo en que los mismos se transmitan o se den de baja.

Una sociedad tiene en su activo unas acciones valoradas contablemente en 1.000.000,00 € pero fiscalmente en 10.000.000,00 €. Las citadas acciones son vendidas por 25.000.000,00 €.

En este caso, la entidad tendrá un beneficio contable de 24.000.000 €, pero como consecuencia de la aplicación de lo dispuesto en el art. 19 LIS procederá a realizar un ajuste extracontable negativo de 9.000.000,00 €. De esta forma se ajusta el resultado contable al resultado fiscal que es de 15.000.000,00 € [diferencia entre lo obtenido en la venta (25.000.000,00 €) y el valor a efectos fiscales de las acciones en la sociedad (10.000.000,00 €)].

Tratándose de **elementos patrimoniales amortizables integrantes del inmovilizado**, en los períodos impositivos que resten de vida útil, aplicando a la citada diferencia el método de amortización utilizado respecto de los referidos elementos, salvo que sean objeto de transmisión o baja con anterioridad, en cuyo caso, se integrará con ocasión de la misma.

Una sociedad que se dedica a la promoción inmobiliaria y a la construcción tiene valorada una excavadora, como consecuencia de una permuta, contablemente en 10.000.000,00 € y fiscalmente en 100.000.000,00 €. La citada maquinaria se va a amortizar contablemente y fiscalmente un 20% anual.

En este caso a la hora de calcular la dotación a la amortización contable la empresa dotará 2.000.000,00 € anuales que es el 20% de 10.000.000,00 euros, sin embargo, como el valor a efectos fiscales de la excavadora son 100.000.000,00 € procedería aplicar una amortización fiscal de 20.000.000,00 €. Lo cual se hará mediante un ajuste extracontable negativo de 18.000.000,00 €.

Tratándose de servicios, se integrará en su base imponible en el período impositivo en que se reciban, excepto que su importe deba incorporarse a un elemento patrimonial en cuyo caso se estará a lo previsto en los párrafos anteriores.

4. Gastos no deducibles y subcapitalización

4.1. Partidas

4.1.1. Introducción

El artículo 15 LIS señala una serie de partidas que, aunque puedan ser consideradas gasto por la normativa contable, no se consideran deducibles. Esto da lugar a ajustes extracontables para obtener la base imponible. Este tipo de ajustes tienen la naturaleza de diferencias permanentes. Son los siguientes:

- Retribución de fondos propios.

- Impuesto sobre Sociedades.

- Las multas y sanciones penales y administrativas, los recargos del período ejecutivo y el recargo por declaración extemporánea sin requerimiento previo.

- Pérdidas del juego.

- Donativos y liberalidades.

- Los gastos de actuaciones contrarias al ordenamiento jurídico.

- Gastos de servicios derivados de operaciones realizadas con personas o entidades residentes en paraísos fiscales.

- Gastos financieros devengados en el periodo impositivo derivados de deudas con entidades del grupo.

- Gastos derivados de la extinción de la relación aboral, común o especial, o de la relación mercantil a que se refiere el artículo 17.2.e) de la Ley 35/2006 y sobre el Patrimonio, o de ambas, aun cuando se satisfagan en varios períodos impositivos, que excedan, para cada perceptor, del mayor de los siguientes importes:

  1. 1 millón de euros.

  2. El importe establecido con carácter obligatorio en el ET.

- Las pérdidas por deterioro de los valores representativos de la participación en el capital o en los fondos propios de entidades respecto de la que se de alguna de las siguientes circunstancias:

  1. Que, en el período impositivo en que se registre el deterioro, se cumplan los requisitos establecidos en el artículo 21 de LIS.

  2. que, en caso de participación en el capital o en los fondos propios de entidades no residentes en territorio español, en dicho período impositivo no se cumpla el requisito establecido en la letra b) del apartado 1 del artículo 21 de LIS.

- Las disminuciones de valor originadas por aplicación del criterio del valor razonable correspondientes a valores representativos de las participaciones en el capital o en los fondos propios de entidades.

- La deuda tributaria del Impuesto sobre Transmisiones Patrimoniales y Actos Jurídicos Documentados, modalidad Actos Jurídicos Documentados, documentos notariales, en los supuestos de escrituras de préstamo con garantía hipotecaria.

- Los que sean objeto de la deducción establecida en el artículo 38 bis de la LIS, incluidos los correspondientes a la amortización de los activos cuya inversión haya generado el derecho a la mencionada deducción.

4.1.2. Retribución de fondos propios

De acuerdo con la letra a) del artículo 15 LIS, no serán fiscalmente deducibles los gastos que representen una retribución de los fondos propios.

A estos efectos tendrá la consideración de retribución de fondos propios, la correspondiente a los valores representativos del capital o de los fondos propios de entidades, con independencia de su consideración contable.

Asimismo, tendrán la consideración de retribución de fondos propios la correspondiente a los préstamos participativos otorgados por entidades que formen parte del mismo grupo de sociedades según los criterios establecidos en el artículo 42 del Código de Comercio, con independencia de la residencia y de la obligación de formular cuentas anuales consolidadas.

Lo dispuesto en la letra a) del artículo 15 y en el apartado 2 del artículo 21 de esta Ley no será de aplicación para los préstamos otorgados con anterioridad al 20 de junio de 2014, de acuerdo con el régimen transitorio establecido en la Disposición Transitoria 17ª.

La norma fiscal se separa de la contable en aquellos instrumentos financieros que mercantilmente representan participaciones en el capital o fondos propios de entidades, y, sin embargo, contablemente tienen la consideración de pasivo financiero. En estos supuestos, la normativa fiscal, en su artículo 15.a), opta por atribuir a estos instrumentos el tratamiento fiscal que corresponde a cualquier participación en el capital, o fondos propios de entidades, con independencia de que la contabilidad altere dicha naturaleza, como pudiera ocurrir con las acciones sin voto o las acciones rescatables.

4.1.3. Impuesto sobre Sociedades

Mientras en el PGC se contabiliza como gasto el impuesto sobre beneficios (cuenta 630), según lo establecido en el artículo 15.b) LIS, no tendrá la consideración de gasto fiscalmente deducible por lo que será obligatorio para la sociedad realizar un ajuste extracontable positivo que tendrá la naturaleza de diferencia permanente en la sociedad.

En ocasiones, pueden contabilizarse ingresos en relación con el impuesto sobre beneficios (así, por ejemplo, por el crédito impositivo generado en el ejercicio como consecuencia de la existencia de una base imponible negativa a compensar). De acuerdo con la citada letra b) del artículo 15 LIS, esos ingresos contables no tendrán la consideración de ingresos a efectos fiscales. En relación con esa partida procederá, en consecuencia, realizar un ajuste extracontable negativo.

 La sociedad Alfa ha tenido beneficios durante el presente ejercicio. La sociedad ha contabilizado el Impuesto sobre Sociedades del ejercicio por importe de 6.200,00 € pero fiscalmente no es deducible por lo que tendrá que realizar un ajuste positivo.

4.1.4. Las multas y sanciones penales y administrativas, los recargos del período ejecutivo y el recargo por declaración extemporánea sin requerimiento previo

En este caso estamos en presencia de gastos que surgen como consecuencia de la imposición de multas o sanciones establecidas por la Administración o por los Tribunales de Justicia como consecuencia de incumplimientos realizados por la sociedad. Estas multas son de acuerdo con lo establecido por el Plan General Contable un gasto para la sociedad, pero la norma fiscal ha establecido la no deducibilidad fiscal de los citados gastos pues de otra manera supondría para la Administración el asumir el tipo impositivo al que tribute la sociedad del importe de la multa vía menores ingresos fiscales. Por otra parte, como se trata de un gasto "no necesario" para la sociedad se ha establecido su no deducibilidad fiscal y por lo tanto la sociedad estará obligada a realizar un ajuste extracontable positivo por el importe de la multa que se haya contabilizado.

Por otra parte, en bastantes ocasiones junto con la multa administrativa se establecen unos **intereses de demora** por el retraso en el pago. La LIS no establece ninguna limitación a la deducibilidad de los intereses de demora como partida deducible, por lo que hay que entender que estos tendrán la naturaleza de gasto fiscalmente deducible conforme a la Jurisprudencia tributaria que establece la doctrina de que dichos intereses de demora tienen carácter indemnizatorio y no sancionador, por lo que si son fiscalmente deducibles.

 El Tribunal Supremo, en su sentencia de 8 de febrero de 2021, recurso n°. 3071/2019, resuelve que a efectos del Impuesto sobre Sociedades, los intereses de demora, sean los que se exijan en la liquidación practicada en un procedimiento de comprobación, sean los devengados por la suspensión de la ejecución del acto administrativo impugnado, tienen la consideración de gasto fiscalmente deducible, en contra de lo sostenido por la Administración tributaria y el órgano administrativo revisor.

 La sociedad Beta ha sido sancionada durante el ejercicio por incumplimiento de la normativa de Prevención de Riesgos Laborales por importe de 10.000,00€.

La sociedad ha contabilizado el citado gasto en su cuenta de resultados, pero fiscalmente no es deducible por lo que tendrá que realizar un ajuste positivo.

La Ley General Tributaria regula los recargos por declaración extemporánea sin requerimiento previo (art. 27) y los recargos del período ejecutivo (art. 28). Entre estos últimos figura el recargo de apremio.

Los citados recargos son gasto contable para las entidades que tributan por el Impuesto sobre Sociedades, pero la LIS utilizando la misma filosofía que para las multas administrativas ha establecido la no deducibilidad fiscal de los recargos, pues si se estableciese su deducibilidad fiscal, una parte del recargo, estaría siendo asumida por el Tesoro Público mediante un menor ingreso en el Impuesto sobre Sociedades.

4.1.5. Pérdidas del juego

De acuerdo con lo establecido en el artículo 15.d) LIS todas aquellas pérdidas que se produzcan como consecuencia de la participación de entidades jurídicas en juegos de azar no tendrán la consideración de gasto fiscalmente deducible, aunque se registren contablemente. Procede en consecuencia practicar un ajuste extracontable positivo en relación con el importe de esas pérdidas.

 La sociedad K ha adquirido décimos de la Lotería de Navidad por importe de 50.000,00 €, sin que haya sido agraciada en dicho sorteo, ni tan siquiera con el reintegro, que ha contabilizado como gasto. Fiscalmente no es deducible por lo que tendrá que realizar un ajuste positivo.

4.1.6. Donativos y liberalidades

Por regla general, los donativos y liberalidades no son deducibles. Esta regla general entra en juego incluso cuando la entidad adquirente es una entidad beneficiaria del mecenazgo. En estos casos se aplican los incentivos fiscales al mecenazgo previstos en el Capítulo II del Título III de la Ley 49/2002, de 23 de diciembre, de régimen fiscal de las entidades sin fines lucrativos y de los incentivos fiscales al mecenazgo.

No obstante, lo anterior, la letra e) del artículo 15.1 LIS establece lo siguiente: "No se entenderán comprendidos en esta letra e) los gastos por atenciones a clientes o proveedores ni los que con arreglo a los usos y costumbres se efectúen con respecto al personal de la empresa ni los realizados para promocionar, directa o indirectamente, la venta de bienes y prestación de servicios, ni los que se hallen correlacionados con los ingresos".

En relación a las liberalidades se ha establecido el principio de la no deducibilidad salvo que estén vinculadas a la promoción directa o indirecta de la sociedad o tengan su origen en los usos y costumbres. Así considera que no tendrán la consideración de liberalidad y, por lo tanto, tendrán la consideración de gasto fiscalmente deducible:

- Los gastos por relaciones públicas con clientes y proveedores.

 Gastos de promoción, comidas, etc.

- Los que con arreglo a los usos y costumbres se efectúen con respecto al personal de la empresa.

 Cestas de Navidad, etc.

- Aquellos gastos realizados para promocionar directa o indirectamente, la venta de bienes y prestación de servicios.

 Patrocinio de determinados clubes deportivos, patrocinio de determinados acontecimientos sociales como conciertos, etc.

No obstante, los gastos por atenciones a clientes o proveedores serán deducibles con el límite del 1% del importe neto de la cifra de negocios del período impositivo. La deducibilidad en cuantías inferiores está sometida a las reglas generales de registro, justificación e imputación temporal.

Ejemplo 1

El administrador de una sociedad ha decidido entregar a un pobre que pide por la calle 200,00 € para que pueda comprarse medicinas, según ha manifestado el citado pobre. Dicho pago lo ha contabilizado como gasto en la cuenta de explotación de la sociedad.

En este caso, estamos en presencia de una liberalidad a cargo de la sociedad y por lo tanto no tendrá la naturaleza de gasto fiscalmente deducible. Por lo que la sociedad estará obligada a realizar un ajuste extracontable positivo de 200,00 € que tendrá la naturaleza de diferencia permanente.

Ejemplo 2

El administrador de una sociedad ha realizado comidas y atenciones con clientes por importe de 30.000,00 €, durante el ejercicio. Dicha cantidad la ha contabilizado como gasto en la cuenta de explotación de la sociedad.

En este caso, estamos en presencia de una excepción a la liberalidad que si tiene la naturaleza de gasto fiscalmente deducible y no procede ajuste alguno. Siempre que no se haya superado el límite del 1% del importe neto de la cifra de negocios del período impositivo.

Ejemplo 3

La sociedad K ha adquirido cesta de navidad para sus empleados por importe de 50.000,00 euros, que ha contabilizado como gasto. Fiscalmente es deducible por lo que no tendrá que realizar ajuste alguno.

Tampoco se entenderán comprendidos en esta letra e), y por lo tanto sí serán gasto deducible, las retribuciones a los administradores por el desempeño de funciones de alta dirección, u otras funciones derivadas de un contrato de carácter laboral con la entidad.

4.1.7. Los gastos de actuaciones contrarias al ordenamiento jurídico

La LIS introduce la no deducibilidad de los gastos derivados de actuaciones contrarias al ordenamiento jurídico.

> Se refiere a los que proceden del incumplimiento de una norma por prohibición o por contravención, con independencia de la sanción, penal o administrativa, que conlleve la realización de tales actos.

4.1.8. Gastos de servicios derivados de operaciones realizadas con personas o entidades residentes en paraísos fiscales

Los gastos de servicios correspondientes a operaciones realizadas, directa o indirectamente, con personas o entidades residentes en países o territorios calificados como paraísos fiscales, o que se paguen a través de personas o entidades residentes en los mismos no son deducibles en el Impuesto sobre Sociedades, excepto que el contribuyente pruebe que el gasto devengado responde a una operación o transacción efectivamente realizada.

Las normas sobre transparencia fiscal internacional no se aplicarán en relación con las rentas correspondientes a los gastos calificados como fiscalmente no deducibles.

La entidad Petróleos Españoles S.A. ha recibido un servicio de asesoramiento de un despacho de abogados situado en la isla de Niue (paraíso fiscal), por dicho servicio ha pagado 100.000,00 euros; asimismo ha importado una partida de queroseno de otra empresa domiciliada en la misma isla, pagando en este caso por esta operación 10.000.000,00 euros, dicha operación se ha valorado a precios de mercado.

En este supuesto, no será deducible salvo que la entidad pruebe la realidad del gasto. Sin embargo, no habrá problema en la deducibilidad de la segunda operación pues se trata de una importación de mercancías y no de un servicio.

4.1.9. Gastos financieros devengados en el periodo impositivo derivados de deudas con entidades del grupo

No tendrán la consideración de gastos fiscalmente deducibles los gastos financieros devengados en el periodo impositivo, derivados de deudas con entidades del grupo según los criterios establecidos en el artículo 42 del Código de Comercio, con independencia de la residencia y de la obligación de formular cuentas anuales consolidadas, destinadas a la adquisición, a otras entidades del grupo, de participaciones en el capital o fondos propios de cualquier tipo de entidades, o

a la realización de aportaciones en el capital o fondos propios de otras entidades del grupo, salvo que el contribuyente acredite que existen motivos económicos válidos para la realización de dichas operaciones.

4.1.10. Gastos derivados de la extinción de la relación laboral o mercantil

Con respecto a estos gastos derivados de la extinción de la relación laboral, común o especial, o de relación mercantil a que se refiere el artículo 17.2.e) de la Ley 35/2006, se estable como gasto no deducible aquellos excedan, para cada perceptor, de cualquiera de los siguientes límites:

a)   Un millón de euros.

b)   El importe establecido en el Estatuto de los Trabajadores, en su normativa de desarrollo o, en su caso, en la normativa reguladora de la ejecución de sentencias, sin que pueda considerarse como tal la establecida en virtud de convenio, pacto o contrato.

 A estos efectos, se computarán las cantidades satisfechas por otras entidades que formen parte de un mismo grupo de sociedades en las que concurran las circunstancias previstas en el artículo 42 del Código de Comercio, con independencia de su residencia y de la obligación de formular cuentas anuales consolidadas.

4.1.11. Las pérdidas por deterioro de los valores representativos de la participación en el capital o en los fondos propios de entidades respecto de la que se de alguna de las siguientes circunstancias

Las provisiones por deterioro de los valores representativos no serán deducibles cuando cumplan los requisitos del artículo 21, pero la LIS establece también, que desde el 1 de enero del 2017 tampoco será deducible cuando sí cumplan los requisitos del artículo 21 de la LIS, y tampoco será deducible cuando estas participaciones se refieran a entidades no residentes en territorio español.

4.1.12. Las disminuciones de valor

Se originarán por aplicación del criterio del valor razonable correspondientes a valores representativos de las participaciones en el capital o en los fondos propios de entidades a que se refiere la letra anterior, que se imputen en la cuenta de pérdidas y ganancias, salvo que, con carácter previo, se haya integrado en la base imponible, en su caso, un incremento de valor correspondiente a valores homogéneos del mismo importe.

4.1.13. Asimetrías híbridas

Los preceptos sobre asimetrías híbridas serán aplicables cuando entre las partes que intervienen en la operación medie una relación de asociación, se ejerza influencia significativa o se actúe conjuntamente respecto de los derechos de voto o propiedad del capital, así como cuando la asimetría tenga lugar en el marco de un mecanismo estructurado.

Entre otras regulaciones el nuevo artículo 15 bis LIS establece los siguientes supuestos de no deducibilidad:

1. No serán fiscalmente deducibles los gastos correspondientes a **operaciones realizadas con personas o entidades vinculadas residentes en otro país** o territorio que, como consecuencia de una calificación fiscal diferente en estas del gasto o de la operación, no generen un ingreso, generen un ingreso exento o sujeto a una reducción del tipo impositivo o a cualquier deducción o devolución de impuestos distinta de una deducción para evitar la doble imposición jurídica.

    En caso de que el ingreso se genere en un período impositivo que se inicie dentro de los doce meses siguientes a la conclusión del período impositivo en el que se haya devengado el gasto para el contribuyente, dicho gasto será fiscalmente deducible en el período impositivo en el que el mencionado ingreso se integre en la base imponible del beneficiario.

2. Tampoco serán fiscalmente deducibles los gastos correspondientes a **operaciones realizadas con personas o entidades vinculadas residentes en otro país** o territorio que, como consecuencia de una calificación fiscal diferente del contribuyente en dicho país o territorio, no generen un ingreso, en la parte que no se compense con ingresos que generen renta de doble inclusión.

    El importe de los gastos no deducidos por aplicación de lo dispuesto en el párrafo anterior podrá deducirse en los períodos impositivos que concluyan dentro de los tres años siguientes a la conclusión del período impositivo en el que se devengaron tales gastos, en la medida en que se compense con ingresos del contribuyente que generen renta de doble inclusión.

    Se integrará en la base imponible el importe correspondiente a las operaciones realizadas con personas o entidades vinculadas residentes en otro país o territorio que, como consecuencia de una diferente calificación fiscal de estas, haya tenido la consideración de gasto fiscalmente deducible en ese otro país o territorio, en la parte que no se compense con ingresos que generen renta de doble inclusión.

El importe integrado en la base imponible por aplicación de lo dispuesto en el párrafo anterior podrá minorarse de la base imponible de los períodos impositivos que concluyan dentro de los tres años siguientes a la conclusión del período impositivo en el que se integró el ingreso, en la medida en que tal gasto se compense en el otro país o territorio con ingresos de la persona o entidad vinculada que generen renta de doble inclusión.

3. Tampoco serán fiscalmente deducibles los gastos correspondientes a **operaciones realizadas con personas o entidades vinculadas residentes en otro país** o territorio que, como consecuencia de una **calificación fiscal diferente de estas en dicho país o territorio y en el de su partícipe o inversor, no generen un ingreso**.

    Lo dispuesto en el párrafo anterior también será de aplicación cuando la relación de vinculación exista, exclusivamente, entre el contribuyente y el mencionado partícipe o inversor.

4. No serán fiscalmente deducibles los gastos correspondientes a operaciones **realizadas con o por personas o entidades vinculadas residentes en otro país** o territorio que, como consecuencia de la **diferente calificación fiscal de estas, sean, asimismo, gastos fiscalmente deducibles en dichas personas o entidades vinculadas, en la parte que no se compense con ingresos que generen renta de doble inclusión**.

    Los importes no deducidos conforme a lo establecido en el párrafo anterior **podrán ser deducidos en los períodos impositivos que concluyan en los tres años siguientes a la conclusión del período impositivo en el que se devengaron tales gastos**, en la medida en que se compensen con ingresos de la persona o entidad vinculada que generen renta de doble inclusión.

    No serán fiscalmente deducibles los gastos correspondientes a operaciones **realizadas por el contribuyente** cuando tengan, asimismo, la consideración de fiscalmente deducibles en el país o territorio de una persona o entidad vinculada como consecuencia de una **diferente calificación fiscal del contribuyente, en la parte que no se compense con ingresos que generen renta de doble inclusión**.

    Los importes no deducidos conforme a lo establecido en el párrafo anterior podrán ser deducidos en los períodos impositivos que concluyan en los tres años siguientes a la conclusión del período impositivo en el que se devengaron tales gastos, en la medida en que se compensen con ingresos del contribuyente que generen renta de doble inclusión.

5. No serán fiscalmente deducibles:

    a) Los gastos correspondientes a operaciones realizadas con un establecimiento permanente del contribuyente o de una entidad vinculada, o con una entidad vinculada que tenga establecimientos permanentes, cuando como consecuencia de una diferencia fiscal en su atribución entre el establecimiento permanente y su casa central, o entre dos o más establecimientos permanentes, no generen un ingreso.

b) Los gastos correspondientes a operaciones realizadas con un establecimiento permanente del contribuyente o de una persona o entidad vinculada que, como consecuencia de que dicho establecimiento no es reconocido fiscalmente por el país o territorio de situación, no generen un ingreso.

c) Los gastos estimados en operaciones internas realizadas con un establecimiento permanente del contribuyente, en aquellos supuestos en que así estén reconocidos en un convenio para evitar la doble imposición internacional que resulte de aplicación, cuando, debido a la legislación del país o territorio del establecimiento permanente, no generen un ingreso, en la parte que no se compense con ingresos del establecimiento permanente que generen renta de doble inclusión.

El importe de los gastos no deducidos por aplicación de lo dispuesto en el párrafo anterior podrá deducirse en los períodos impositivos que concluyan dentro de los tres años siguientes, en la medida en que se integren en la base imponible del contribuyente con ingresos del establecimiento permanente que generen renta de doble inclusión.

d) Los gastos correspondientes a operaciones realizadas con o por un establecimiento permanente del contribuyente que sean, asimismo, fiscalmente deducibles en dicho establecimiento permanente o en una entidad vinculada con él, en la parte que no se compense con ingresos de dicho establecimiento permanente o entidad vinculada que generen renta de doble inclusión.

Los importes no deducidos conforme a lo establecido en el párrafo anterior podrán ser deducidos en los períodos impositivos que concluyan en los tres años siguientes a la conclusión del período impositivo en el que se devengaron tales gastos, en la medida en que se compensen con ingresos del establecimiento permanente o entidad vinculada que generen renta doble inclusión.

6. No serán fiscalmente deducibles los gastos correspondientes a una transacción o serie de **transacciones realizadas con personas o entidades vinculadas residentes en otro país** o territorio, cuando financien, directa o indirectamente, gastos deducibles realizados en el marco de operaciones que generen los efectos derivados de las asimetrías híbridas a que se refieren los apartados anteriores de este artículo, excepto cuando uno de los países o territorios afectados haya realizado un ajuste para evitar la deducción del gasto o someter el ingreso a tributación, en los términos expuestos en dichos apartados.

7. Será deducible en la cuota íntegra de este Impuesto el importe de la retención practicada a cuenta del mismo en la proporción que se corresponda con la renta integrada en la base imponible obtenida en una trasferencia híbrida realizada con una persona o entidad vinculada no residente en territorio español.

A estos efectos, se considera como transferencia híbrida cualquier operación relativa a la transferencia de un instrumento financiero cuando el rendimiento subyacente del instrumento financiero transferido se considere, a efectos fiscales, como obtenido simultáneamente por más de una de las partes que intervienen en la operación.

Lo dispuesto en los apartados anteriores de este artículo se aplicará, asimismo, cuando las operaciones a que se refieren, con independencia de que se realicen entre personas o entidades vinculadas o no, tengan lugar en el marco de un mecanismo estructurado.

A estos efectos, se considera mecanismo estructurado todo acuerdo, negocio jurídico, esquema u operación en el que la ventaja fiscal derivada de las asimetrías híbridas a que se refieren dichos apartados en los términos en ellos señalados, esté cuantificada o considerada en sus condiciones o contraprestaciones o bien que haya sido diseñado para producir los resultados de tales asimetrías, excepto que el contribuyente o una persona o entidad vinculada con él no hubiera podido conocerlos razonablemente y no compartiera la ventaja fiscal indicada.

8. No serán fiscalmente deducibles los gastos o pérdidas que resulten fiscalmente deducibles en otro país o territorio en el que el contribuyente sea, asimismo, residente fiscal, en la parte que se compense con ingresos que no generen renta de doble inclusión. En el caso de que dicho gasto o pérdida se compense en el otro país o territorio en un período impositivo posterior al de la deducción del gasto o pérdida en el contribuyente, este deberá integrar en su base imponible el importe correspondiente a la referida compensación en el período impositivo en que esta se produzca.

Lo dispuesto en el párrafo anterior no será de aplicación cuando el otro país sea un Estado miembro de la Unión Europea con el que España tenga suscrito un convenio para evitar la doble imposición internacional en virtud del cual el contribuyente sea considerado residente fiscal en territorio español.

A efectos de la aplicación de lo dispuesto en este artículo, la referencia a personas o entidades vinculadas comprenderá:

a) Las personas o entidades vinculadas de acuerdo con lo dispuesto en el artículo 18 de LIVA.

b) Una entidad que ostente, directa o indirectamente, una participación de, al menos, un 25 por ciento en los derechos de voto del contribuyente o tenga derecho a percibir, al menos, un 25 por ciento de los beneficios del mismo, o en la que el contribuyente ostente dichas participaciones o derechos.

c) La persona o entidad sobre la que el contribuyente actúe conjuntamente con otra persona o entidad respecto de los derechos de voto o la propiedad del capital de aquella, o la persona o entidad que actúe conjuntamente con otra respecto de los derechos de voto o la propiedad del capital del contribuyente.

   A estos efectos, el contribuyente o, en el segundo supuesto, la persona o entidad, será tratado como el titular de una participación en relación con todos los derechos de voto o la propiedad del capital de la entidad o del contribuyente, respectivamente, que sean propiedad de la otra persona o entidad.

d) Una entidad en cuya gestión el contribuyente tenga una influencia significativa o una entidad que tenga una influencia significativa en la gestión del contribuyente. A estos efectos, se considera que existe influencia significativa cuando se tenga el poder de intervenir en las decisiones de política financiera y de explotación de otra entidad, sin llegar a tener el control ni el control conjunto de la misma.

No resultará de aplicación lo previsto en los apartados anteriores cuando la asimetría híbrida se deba a que el beneficiario esté exento del Impuesto, se produzca en el marco de una operación o transacción que se base en un instrumento o contrato financiero sujeto a un régimen tributario especial, ni cuando la diferencia en el valor imputado se deba a diferencias de valoración, incluidas las derivadas de la aplicación de la normativa de operaciones vinculadas.

4.2. Limitación en la deducibilidad de los gastos financieros

De acuerdo con el artículo 16 de la LIS, los gastos financieros netos serán deducibles con el límite del 30% del beneficio operativo del ejercicio.

A estos efectos, se entenderá por gastos financieros netos el exceso de gastos financieros respecto de los ingresos derivados de la cesión a terceros de capitales propios devengados en el periodo impositivo, excluidos aquellos gastos no deducibles a que se refiere las letras g) y h) del artículo 15 de LIS y el artículo 15 bis de LIS.

El beneficio operativo se determinará a partir del resultado de explotación de la cuenta de pérdidas y ganancias del ejercicio determinado de acuerdo con el Código de Comercio y demás normativa contable de desarrollo, eliminando la amortización del inmovilizado, la imputación de subvenciones de inmovilizado no financiero y otras, el deterioro y resultado por enajenaciones de inmovilizado, y adicionando los ingresos financieros de participaciones en instrumentos de patrimonio, siempre que se correspondan con dividendos o participaciones en beneficios de entidades en las que, o bien el porcentaje de participación, directo o indirecto, sea al menos el 5 por ciento, excepto que dichas participaciones hayan sido adquiridas con deudas cuyos gastos financieros no resulten deducibles por aplicación de la letra h) del apartado 1 del artículo 15 de la LIS.

En todo caso, serán deducibles gastos financieros netos del período impositivo por importe de 1 millón de euros.

Los gastos financieros netos que no hayan sido objeto de deducción podrán deducirse en los periodos impositivos siguientes, conjuntamente con los del periodo impositivo correspondiente, y con el límite previsto ya expuesto.

En el caso de que los gastos financieros netos del periodo impositivo no alcanzaran el límite establecido en los apartados anteriores, la diferencia entre el citado límite y los gastos financieros netos del periodo impositivo se adicionará al límite previsto en el apartado 1 del artículo 16 de la LIS, respecto de la deducción de gastos financieros netos en los periodos impositivos que concluyan en los 5 años inmediatos y sucesivos, hasta que se deduzca dicha diferencia.

Tratándose de entidades que tributen en el régimen previsto para agrupaciones de interés económico, el límite previsto en el artículo 43 de la LIS se referirá al grupo fiscal.

Lo previsto en el artículo 16 de la LIS no resultará de aplicación:

a) A las entidades de crédito y aseguradoras.

b) En el periodo impositivo en que se produzca la extinción de la entidad, salvo que la misma sea consecuencia de una operación de reestructuración.

5. Compensación de base imponible negativa, período impositivo y devengo del impuesto, tipos de gravamen y cálculo de la cuota íntegra unidad

5.1. Reducción de rentas procedentes de determinados activos intangibles (art. 23 LIS)

Después de haber realizado al resultado contable los ajustes permanentes y temporales positivos y negativos que procediesen llegamos a la base imponible previa. Esta base imponible previa ha de ser minorada, cuando proceda, con las bases imponibles negativas de ejercicios anteriores, es decir, con los resultados negativos (pérdidas) generados en ejercicios anteriores al que se está liquidando, en las reservas de capitalización y minoración, cuando la empresa cumpla determinados requisitos.

Las rentas positivas procedentes de la cesión del derecho de uso o de explotación de patentes, modelos de utilidad, certificados complementarios de protección de medicamentos y de productos fitosanitarios, dibujos y modelos legalmente protegidos, que deriven de actividades de investigación y desarrollo e innovación tecnológica, y software avanzado registrado que derive de actividades de investigación y desarrollo, tendrán derecho a una reducción en la base imponible en el porcentaje que resulte de multiplicar por un 60 por ciento el resultado del siguiente coeficiente:

a) En el **numerador**, los gastos incurridos por la entidad cedente directamente relacionados con la creación del activo, incluidos los derivados de la subcontratación con terceros no vinculados con aquella. Estos gastos se incrementarán en un 30 por ciento, sin que, en ningún caso, el numerador pueda superar el importe del denominador.

b) En el **denominador**, los gastos incurridos por la entidad cedente directamente relacionados con la creación del activo, incluidos los derivados de la subcontratación tanto con terceros no vinculados con aquella como con personas o entidades vinculadas con aquella y de la adquisición del activo.

133

En ningún caso se incluirán en el coeficiente anterior gastos financieros, amortizaciones de inmuebles u otros gastos no relacionados directamente con la creación del activo.

La reducción prevista en este apartado también resultará de aplicación a las rentas positivas procedentes de la transmisión de los activos intangibles referidos en el mismo, cuando dicha transmisión se realice entre entidades que no tengan la condición de vinculadas.

En ningún caso darán derecho a la reducción las rentas procedentes de la cesión del derecho de uso o de explotación, o de la transmisión, de marcas, obras literarias, artísticas o científicas, incluidas las películas cinematográficas, de derechos personales susceptibles de cesión, como los derechos de imagen, de programas informáticos distintos de los referidos en el apartado 1, equipos industriales, comerciales o científicos, planos, fórmulas o procedimientos secretos, de derechos sobre informaciones relativas a experiencias industriales, comerciales o científicas, ni de cualquier otro derecho o activo distinto de los señalados en el apartado 1 artículo 23 LIS.

5.2. Reserva de capitalización

La Reserva de capitalización, consiste en la no tributación de aquella parte del beneficio que se destine a la constitución de una reserva indisponible, sin que se establezca requisito de inversión alguno de esta reserva en algún tipo concreto de activo. Con esta medida se pretende potenciar la capitalización empresarial mediante el incremento del patrimonio neto, y, con ello, incentivar el saneamiento de las empresas y su competitividad.

En concreto, los contribuyentes que tributen al tipo de gravamen del 25 por ciento, las entidades de nueva creación y las entidades que tributan al 30 por ciento, tendrán derecho a una reducción en la base imponible del 10 por ciento del importe del incremento de sus fondos propios, siempre que se cumplan los siguientes requisitos:

a) Que el importe del incremento de los fondos propios de la entidad se mantenga durante un plazo de 5 años desde el cierre del período impositivo al que corresponda esta reducción, salvo por la existencia de pérdidas contables en la entidad.

b) Que se dote una reserva por el importe de la reducción, que deberá figurar en el balance con absoluta separación y título apropiado y será indisponible durante el plazo de 5 años.

En ningún caso, el derecho a esta reducción podrá superar el importe del 10 por ciento de la base imponible positiva del período impositivo previa a esta reducción, a la integración de las dotaciones por deterioro de los créditos u otros activos derivadas de las posibles insolvencias de determinados deudores y a la compensación de bases imponibles negativas.

No obstante, en caso de insuficiente base imponible para aplicar la reducción, las cantidades pendientes podrán ser objeto de aplicación en los períodos impositivos que finalicen en los 2 años inmediatos y sucesivos al cierre del período impositivo en que se haya generado el derecho a la reducción, conjuntamente con la reducción que pudiera corresponder, en su caso, por aplicación de lo dispuesto en este artículo en el período impositivo correspondiente, y con el límite previsto en el párrafo anterior.

Por tanto, la reserva de Capitalización se basa en la no tributación de aquella parte del beneficio que se destine a la constitución de una reserva indisponible, sin que se establezca requisito de inversión alguno de esta reserva en algún tipo concreto de activo.

En el supuesto de incumplimiento de los requisitos establecidos, las cantidades reducidas deberán ser regularizadas con los correspondientes intereses de demora.

El incremento de fondos propios será la diferencia positiva entre los fondos propios existentes al cierre del ejercicio, sin incluir los resultados del mismo, y los fondos propios al inicio del mismo, sin incluir los resultados del ejercicio anterior.

A efectos del cómputo de los fondos propios no se tendrán en cuenta como fondos propios al inicio y al final del período impositivo:

▶ Aportaciones de los socios.

▶ Ampliaciones de capital o fondos propios por compensación de créditos.

▶ Ampliaciones de fondos propios por operaciones con acciones propias o de reestructuración.

▶ Reservas de carácter legal o estatutario.

▶ Reserva para inversiones en Canarias.

▶ Los fondos propios que correspondan a una emisión de instrumentos financieros compuestos.

▶ Los fondos propios que se correspondan con variaciones en activos por impuesto diferido derivadas de una disminución o aumento del tipo de gravamen de este impuesto.

Estas partidas tampoco se tendrán en cuenta para determinar el mantenimiento del incremento de fondos propios en cada período impositivo en que resulte exigible.

El balance cerrado a 31-12-20X1 de la sociedad "DISTRIBUCIONES DE BEBIDAS, S.A", que tributa en régimen el régimen general del Impuesto sobre Sociedades, arroja la siguiente distribución de los fondos propios:

20X1

- Capital Social 200.000

- Reserva Legal 20.000

- PyG 50.000

- Total Fondos Propios 270.000

En el ejercicio 20X2 se procede a la distribución del resultado dotando 20.000 € a reserva legal y el resto a reservas voluntarias. A final del año 20X2 la sociedad ha generado un beneficio de 80.000 €.

Se pide calcular el importe de la reducción por reserva de capitalización en el ejercicio 20X2.

El estado de los fondos propios en el ejercicio 20X2 sería el siguiente:

20X2

- Capital Social 200.000

- Reserva Legal 40.000

- Reserva Voluntaria 30.000

- PyG 80.000

- Total Fondos Propios 350.000

Incremento de los fondos propios = (fondos propios 20X2 – Resultado 20X2 – Reserva legal 20X2) – (fondos propios 20X1 – Resultado 20X1 – Reserva legal 20X1) = (350.000 – 80.000 -40.000) – (270.000-50.000-20.000) = 30.000

Reserva de capitalización = 10 % s/ incremento de fondos propios = 10 % * 30.000 = 3.000

Límite = 10% base imponible = 10% * 80.000 = 8.000 €

Base imponible = 80.000 – 3.000 = 77.000

Cuota = 77.000 * 25% = 19.250

Tipo efectivo de tributación = 24,06 %

Reserva indisponible a dotar = 3.000.

5.3. Reserva de nivelación

Esta medida, que se recoge en el art. 105 LIS, se aplica en las entidades de redu-cida dimensión, que cumplan determinadas condiciones, y supone una reducción de la base imponible hasta un 10 por ciento de su importe.

Existe un límite, pues la minoración no podrá superar el importe de 1 millón de euros. Si el período impositivo tuviera una duración inferior a un año, el importe de la minoración no podrá superar el resultado de multiplicar 1 millón de euros por la proporción existente entre la duración del período impositivo respecto del año.

Esta minoración se adicionará a la base imponible de los períodos impositivos que concluyan en los 5 años inmediatos y sucesivos a la finalización del período imposi-tivo en que se realice dicha minoración, siempre que el contribuyente tenga una base imponible negativa, y hasta el importe de la misma.

El importe restante se adicionará a la base imponible del período impositivo corres-pondiente a la fecha de conclusión del referido plazo.

En caso contrario, al finalizar cada uno de los cinco ejercicios siguientes, el contri-buyente deberá dotar una reserva por el importe de la reducción debidamente sepa-rada que será indisponible durante 5 años. Esta reserva deberá dotarse con cargo a los resultados positivos del ejercicio en que se realice la minoración en base imponible. En caso de no poderse dotar esta reserva, la minoración estará condicionada a que la misma se dote con cargo a los primeros resultados positivos de ejercicios siguientes respecto de los que resulte posible realizar esa dotación.

Finalmente, en el punto 6 del art. 105, se indica: "El incumplimiento de lo dispuesto en este apartado determinará la integración en la cuota íntegra del período impositivo en que tenga lugar el incumplimiento, la cuota íntegra correspondiente a las cantida-des que han sido objeto de minoración, incrementadas en un 5 por ciento, además de los intereses de demora".

5.4. Compensación de bases imponibles negativas

Las bases imponibles negativas que hayan sido objeto de liquidación o autoliqui-dación podrán ser compensadas con las rentas positivas de los períodos impositi-vos siguientes con el límite del 70% de la base imponible previa a la aplicación de la reserva de capitalización establecida en el artículo 25 de la LIS y a su compensación.

En todo caso, se podrán compensar en el período impositivo bases imponibles negativas hasta el importe de 1 millón de euros.

La limitación a la compensación de bases imponibles negativas no resultará de aplicación en el importe de las rentas correspondientes a quitas o esperas consecuencia de un acuerdo con los acreedores del contribuyente. Las bases imponibles negativas que sean objeto de compensación con dichas rentas no se tendrán en consideración respecto de las bases negativas de hasta el importe de 1 millón de euros que gozan de libertad de compensación.

La limitación del 70% de la base imponible previa no se aplicará en el período impositivo en que se produzca la extinción de la entidad, salvo que la misma sea consecuencia de una operación de reestructuración a la que resulte de aplicación el régimen fiscal especial establecido en el Capítulo VII del Título VII de la LIS.

Si el período impositivo tuviera una duración inferior al año, las bases imponibles negativas que podrán ser objeto de compensación en el período impositivo serán el resultado de multiplicar 1 millón de euros por la proporción existente entre la duración del período impositivo respecto del año.

El límite del 70% no resultará de aplicación en entidades de nueva creación en los 3 primeros periodos impositivos en que se genere una base imponible positiva previa a su compensación.

No podrán ser objeto de compensación las bases imponibles negativas cuando concurran las siguientes circunstancias:

a) La mayoría del capital social o de los derechos a participar en los resultados de la entidad que hubiere sido adquirida por una persona o entidad o por un conjunto de personas o entidades vinculadas, con posterioridad a la conclusión del período impositivo al que corresponde la base imponible negativa.

b) Las personas o entidades a que se refiere el párrafo anterior hubieran tenido una participación inferior al 25 por ciento en el momento de la conclusión del período impositivo al que corresponde la base imponible negativa.

c) La entidad adquirida se encuentre en alguna de las siguientes circunstancias:

1. No viniera realizando actividad económica alguna dentro de los 3 meses anteriores a la adquisición.

2. Realizara una actividad económica en los 2 años posteriores a la adquisición diferente o adicional a la realizada con anterioridad, que determinara, en sí misma, un importe neto de la cifra de negocios en esos años posteriores superior al 50 por ciento del importe medio de la cifra de negocios de la entidad correspondiente a los 2 años anteriores. Se entenderá por actividad diferente o adicional aquella que tenga asignado diferente grupo a la realizada con anterioridad, en la Clasificación Nacional de Actividades Económicas.

3. Se trate de una entidad patrimonial en los términos establecidos en el apartado 2 del artículo 5 de la LIS.

4. La entidad haya sido dada de baja en el índice de entidades por aplicación de lo dispuesto en la letra b) del apartado 1 del artículo 119 de LIS.

El derecho de la Administración para iniciar el procedimiento de comprobación de las bases imponibles negativas compensadas o pendientes de compensación prescribirá a los 10 años a contar desde el día siguiente a aquel en que finalice el plazo establecido para presentar la declaración o autoliquidación correspondiente al período impositivo en que se generó el derecho a su compensación.

Transcurrido dicho plazo, el contribuyente deberá acreditar las bases imponibles negativas cuya compensación pretenda mediante la exhibición de la liquidación o autoliquidación y la contabilidad, con acreditación de su depósito durante el citado plazo en el Registro Mercantil.

Una sociedad que tiene un ejercicio económico que finaliza a 31 de diciembre de 20XX y en el que ha tenido unas pérdidas de 5.000,00 euros.

Por lo tanto puede compensar las pérdidas en cualquier ejercicio que concluya posteriormente.

En virtud de lo establecido en la Sentencia del Tribunal Supremo del 30 de noviembre del 2021, los contribuyentes tienen derecho a la compensación de las bases imponibles negativas (BINs) con las rentas positivas de los períodos impositivos siguientes, aun cuando la autoliquidación se presente de manera extemporánea, sin que la decisión de compensarlas o no, constituya una opción tributaria de las reguladas en el artículo 119.3 de la Ley General Tributaria.

El criterio administrativo era el contrario, y así se establecía en la Consulta V2496-18 y en la Resolución TEAC del 4 de abril de 2017. Pero ha modificado el criterio que venía aplicando y así se constata en el TEAC del 25 de febrero de 2022.

Por sentencia del Tribunal Constitucional 11/2024, de 18 de enero, se ha declarado inconstitucional los límites aplicables a las grandes empresas en materia de compensación de bases imponibles.

Con efectos para los periodos impositivos que se inicien en 2023, la base imponible del grupo fiscal se determinará de acuerdo con lo dispuesto en el artículo 62 LIS, si bien en relación con lo señalado en el primer inciso de la letra a) del apartado 1 de dicho artículo, la suma se referirá a las bases imponibles positivas y al 50% de las bases imponibles negativas individuales correspondientes a todas y cada una de las entidades integrantes del grupo fiscal, teniendo en cuenta las especialidades contenidas en el artículo 63 LIS.

Con efectos para los períodos impositivos sucesivos, el importe de las bases imponibles negativas individuales no incluidas en la base imponible del grupo fiscal por aplicación de lo dispuesto en el apartado anterior, se integrará en la base imponible del

mismo por partes iguales en cada uno de los diez primeros períodos impositivos que se inicien a partir del 1 de enero de 2024, incluso en caso de que alguna de las entidades con bases imponibles individuales negativas a que se refiere el apartado anterior quede excluida del grupo.

En el supuesto de pérdida del régimen de consolidación fiscal o de extinción del grupo fiscal, el importe de las bases imponibles negativas individuales a que se refiere el apartado primero que esté pendiente de integración en la base imponible del grupo, se integrará en el último período impositivo en que el grupo tribute en el régimen de consolidación fiscal.

5.5. Período impositivo

5.5.1. Reglas

Al gravarse la manifestación de capacidad económica que goza de continuidad en el tiempo (la obtención de renta), la ley se ve obligada a fraccionar esa manifestación en diversos períodos impositivos.

De acuerdo con el artículo 27.1 LIS, el período impositivo coincide, por regla general, con el ejercicio económico de la entidad. En relación con el ejercicio económico o social de las sociedades, la normativa mercantil establece las siguientes reglas:

a) La fecha de cierre del ejercicio social debe constar en los Estatutos.

b) La duración del ejercicio social no podrá ser en ningún caso superior al año (12 meses) (art. 125.1 del Reglamento del Registro Mercantil).

c) Se entenderá, a falta de disposición estatutaria, que la fecha de cierre del ejercicio social es el 31 de diciembre de cada año (art. 26 Ley de Sociedades de Capital).

Se califica comúnmente como "quebrado" el ejercicio económico que no coincide con el año natural. La existencia de ejercicios quebrados explica que las normas que modifican el IS delimitan el ámbito temporal de aplicación de esas modificaciones por referencia a períodos impositivos y no a años o fechas concretas.

Es posible que un club de fútbol haga coincidir su ejercicio económico con la temporada, esto es, del día 1 de julio de cada año al día 30 de junio del año siguiente. De acuerdo con la regla que hemos visto, el período impositivo coincidirá con este ejercicio económico.

5.5.2. Supuestos especiales de conclusión del período impositivo

No obstante, lo anterior, el artículo 27.2 establece supuestos de conclusión anticipada del período impositivo. De acuerdo con ese precepto, en todo caso concluirá el período impositivo:

⇨ **Cuando se produzca la extinción de la entidad [art. 27.2.a) LIS].** Como es sabido, en el caso de las sociedades mercantiles, la extinción se producirá como consecuencia de su disolución y liquidación, o bien como consecuencia de su participación en un proceso de fusión o su escisión total.

⇨ **Cuando la entidad traslade su residencia al extranjero [art. 27.2.b) LIS].** Este traslado provocará que la entidad deje de estar gravada por el IS.

Una sociedad constituida con arreglo a leyes extranjeras tiene un ejercicio económico coincidente con el año natural. Su domicilio social y su sede de dirección efectiva están en territorio español. El día 1 de julio de 20X0 traslada su domicilio y su sede de dirección efectiva al extranjero.

De acuerdo con los criterios que determinan la residencia fiscal en territorio español establecidos en el artículo 8 TRLIS (que examinaremos más adelante) que, en la fecha indicada se habrá producido un cambio de residencia al extranjero y, en consecuencia, el cierre del período impositivo [art. 27.2.b) LIS]. La sociedad deberá presentar una autoliquidación del IS por el período transcurrido desde el día 1 de enero de 20X0 hasta el día 1 de julio del mismo año. En la base imponible del IS deberá incluir las plusvalías latentes en sus elementos patrimoniales, salvo que estos elementos queden afectados a un establecimiento permanente situado en territorio español [art. 19.1 LIS].

⇨ **Cuando se produzca la transformación de la forma jurídica de la entidad y ello determine bien la no sujeción al IS de la entidad resultante [art. 27.2.c) LIS].** Al igual que en los casos que han sido examinados, cuando la transformación determine la no sujeción al IS de la entidad resultante la entidad deberá tributar por todas las plusvalías latentes en su patrimonio.

⇨ **Cuando se produzca la transformación de la forma societaria de la entidad, o la modificación de su estatuto o de su régimen jurídico, y ello determine la modificación de su tipo de gravamen o la aplicación de un régimen tributario distinto. [art. 26.2.d) LIS].**

La sociedad Valores Reunidos, S.A., posee una gran cartera de valores. Entre estos valores figura unas acciones de otra compañía que fueron adquiridas el día 2 de octubre de 20X0 por 240.000,00 €. El día 2 de octubre de 20X2 adopta la forma de sociedad de inversión de capital variable. El día 2 de octubre de 20X1 la sociedad vende aquellas acciones por 600.000 €. Suponemos que el ejercicio económico de la sociedad coincide con el año natural.

La transformación de la forma jurídica de la sociedad provoca una reducción del tipo de gravamen aplicable. En efecto, la sociedad anónima tributaba al tipo general del 25% y la sociedad de inversión de capital variable tributa al tipo del 1%, si se cumple el requisito previsto en el artículo 28.5.a) LIS. Además, esa transformación provoca la aplicación a la sociedad del régimen especial del capítulo V del título VII del TRLIS.

5.6. Devengo del impuesto

De acuerdo con el artículo 28 LIS, el devengo del impuesto se produce el último día del período impositivo.

Una sociedad anónima tiene un periodo impositivo que coincide con el año natural. En este caso el devengo del impuesto se producirá el día 31 de diciembre.

Una sociedad limitada tiene un período impositivo que se extiende desde el día 1 de noviembre hasta el día 31 de octubre. En este caso el devengo del impuesto se producirá el día 31 de octubre.

Una sociedad limitada traslada su domicilio fiscal a Alemania el día 9 de junio del presente ejercicio. En este caso el devengo del impuesto se producirá el día 8 de junio.

Una sociedad limitada que tiene un período impositivo que coincide con el año natural y tributa al tipo de gravamen general (25%) se transforma en una sociedad de hidrocarburos el día 19 de mayo del presente ejercicio, que tributa al tipo de gravamen de 30%. En este caso el devengo del impuesto se producirá el día 18 de mayo.

5.7. Tipo de gravamen. Cuota íntegra

Después de minorar, cuando proceda, la base imponible previa con las bases imponibles de ejercicios anteriores llegamos a la base liquidable.

A la base liquidable se le ha de aplicar el tipo de gravamen que corresponda según la clase de la entidad. No existe un único tipo de gravamen, sino varios, que vienen regulados en el artículo 29.

El tipo general de gravamen para los contribuyentes de este Impuesto será el 25%.

A partir de 2023, aquellas entidades cuyo importe neto de la cifra de negocios del período impositivo inmediato anterior sea inferior a 1 millón de euros será el 23%.

Las entidades de nueva creación que realicen actividades económicas tributarán, en el primer período impositivo en que la base imponible resulte positiva y en el siguiente, al tipo del 15%.

A estos efectos, no se entenderá iniciada una actividad económica:

a) Cuando la actividad económica hubiera sido realizada con carácter previo por otras personas o entidades vinculadas y transmitida, por cualquier título jurídico, a la entidad de nueva creación.

b) Cuando la actividad económica hubiera sido ejercida, durante el año anterior a la constitución de la entidad, por una persona física que ostente una participación, directa o indirecta, en el capital o en los fondos propios de la entidad de nueva creación superior al 50%.

No tendrán la consideración de entidades de nueva creación aquellas que formen parte de un grupo en los términos establecidos en el artículo 42 del Código de Comercio, con independencia de la residencia y de la obligación de formular cuentas anuales consolidadas.

El tipo de gravamen del 15% no resultará de aplicación a aquellas entidades que tengan la consideración de entidad patrimonial.

Tributarán al 20% las sociedades cooperativas fiscalmente protegidas, excepto por lo que se refiere a los resultados extra cooperativos, que tributarán al tipo general.

Las cooperativas de crédito y cajas rurales tributarán al tipo general, excepto por lo que se refiere a los resultados extra cooperativos, que tributarán al tipo del 30%.

Tributarán al 10% las entidades a las que sea de aplicación el régimen fiscal establecido en la Ley 49/2002.

Tributarán al tipo del 1%:

a) Determinadas sociedades de Instituciones de Inversión Colectiva.

b) Determinados fondos de inversión de carácter financiero.

c) Determinadas sociedades de inversión inmobiliaria y los fondos de inversión inmobiliaria que, con el carácter de instituciones de inversión colectiva no financieras, tengan por objeto exclusivo la inversión en cualquier tipo de inmueble de naturaleza urbana para su arrendamiento.

d) Las sociedades de inversión inmobiliaria y los fondos de inversión inmobiliaria regulados en la Ley de Instituciones de Inversión Colectiva que, además de otros requisitos, desarrollen la actividad de promoción exclusivamente de viviendas para destinarlas a su arrendamiento.

e) El fondo de regulación del mercado hipotecario, establecido en el artículo veinticinco de la Ley 2/1981, de 25 de marzo, de regulación del mercado hipotecario.

Tributarán al tipo del cero por ciento los fondos de pensiones regulados en el texto refundido de la Ley de Regulación de los Planes y Fondos de Pensiones.

Tributarán al tipo del 30% las entidades de crédito, así como las entidades que se dediquen a la exploración, investigación y explotación de yacimientos y almacenamientos subterráneos de hidrocarburos.

A las entidades que desarrollen exclusivamente la actividad de almacenamiento de hidrocarburos propiedad de terceros no les resultará aplicable el régimen especial establecido en el Capítulo IX del Título VII de esta Ley y tributarán al tipo del 25%.

Tributarán al tipo de gravamen especial que resulte de lo establecido en el artículo 43 de la Ley 19/1994, de 6 de julio, de modificación del Régimen Económico y Fiscal de Canarias, las entidades de la Zona Especial Canaria, por la parte de base imponible correspondiente a las operaciones realizadas efectiva y materialmente en el ámbito geográfico de la Zona Especial Canaria.

Las entidades que tengan la calificación de empresa emergente en los términos que expondremos en la unidad 6, tributarán al 15% durante el primer periodo en que la base imponible sea positiva y los tres siguientes (siempre que mantengan la condicion de empresa emergente).

Estas entidades, además, estarán exoneradas de realizar pagos fraccionados, modelo 202.

	Ejercicio
	2016 y ss.
Tipo general	25%
Tipo general (cifra de negocios <1 millón euros)	23%
Entidades dedicadas a exploración, investigación y explotación de yacimientos de hidrocarburos	30%
Entidades de crédito	30%
Entidades de nueva creación (primer período con base imponible positiva y el siguiente)	15%
Entidades parcialmente exentas (entidades sin fines lucrativos, colegios profesionales, mutuas,...)	25%
Entidades sin fines lucrativos acogidas a la Ley 49/2002	10%
Comunidades titulares de montes vecinales en mano común	25%

	Ejercicio
	2016 y ss.
Cooperativas de crédito y cajas rurales Resultados cooperativos	25%
Resultados extracooperativos	30%
Cooperativas fiscalmente protegidas Resultados cooperativos	20%
Resultados extracooperativos	30%
SICAV	
Fondos de inversión	
Sociedades y fondos de inversión inmobiliaria	
Fondo de regulación del mercado hipotecario	1%
Fondos de pensiones	0%

El artículo 30 LIS establece que se entenderá por cuota íntegra la cantidad resultante de aplicar a la base imponible el tipo de gravamen.

Imponible liquidable x Tipo de gravamen = Cuota íntegra

En el supuesto de entidades que apliquen lo dispuesto en el artículo 105 de LIS, la cuota íntegra vendrá determinada por el resultado de aplicar el tipo de gravamen a la base imponible minorada o incrementada, según corresponda, por las cantidades derivadas del artículo 105.

Sobre la cuota íntegra se aplicarán las bonificaciones y deducciones que procedan previstas en la normativa del Impuesto dando lugar a la cuota líquida del mismo que, en ningún caso, podrá ser negativa.

5.7.1. Tributación mínima

En el caso de contribuyentes cuyo importe neto de la cifra de negocios sea al menos de 20 millones de euros durante los 12 meses anteriores a la fecha en que se inicie el período impositivo o que tributen en el régimen de consolidación fiscal, con independencia de su importe neto de la cifra de negocios, la cuota líquida no podrá ser inferior al resultado de aplicar el 15 por ciento a la base imponible, minorada o incrementada, en su caso y según corresponda, por las cantidades derivadas del artículo 105 de esta Ley y minorada en la Reserva por Inversiones regulada en el artículo 27 de LIS 19/1994, de 6 de julio, de modificación del Régimen Económico y Fiscal de Canarias. Dicha cuota tendrá el carácter de cuota líquida mínima.

Lo dispuesto en el párrafo anterior no será de aplicación a los contribuyentes que tributen a los tipos de gravamen previstos en los apartados 3, 4 y 5 del artículo 29 de esta Ley ni a las entidades de la Ley 11/2009, de 26 de octubre, por la que se regulan las Sociedades Anónimas Cotizadas de Inversión en el Mercado Inmobiliario.

A los efectos de determinar la cuota líquida mínima a la que se refiere el primer párrafo de este apartado, el porcentaje señalado en el mismo será el 10 por ciento en las entidades de nueva creación que tributen al tipo del 15 por ciento según lo dispuesto en el apartado 1 del artículo 29 de LIS, y el 18 por ciento si se trata de entidades que tributen al tipo de gravamen previsto en el primer párrafo del apartado 6 del artículo 29 de LIS.

En el caso de las cooperativas, la cuota líquida mínima no podrá ser inferior al resultado de aplicar el 60 por ciento a la cuota íntegra calculada de acuerdo con lo dispuesto en la Ley 20/1990, de 19 de diciembre, sobre Régimen Fiscal de las Cooperativas.

En las entidades de la Zona Especial Canaria, la base imponible positiva sobre la que se aplique el porcentaje al que se refiere este apartado no incluirá la parte de la misma correspondiente a las operaciones realizadas material y efectivamente en el ámbito geográfico de dicha Zona que tribute al tipo de gravamen especial regulado en el artículo 43 de la Ley 19/1994, de 6 de julio, de modificación del Régimen Económico y Fiscal de Canarias.

A efectos de lo previsto en el apartado anterior, se tendrán en cuenta las siguientes reglas:

a) En primer lugar, se minorará la cuota íntegra en el importe de las bonificaciones que sean de aplicación, incluidas las reguladas en la Ley 19/1994, de 6 de julio, de modificación del Régimen Económico y Fiscal de Canarias, y en el importe de la deducción prevista en el artículo 38 bis de la LIS.

En segundo lugar, se aplicarán las deducciones por doble imposición reguladas en los artículos 31, 32, 100 y disposición transitoria vigésima tercera de LIS, respetando los límites que resulten de aplicación en cada caso.

En caso de que, como resultado de lo dispuesto en los dos párrafos anteriores, resulte una cuantía inferior a la cuota líquida mínima calculada según lo regulado en el apartado 1 de este artículo, esa cuantía tendrá, como excepción a lo dispuesto en ese apartado, la consideración de cuota líquida mínima.

b) En caso de que tras la minoración de las bonificaciones y deducciones a que se refieren la letra a) anterior resultara una cuantía superior al importe de la cuota líquida mínima calculada según lo regulado en el apartado 1 de este artículo, se aplicarán las restantes deducciones que resulten procedentes, con los límites aplicables en cada caso, hasta el importe de dicha cuota líquida mínima.

Las deducciones cuyo importe se determine con arreglo a lo dispuesto en la Ley 20/1991, de 7 de junio, de modificación de los aspectos fiscales del Régimen Económico Fiscal de Canarias, y en la Ley 19/1994, de 6 de julio, de modificación del Régimen Económico y Fiscal de Canarias, se aplicarán, respetando sus propios límites, aunque la cuota líquida resultante sea inferior a la mencionada cuota líquida mínima.

Las cantidades no deducidas por aplicación de lo dispuesto en el apartado anterior podrán deducirse en los períodos impositivos siguientes de acuerdo con la normativa aplicable en cada caso.

Como vimos en la unidad 2, el Impuesto sobre Sociedades parte del resultado contable, al que le aplicaremos una serie de ajustes extracontables, positivos o negativos, con el fin de obtener la base imponible.

El primero de estos ajustes será la dotación del Impuesto sobre sociedades.

Algunos de estos ajustes vendrán marcados por la no deducibilidad de un gasto contable, en otros por incentivos o beneficios fiscales. En el primer caso, generará diferencias permanentes, en el segundo, generará diferencias temporarias.

UNIDAD DIDÁCTICA 5

Deducciones de la cuota e incentivos.

Introducción

1. Bonificaciones

2. Deducciones para incentivar la realización de determinadas actividades

3. Deducción por reinversión

4. Régimen fiscal de Canarias

5. Deducción por inversiones realizadas por las autoridades portuarias

6. Régimen transitorio y normas comunes de las deducciones en el impuesto sobre sociedades

Los **objetivos** de esta unidad son:

1. Identificar las deducciones en cuota vigentes o pendientes de aplicación de ejercicios anteriores.

2. Desarrollar las deducciones vigentes por I+D.

3. Clarificar la deducibilidad de las cantidades pendientes de deducción de la anterior normativa.

Introducción

En las unidades anteriores, hemos determinado la base imponible, a la que hemos aplicado el gravamen vigente. El resultado obtenido corresponde a la cuota íntegra del Impuesto.

En esta unidad vamos a conocer diferentes deducciones que se podrán aplicar directamente a la cuota.

Comenzaremos con una deducción que actualmente no existe, la deducción por doble imposición interna. La conoceremos porque aquellas empresas que tengan derecho a aplicar deducciones pendientes de ejercicios anteriores, podrán continuar aplicándolas, y por tanto, debemos conocer este punto. Lo mismo le sucede a la desaparecida deducción por reinversión, que ha sido sustituida, como ya conocemos por la reserva de capitalización.

1. Bonificaciones

1.1. Introducción

La LIS regula las siguientes bonificaciones en la cuota íntegra del Impuesto sobre Sociedades:

⇨ Bonificaciones por rentas obtenidas en Ceuta y Melilla (art. 33).

⇨ Bonificaciones por prestación de servicios públicos (art. 34).

La forma práctica de realizar la bonificación es mediante su deducción de la cuota íntegra del impuesto.

El cálculo del importe de la bonificación se realiza aplicando el coeficiente que en cada caso proceda a la cuota bonificable.

La fórmula para calcular la bonificación es:

> *Renta bonificada x Tipo de gravamen entidad = Cuota bonificable*
>
> *Bonificación = Coeficiente x Cuota bonificable*

1.2. Bonificación por rentas obtenidas en Ceuta y Melilla

Goza de una bonificación del 50% de la parte de la cuota íntegra del IS que corresponda a rentas obtenidas en Ceuta y Melilla por las entidades que operen efectiva y materialmente en dichos territorios.

Para ello se requieren las siguientes **circunstancias**:

a) Que las entidades se encuentren en alguna de las siguientes situaciones fiscales:

▶ Entidades españolas domiciliadas fiscalmente en Ceuta o Melilla.

▶ Entidades españolas domiciliadas en el resto de España, pero que operen en Ceuta o Melilla por medio de sucursal o establecimiento permanente.

▶ Entidades extranjeras que operen en Ceuta o Melilla mediante establecimiento permanente.

b) Que las operaciones que realicen dichas entidades cierren en Ceuta o Melilla un ciclo mercantil que determine resultados económicos.

No se estimará que median dichas circunstancias cuando se trate de operaciones aisladas de extracción, fabricación, compra, transporte, entrada y salida de géneros o efectos en aquellos y, en general, cuando las operaciones no determinen por sí solas rentas.

 La sociedad Perfumerías Andaluzas, S.A., con domicilio en Málaga, tiene abierto un local en Melilla, llevando la contabilidad de dicha sucursal de forma descentralizada. Durante el ejercicio 20XX, dicha sucursal ha obtenido unos beneficios de 600.000 euros. Sabemos que tributa al tipo de gravamen general.

En este caso, Perfumerías Andaluzas incluirá en su base imponible los 600.000,00 euros obtenidos en Melilla que tributarán al tipo ordinario, pero se podrá aplicar en su declaración del impuesto sobre sociedades una bonificación por rentas obtenidas en Ceuta y Melilla de: Bonificación = 600.000 x 25% x 50% = 75.000 euros.

A los efectos de la aplicación de esta bonificación, tendrán la consideración de rentas obtenidas en Ceuta o Melilla aquellas correspondientes a las entidades, que posean, como mínimo, un lugar fijo de negocios en dichos territorios, hasta un importe de 50.000 euros por persona empleada con contrato laboral y a jornada completa que ejerza sus funciones en Ceuta o Melilla, con un límite máximo total de 400.000 euros. En el supuesto de que se obtengan rentas superiores al citado importe, la aplicación de la bonificación prevista en este artículo exigirá la acreditación del cierre en Ceuta o Melilla de un ciclo mercantil que determine resultados económicos. Las cantidades a que se refiere este apartado se determinarán a nivel del grupo de sociedades, en el supuesto de entidades que formen parte del mismo según los criterios establecidos en el artículo 42 del Código de Comercio, con independencia de la residencia y de la obligación de formular cuentas anuales consolidadas.

Asimismo, se entenderán obtenidas en Ceuta o Melilla las rentas procedentes del comercio al por mayor cuando esta actividad se organice, dirija, contrate y facture a través de un lugar fijo de negocios situado en dichos territorios que cuente en los mismos con los medios materiales y personales necesarios para ello.

Excepcionalmente, para la determinación de la renta imputable a Ceuta o Melilla, obtenida por entidades pesqueras, se procederá asignando los siguientes **porcentajes**:

a) El 20% de la renta total al territorio en que esté la sede de dirección efectiva.

b) El 40% de la renta total se distribuirá en proporción al volumen de desembarcos de capturas que realicen en Ceuta o Melilla.

   Las exportaciones se imputarán al territorio en que radique la sede de dirección efectiva.

c) El 40% restante de la renta total, en proporción al valor contable de los buques según estén matriculados en Ceuta o Melilla y en territorios distintos.

El porcentaje previsto en la letra c) solo será aplicable cuando la entidad de que se trate tenga la sede de dirección efectiva en Ceuta o Melilla. En otro caso el porcentaje acrecerá el de la letra b).

Encontramos la bonificación en el **modelo 200**:

Bonificaciones y deducciones por doble imposición. Cuota íntegra ajustada positiva		
Bonificación por rentas obtenidas en Ceuta y Melilla (art. 33 LIS)	00567	
Bonificaciones por prestación de servicios (art. 34 LIS)	00568	
Bonificación rendimientos por ventas bienes corporales producidos en Canarias (art. 26 Ley 19/1994)	00563	
Bonificaciones Sociedades Cooperativas (Ley 20/1990)	00566	
Bonificaciones entidades dedicadas al arrendamiento de viviendas (Capítulo III Título VII LIS)	00576	
Otras bonificaciones	00569	
Deducciones por doble imposición (desglose en páginas 15 bis y 16):		
DI interna de períodos anteriores aplicada en el ejercicio (art. 30 RDLeg. 4/2004)	00570	
DI interna de períodos anteriores aplicada en el ejercicio (DT 23ª.1 LIS)	01344	
DI interna generada y aplicada en el ejercicio (DT 23ª.1 LIS)	01280	
DI internacional de períodos anteriores aplicada en el ejercicio (art. 31 y 32 RDLeg. 4/2004)	00572	
DI internacional de períodos anteriores aplicada en el ejercicio (art. 31 y 32 LIS)	00571	
DI internacional generada y aplicada en el ejercicio actual (arts. 31 y 32 LIS)	00573	
Transparencia fiscal internacional (art. 100.10 LIS)	00575	
DI interna intersocietaria al 5/10% (cooperativas)	00577	
Bonificaciones empresas navieras en Canarias (art. 76 Ley 19/1994)	00581	
Cuota íntegra ajustada positiva	00582	

1.3. Bonificación por prestación de servicios públicos locales

Tendrá una bonificación del 99% la parte de cuota íntegra que corresponda a las rentas derivadas de la prestación de servicios de la competencia de las entidades locales territoriales, municipales y provinciales, excepto cuando se exploten por el sistema de empresa mixta o de capital íntegramente privado.

También será aplicable esta bonificación cuando los servicios sean prestados por entidades íntegramente dependientes del Estado o de las Comunidades Autónomas.

El Ayuntamiento de Villaconancio (Palencia) presta el servicio de agua a domicilio mediante la sociedad Aguas de Villaconancio S.A. de capital íntegramente público. Dicha sociedad ha facturado 6.000.000,00 €, obteniendo un beneficio de 3.000.000,00 €.

En este supuesto la sociedad incluirá en su base imponible los 3.000.000,00 € que tributará al tipo general, pero tendrá derecho a una bonificación por la prestación de servicios públicos de:

Bonificación = 3.000.000,00 euros x 25% x 99% = 742.500 €.

2. Deducciones para incentivar la realización de determinadas actividades

2.1. Deducción por actividades de investigación y desarrollo e innovación tecnológica (art. 35 LIS)

2.1.1. Actividades de investigación y desarrollo

Se considerará investigación a la indagación original planificada que persiga descubrir nuevos conocimientos y una superior comprensión en el ámbito científico y tecnológico, y desarrollo a la aplicación de los resultados de la investigación o de cualquier otro tipo de conocimiento científico para la fabricación de nuevos materiales o productos o para el diseño de nuevos procesos o sistemas de producción, así como para la mejora tecnológica sustancial de materiales, productos, procesos o sistemas preexistentes.

Se considerará también actividad de investigación y desarrollo la materialización de los nuevos productos o procesos en un plano, esquema o diseño, así como la creación de un primer prototipo no comercializable y los proyectos de demostración inicial o proyectos piloto, siempre que estos no puedan convertirse o utilizarse para aplicaciones industriales o para su explotación comercial.

Asimismo, se considerará actividad de investigación y desarrollo el diseño y elaboración del muestrario para el lanzamiento de nuevos productos. A estos efectos, se entenderá como lanzamiento de un nuevo producto su introducción en el mercado y como nuevo producto, aquel cuya novedad sea esencial y no meramente formal o accidental.

También se considerará actividad de investigación y desarrollo la creación, combinación y configuración de software avanzado, mediante nuevos teoremas y algoritmos o sistemas operativos, lenguajes, interfaces y aplicaciones destinados a la elaboración de productos, procesos o servicios nuevos o mejorados sustancialmente. Se asimilará a este concepto el software destinado a facilitar el acceso a los servicios de la sociedad de la información a las personas con discapacidad, cuando se realice sin fin de lucro. No se incluyen las actividades habituales o rutinarias relacionadas con el mantenimiento del software o sus actualizaciones menores.

La **base de la deducción** estará constituida por el importe de los gastos de investigación y desarrollo y, en su caso, por las inversiones en elementos de inmovilizado material e intangible excluidos los edificios y terrenos.

Se considerarán gastos de investigación y desarrollo los realizados por el contribuyente, incluidas las amortizaciones de los bienes afectos a las citadas actividades, en cuanto estén directamente relacionados con dichas actividades y se apliquen efectivamente a la realización de estas, constando específicamente individualizados por proyectos.

La base de la deducción se minorará en el importe de las subvenciones recibidas para el fomento de dichas actividades e imputables como ingreso en el período impositivo.

Las inversiones se entenderán realizadas cuando los elementos patrimoniales sean puestos en condiciones de funcionamiento.

Los **porcentajes de deducción** son los siguientes:

a) El 25% de los gastos efectuados en el período impositivo por este concepto.

b) En el caso de que los gastos efectuados en la realización de actividades de investigación y desarrollo en el período impositivo sean mayores que la media de los efectuados en los dos años anteriores, se aplicará el porcentaje establecido en el párrafo anterior hasta dicha media, y el 42% sobre el exceso respecto de la misma.

c) Además de la deducción que proceda conforme a lo dispuesto en los párrafos anteriores se practicará una deducción adicional del 17% del importe de los gastos de personal de la entidad que se deban a investigadores cualificados adscritos en exclusiva a actividades de investigación y desarrollo.

155

d) El 8% de las inversiones en elementos de inmovilizado material e inmaterial, excluidos los edificios y terrenos, siempre que estén afectos exclusivamente a las actividades de investigación y desarrollo.

e) Los elementos en que se materialice la inversión deberán permanecer en el patrimonio del contribuyente, salvo pérdidas justificadas, hasta que cumplan su finalidad específica en las actividades de investigación y desarrollo, excepto que su vida útil conforme al método de amortización, según tablas de amortización, fuese inferior.

2.1.2. Actividades de innovación tecnológica

Se considerará innovación tecnológica la actividad cuyo resultado sea un avance tecnológico en la obtención de nuevos productos o procesos de producción o mejoras sustanciales de los ya existentes. Se considerarán nuevos aquellos productos o procesos cuyas características o aplicaciones, desde el punto de vista tecnológico, difieran sustancialmente de las existentes con anterioridad.

Esta actividad incluirá la materialización de los nuevos productos o procesos en un plano, esquema o diseño, la creación de un primer prototipo no comercializable, los proyectos de demostración inicial o proyectos piloto, incluidos los relacionados con la animación y los videojuegos y los muestrarios textiles, de la industria del calzado, del curtido, de la marroquinería, del juguete, del mueble y de la madera, siempre que no puedan convertirse o utilizarse para aplicaciones industriales o para su explotación comercial.

La **base de la deducción** estará constituida por el importe de los gastos del periodo en actividades de innovación tecnológica que correspondan a los siguientes conceptos:

a) Actividades de diagnóstico tecnológico tendentes a la identificación, la definición y la orientación de soluciones tecnológicas avanzadas, con independencia de los resultados en que culminen.

b) Diseño industrial e ingeniería de procesos de producción, que incluirán la concepción y la elaboración de los planos, dibujos y soportes destinados a definir los elementos descriptivos, especificaciones técnicas y características de funcionamiento necesarios para la fabricación, prueba, instalación y utilización de un producto, y la elaboración de muestrarios textiles, de la industria del calzado, del curtido, de la marroquinería, del juguete, del mueble y de la madera.

c) Adquisición de tecnología avanzada en forma de patentes, licencias, «know-how» y diseños. No darán derecho a la deducción las cantidades satisfechas a personas o entidades vinculadas al sujeto pasivo. La base correspondiente a este concepto no podrá superar la cuantía de 1.000.000 €.

156

d) Obtención del certificado de cumplimiento de las normas de aseguramiento de la calidad de la serie ISO 9000, GMP o similares, sin incluir aquellos gastos correspondientes a la implantación de dichas normas.

La base de la deducción se minorará en el importe de las subvenciones recibidas para el fomento de dichas actividades e imputables como ingreso en el periodo impositivo.

El **porcentaje de deducción** es del 12% de los gastos efectuados en el período impositivo por este concepto.

Con efectos para los períodos impositivos que se inicien dentro de los años 2020 y 2021, el porcentaje de deducción al que se refiere la letra c) del artículo 35.2 de la LIS se incrementará en 38 puntos porcentuales para los gastos efectuados en proyectos iniciados a partir del 25 de junio de 2020 consistentes en la realización de actividades de innovación tecnológica cuyo resultado sea un avance tecnológico en la obtención de nuevos procesos de producción en la cadena de valor de la industria de la automoción o mejoras sustanciales de los ya existentes.

Las personas o entidades que tengan el propósito de realizar actividades de investigación científica o de innovación tecnológica podrán solicitar a la Administración tributaria la valoración, y, con carácter previo y vinculante, de los gastos correspondientes a dichas actividades que consideren susceptibles de disfrutar de la deducción a la que se refiere el artículo 35 de LIS.

La solicitud deberá presentarse por escrito antes de efectuar los gastos correspondientes y contendrá, como mínimo, lo siguiente:

a) Identificación de la persona o entidad solicitante.

b) Identificación y descripción del proyecto de investigación científica o innovación tecnológica a que se refiere la solicitud, indicando las actividades concretas que se efectuarán, los gastos en los que se incurrirá para la ejecución de las mismas y el período de tiempo en el que se realizarán tales actividades.

c) Propuesta de valoración de los gastos que se realizarán, expresando la regla de valoración aplicada y las circunstancias económicas que hayan sido tomadas en consideración.

La Administración tributaria examinará la documentación pudiendo requerir al solicitante cuantos datos, informes, antecedentes y justificantes tengan relación con la solicitud. Tanto la Administración tributaria como el solicitante podrán solicitar o aportar informes periciales que versen sobre el contenido de la propuesta de valoración. Asimismo, podrán proponer la práctica de las pruebas que entiendan pertinentes por cualquiera de los medios admitidos en derecho.

La resolución que ponga fin al procedimiento podrá:

a) Aprobar la propuesta formulada inicialmente por el contribuyente.

b)   Aprobar, con la aceptación del contribuyente, otra propuesta de valoración que difiera de la inicialmente presentada

c)   Desestimar la propuesta formulada por el contribuyente.

2.1.3. Ejemplo y modelo 200

Una sociedad farmacéutica está intentando desarrollar un nuevo antibiótico para combatir a las bacterias resistentes a los antibióticos clásicos. Durante el año 20X2 ha incurrido en los siguientes gastos vinculados a la actividad de investigación:

CONCEPTO	IMPORTE
Amortizaciones	1.000,00.
Gastos en materiales diversos	4.000,00.
Gastos en personal no cualificado	3.000,00.
Gastos en personal cualificado	10.000,00.
Suministros	2.000,00.
Actividades de diagnóstico	15.000,00.
Total	35.000,00

Asimismo ha realizado una inversión en equipos electrónicos por importe de 100.000,00.

Los gastos en investigación y desarrollo durante los ejercicios 20X0 y 20X1 han sido los siguientes:

•   Ejercicio Importe.

•   20X0 15.000.

•   20X1 29.000.

En este caso, la deducción por inversiones que se podrá aplicar la empresa será en el año 20X2 la siguiente:

El promedio de los gastos en investigación y desarrollo de los dos años anteriores es:

(15.000 + 29.000) / 2 = 22.000

Por lo tanto, la deducción por gastos en I+D serán:

22000	25%	5500
13000	42%	5460
10000	17%	1700
15000	12%	1800
100000	8%	8000
	TOTAL:	22460

1. Los gastos en personal investigador cualificado (10.000) ➡ 17%.

2. Las actividades de innovación tecnológica (15.000) ➡ 12%.

3. Por la deducción complementaria del 8% sobre el importe de las inversiones en inmovilizado materia distinta de inmuebles y solares (100.000) ➡ 8%).

Encontramos esta deducción en el modelo 200:

Otras deducciones. Cuota líquida		
Apoyo fiscal a la inversión y otras deducciones	00583	
Deducción DT 24ª.7 LIS y art. 42 RDLeg. 4/2004 (desglose en página 16)	00585	
Deducciones DT 24ª.1 LIS (desglose en página 16 bis)	00584	
Deducciones para incentivar det. actividades (Cap. IV Tit. VI, DT 24ª.3 LIS y art. 27.3 primero Ley 49/2002) (desglose en páginas 17, 18 y 18 bis)	00588	
Deducciones por producciones cinematográficas extranjeras (art. 36.2 LIS) (desglose en página 18 bis)	01039	
Deducciones por producciones cinematográficas extranjeras en Canarias (art. 36.2 LIS y DA 14ª Ley 19/1994) (desglose en página 18 bis)	02314	
Deducción por inversiones y gastos realizados por las autoridades portuarias (art. 38 bis LIS) (desglose en página 18 bis)	02315	
Deducción donaciones a entidades sin fines de lucro (Ley 49/2002) (desglose en página 18 ter)	00565	
Deducciones Inversión Canarias (desglose en página 16 bis y 17)	00590	
Deducciones específicas de las entidades sometidas a normativa foral	00399	
Deducciones excluidas de límite I+D+i (desglose en página 19)	00082	
Deducción por reversión de medidas temporales DT 37ª.1 LIS (desglose en página 19)	01040	
Deducción por reversión de medidas temporales DT 37ª.2 LIS (desglose en página 19)	01041	
Cuota líquida mínima (art. 30 bis LIS)	00619	
Cuota líquida	00592	

159

Deducciones I+D+i excluidas de límite. Opción art. 39.2 LIS (**)				
	Deducción pendiente/generada	Deducción reducida	Aplicado en esta liquidación	Importe abonado por insuficiencia de cuota
2013: Investigación y desarrollo (CTE)........ 00918		00919	00574	00580
2013: Innovación tecnológica (ITE)............. 00589		00976	00977	00978
2014: Investigación y desarrollo (CTE)........ 00822		00823	00824	00231
2014: Innovación tecnológica (ITE)............. 00232		00233	00850	00851
2015: Investigación y desarrollo (CTE)........ 01123		01124	01125	01126
2015: Innovación tecnológica (ITE)............. 01127		01128	01129	01130
2016: Investigación y desarrollo (CTE)........ 01426		01427	01428	01429
2016: Innovación tecnológica (ITE)............. 01430		01431	01432	01433
2017: Investigación y desarrollo (CTE)........ 01710		01711	01712	01713
2017: Innovación tecnológica (ITE)............. 01714		01715	01716	01717
2018: Investigación y desarrollo (CTE)........ 01968		01969	01970	01971
2018: Innovación tecnológica (ITE)............. 01972		01973	01974	01975
2019: Investigación y desarrollo (CTE)........ 02245		02246	02247	02248
2019: Innovación tecnológica (ITE)............. 02249		02250	02251	02252
2020: Investigación y desarrollo (CTE)........ 02391		02392	02393	02394
2020: Innovación tecnológica (ITE)............. 02395		02396	02397	02398
2021: Investigación y desarrollo (CTE)........ 01090		01091	01092	01093
2021: Innovación tecnológica (ITE)............. 01094		01095	01096	01097
2022(*): Investigación y desarrollo (CTE)...... 01385		01386	01387	01388
2022(*): Innovación tecnológica (ITE)......... 01389		01390	01391	01392
Total 00517		00081	00082	01234

(*) Sólo debe cumplimentarse esta fila si la entidad tiene deducciones pendientes de aplicar, correspondientes a un periodo impositivo anterior iniciado en 2022.
(**) Entre otros requisitos, será necesario que transcurra, al menos, uno año desde la finalización del periodo impositivo en que se generó la deducción, sin que la misma haya sido objeto de aplicación.

2.2. Deducción por inversiones en producciones cinematográficas, series audiovisuales y espectáculos en vivo de artes escénicas y musicales

Las inversiones en producciones españolas de largometrajes y cortometrajes cinematográficos y de series audiovisuales de ficción, animación o documental, que permitan la confección de un soporte físico previo a su producción industrial seriada darán derecho al productor o a los contribuyentes que participen en la financiación a una deducción:

⇨ Del 30% respecto del primer millón de base de la deducción.

⇨ Del 25% sobre el exceso de dicho importe.

2.2.1. Base de la deducción

La base de la deducción estará constituida por el coste total de la producción, así como por los gastos para la obtención de copias y los gastos de publicidad y promoción a cargo del productor hasta el límite para ambos del 40 por ciento del coste de producción.

Al menos el 50% de la base de la deducción deberá corresponderse con gastos realizados en territorio español.

El importe de esta deducción no podrá ser superior a 20 millones de euros. En el caso de series audiovisuales, la deducción se determinará por episodio y el límite a que se refiere el párrafo anterior será de 10 millones de euros por cada episodio producido. En el supuesto de una coproducción, los importes señalados en este apartado se determinarán, para cada coproductor, en función de su respectivo porcentaje de participación en aquella.

2.2.2. Requisitos

Para la aplicación de la deducción establecida en este apartado, será necesario el cumplimiento de los siguientes requisitos:

1. Que la producción obtenga el correspondiente certificado de nacionalidad y el certificado que acredite el carácter cultural en relación con su contenido, su vinculación con la realidad cultural española o su contribución al enriquecimiento de la diversidad cultural de las obras cinematográficas que se exhiben en España, emitidos por el Instituto de Cinematografía y de las Artes Audiovisuales, o por el órgano correspondiente de la Comunidad Autónoma con competencia en la materia. Dichos certificados serán vinculantes para la Administración tributaria competente en materia de acreditación y aplicación de los anteriores incentivos fiscales e identificación del productor beneficiario, con independencia del momento de emisión de los mismos.

2. Que se entregue una copia nueva y en perfecto estado de la producción en la Filmoteca Española o la filmoteca oficialmente reconocida por la respectiva Comunidad Autónoma.

La deducción prevista en este apartado se generará en cada período impositivo por el coste de producción incurrido en el mismo, si bien se aplicará a partir del período impositivo en el que finalice la producción de la obra.

No obstante, en el supuesto de producciones de animación, la deducción prevista en este apartado se aplicará a partir del período impositivo en que se obtenga el certificado de nacionalidad.

La base de la deducción se minorará en el importe de las subvenciones recibidas para financiar las inversiones que generan derecho a deducción.

2.2.3. Límite de aplicación

El importe de esta deducción, conjuntamente con el resto de ayudas percibidas por el contribuyente, no podrá superar el 50% del coste de producción. No obstante, dicho límite se elevará hasta:

a) El 85% para los cortometrajes.

b) El 80% para las producciones dirigidas por una persona que no haya dirigido o codirigido más de dos largometrajes calificados para su explotación comercial en salas de exhibición cinematográfica, cuyo presupuesto de producción no supere 1.500.000 de euros.

c) El 80% en el caso de las producciones rodadas íntegramente en alguna de las lenguas cooficiales distintas al castellano que se proyecten en España en dicho idioma cooficial o subtitulado.

d) El 80% en el caso de producciones dirigidas exclusivamente por personas con un grado de discapacidad igual o superior al 33% reconocido por el órgano competente.

e) El 75% en el caso de producciones realizadas exclusivamente por directoras.

f) El 75% en el caso de producciones con un especial valor cultural y artístico que necesiten un apoyo excepcional de financiación según los criterios que se establezcan mediante Orden Ministerial o en las correspondientes convocatorias de ayudas.

g) El 75% en el caso de los documentales.

h) El 75% en el caso de las obras de animación cuyo presupuesto de producción no supere 2.500.000 de euros.

i) El 60% en el caso de producciones transfronterizas financiadas por más de un Estado miembro de la Unión Europea y en las que participen productores de más de un Estado miembro.

j) El 60% en el caso de coproducciones internacionales con países iberoamericanos.

2.2.4. Deducción a productores registrados

Los productores registrados en el Registro Administrativo de Empresas Cinematográficas del Instituto de la Cinematografía y de las Artes Audiovisuales que se encarguen de la ejecución de una producción extranjera de largometrajes cinematográficos o de obras audiovisuales que permitan la confección de un soporte físico previo a su producción industrial seriada tendrán derecho a la deducción prevista en este apartado por los gastos realizados en territorio español.

2.2.5. Base de la deducción

La base de la deducción estará constituida por los siguientes gastos realizados en territorio español directamente relacionados con la producción:

1. Los gastos de personal creativo, siempre que tenga residencia fiscal en España o en algún Estado miembro del Espacio Económico Europeo.

2. Los gastos derivados de la utilización de industrias técnicas y otros proveedores.

2.2.6. Importe de deducción

El importe de deducción será:

a) Del 30% respecto del primer millón de base de la deducción y del 25% sobre el exceso de dicho importe.

    La deducción se aplicará siempre que los gastos realizados en territorio español sean, al menos, de 1 millón de euros. No obstante, en el supuesto de producciones de animación tales gastos serán, al menos, de 200.000 euros.

    El importe de esta deducción no podrá ser superior a 20 millones de euros, por cada producción realizada.

    En el caso de series audiovisuales, la deducción se determinará por episodio y el límite a que se refiere el párrafo anterior será de 10 millones de euros por cada episodio producido.

    El importe de esta deducción, conjuntamente con el resto de ayudas percibidas por la empresa contribuyente, no podrá superar el 50% del coste de producción.

b) Del 30% de la base de la deducción, cuando el productor se encargue de la ejecución de servicios de efectos visuales y los gastos realizados en territorio español sean inferiores a 1 millón de euros.

    El importe de esta deducción no podrá superar el importe que establece el Reglamento (UE) 1407/2013 de la Comisión, de 18 de diciembre de 2013, relativo a la aplicación de los artículos 107 y 108 del Tratado de Funcionamiento de la Unión Europea a las ayudas de minimis.

    La deducción prevista en este apartado queda excluida del límite a que se refiere el último párrafo del apartado 1 del artículo 39 de LIS. A efectos del cálculo de dicho límite no se computará esta deducción.

Una cadena de televisión especializada en la emisión de cine por televisión ha invertido en el año 20XX, la cantidad de 600.000,00 euros en la producción de nuevas películas españolas. Dichas películas se emitirán por televisión previo paso por las pantallas de cine.

En este caso, la citada cadena televisiva tendrá derecho a una deducción por inversión en producciones españolas del 30% de lo invertido. Por lo tanto, la deducción a la que tendrá derecho será igual a:

Deducción por inversión en producciones cinematográficas = 600.000,00 x 30% = 180.000,00 €.

Encontramos esta deducción en el modelo 200

Otras deducciones. Cuota líquida		
Apoyo fiscal a la inversión y otras deducciones	00583	
Deducción DT 24ª.7 LIS y art. 42 RDLeg. 4/2004 (desglose en página 16)...................	00585	
Deducciones DT 24ª.1 LIS (desglose en página 16 bis).....................................	00584	
Deducciones para incentivar det. actividades (Cap. IV Tít. VI, DT 24ª.3 LIS y art. 27.3 primero Ley 49/2002) (desglose en páginas 17, 18 y 18 bis)...........	00588	
Deducciones por producciones cinematográficas extranjeras (art. 36.2 LIS) (desglose en página 18 bis) .	01039	
Deducciones por producciones cinematográficas extranjeras en Canarias (art. 36.2 LIS y DA 14ª Ley 19/1994) (desglose en página 18 bis)	02314	
Deducción por inversiones y gastos realizados por las autoridades portuarias (art. 38 bis LIS) (desglose en página 18 bis)	02315	
Deducción donaciones a entidades sin fines de lucro (Ley 49/2002) (desglose en página 18 ter)..	00565	
Deducciones Inversión Canarias (desglose en página 16 bis y 17)	00590	
Deducciones específicas de las entidades sometidas a normativa foral	00399	
Deducciones excluidas de límite I+D+i (desglose en página 19)............................	00082	
Deducción por reversión de medidas temporales DT 37ª.1 LIS (desglose en página 19)........	01040	
Deducción por reversión de medidas temporales DT 37ª.2 LIS (desglose en página 19)........	01041	
Cuota líquida mínima (art. 30 bis LIS)...	**00619**	
Cuota líquida	**00592**	

2.2.7. Gastos producción y exhibición espectáculos en vivo

Tendrán una deducción del 20 por ciento.

La base de la deducción estará constituida por los costes directos de carácter artístico, técnico y promocional incurridos en las referidas actividades.

La deducción generada en cada período impositivo no podrá superar el importe de 500.000 euros por contribuyente.

Para la aplicación de esta deducción, será necesario el cumplimiento de los siguientes requisitos:

a) Que el contribuyente haya obtenido un certificado al efecto, en los términos que se establezcan por Orden Ministerial, por el Instituto Nacional de las Artes Escénicas y de la Música.

b) Que, de los beneficios obtenidos en el desarrollo de estas actividades en el ejercicio en el que se genere el derecho a la deducción, el contribuyente destine al menos el 50% a la realización de actividades que dan derecho a la aplicación de la deducción prevista en este apartado. El plazo para el cumplimiento de esta obligación será el comprendido entre el inicio del ejercicio en que se hayan obtenido los referidos beneficios y los 4 años siguientes al cierre de dicho ejercicio.

La base de esta deducción se minorará en el importe de las subvenciones recibidas para financiar los gastos que generen el derecho a la misma. El importe de la deducción, junto con las subvenciones percibidas por el contribuyente, no podrá superar el 80% de dichos gastos.

2.3. Deducciones por creación de empleo (art. 37 LIS)

La presente deducción está vinculada al contrato de trabajo de apoyo a emprendedores que actualmente no existe y por tanto, ni en el ejercicio 2023 o 2024 las empresas podrían generar el derecho a esta deducción.

No obstante, debido a que las empresas, que en su momento generaron el derecho, disponen de 15 años para aplicarla, pasamos a exponer su regulación, únicamente a efectos informativos.

A partir del 12 de febrero de 2012, la Disposición Final decimoséptima de la Ley 3/2012 de medidas urgentes para la reforma del mercado laboral modificó el artículo 43 del TRLIS (hoy art. 37 LIS) introduciendo los siguientes incentivos a la contratación:

1. Podrán deducir de la cuota íntegra la cantidad de 3.000,00 euros, las entidades que contraten a su primer trabajador, con las siguientes condiciones:

   a) Contrato de trabajo por tiempo indefinido de apoyo a los emprendedores, definido en el artículo 4 de la Ley 3/2012.

   b) Que sea menor de 30 años.

2. Sin perjuicio de lo dispuesto en el apartado anterior, las entidades que tengan una plantilla inferior a 50 trabajadores en el momento en que concierten contratos de trabajo por tiempo indefinido de apoyo a los emprendedores, definido en el artículo 4 de la Ley 3/2012, con desempleados beneficiarios de una prestación contributiva por desempleo podrán deducir de la cuota íntegra el 50 por ciento del menor de los siguientes importes:

a) El importe de la prestación por desempleo que el trabajador tuviera pendiente de percibir en el momento de la contratación.

b) El importe correspondiente a doce mensualidades de la prestación por desempleo que tuviera reconocida.

Esta deducción resultará de aplicación respecto de aquellos contratos realizados en el periodo impositivo hasta alcanzar una plantilla de 50 trabajadores, y siempre que, en los doce meses siguientes al inicio de la relación laboral, se produzca, respecto de cada trabajador, un incremento de la plantilla media total de la entidad en, al menos, una unidad respecto a la existente en los doce meses anteriores.

La aplicación de esta deducción estará condicionada a que el trabajador contratado hubiera percibido la prestación por desempleo durante, al menos, tres meses antes del inicio de la relación laboral. A estos efectos, el trabajador proporcionará a la entidad un certificado del Servicio Público de Empleo Estatal sobre el importe de la prestación pendiente de percibir en la fecha prevista de inicio de la relación laboral.

3. Estas deducciones se aplicarán en la cuota íntegra del periodo impositivo correspondiente a la finalización del periodo de prueba de un año exigido en el correspondiente tipo de contrato.

Estas deducciones estarán condicionadas al mantenimiento de esta relación laboral durante al menos tres años desde la fecha de su inicio.

El incumplimiento de cualquiera de los requisitos señalados en este artículo determinará la pérdida de la deducción, que se regularizará en la forma establecida en la LIS, es decir, cuando con posterioridad a la aplicación de la deducción se produzca la pérdida del derecho a disfrutar de este, el sujeto pasivo deberá ingresar junto con la cuota del período impositivo en que tenga lugar el incumplimiento de los requisitos o condiciones, la cantidad deducida correspondiente a la deducción aplicada en períodos anteriores, además de los intereses de demora.

No obstante, no se entenderá incumplida la obligación de mantenimiento del empleo cuando el contrato de trabajo se extinga, una vez transcurrido el periodo de prueba, por causas objetivas o despido disciplinario cuando uno u otro sea declarado o reconocido como procedente, dimisión, muerte, jubilación o incapacidad permanente total, absoluta o gran invalidez del trabajador.

El trabajador contratado que diera derecho a una de las deducciones previstas en este artículo no se computará a efectos del incremento de plantilla establecido en el art. 102 de la LIS.

4. Para contratos a tiempo parcial las deducciones se aplicarán proporcionalmente a la jornada acordada en el contrato.

2.4. Deducción por creación de empleo para trabajadores con discapacidad (art. 38 LIS)

Será deducible de la cuota íntegra la cantidad de 9.000 euros por cada persona/año de incremento del promedio de plantilla de trabajadores con discapacidad en un grado igual o superior al 33% e inferior al 65%, contratados por el contribuyente, experimentado durante el período impositivo, respecto a la plantilla media de trabajadores de la misma naturaleza del período inmediato anterior.

Será deducible de la cuota íntegra la cantidad de 12.000 euros por cada persona/año de incremento del promedio de plantilla de trabajadores con discapacidad en un grado igual o superior al 65%, contratados por el contribuyente, experimentado durante el período impositivo, respecto a la plantilla media de trabajadores de la misma naturaleza del período inmediato anterior.

Los trabajadores contratados que dieran derecho a la deducción prevista en este artículo no se computarán a efectos de la libertad de amortización con creación de empleo regulada en el artículo 102 LIS.

Encontramos esta deducción en el modelo 200:

2.5. Deducción por contribuciones empresariales a sistemas de previsión social empresarial

El sujeto pasivo podrá practicar una deducción en la cuota íntegra del 10 por ciento de las contribuciones empresariales imputadas a favor de los trabajadores con retribuciones brutas anuales inferiores a 27.000 euros, siempre que tales contribuciones se realicen a planes de pensiones de empleo, a planes de previsión social empresarial, a planes de pensiones regulados en la Directiva (UE) 2016/2341 del Parlamento Europeo y del Consejo, de 14 de diciembre de 2016, relativa a las actividades y la supervisión de los fondos de pensiones de empleo y a mutualidades de previsión social que actúen como instrumento de previsión social de los que sea promotor el sujeto pasivo.

Cuando se trate de trabajadores con retribuciones brutas anuales iguales o superiores a 27.000 euros, la deducción prevista en el párrafo anterior se aplicará sobre la parte proporcional de las contribuciones empresariales que correspondan al importe de la retribución bruta anual reseñado en dicho párrafo.

3. Deducción por reinversión

 Esta deducción no es vigente en la actual LIS. Incorporamos este punto por afectar a un régimen transitorio, así solo será de interés a aquellas entidades que tengan deducciones pendientes de aplicar.

El apartado 6 de la disposición transitoria vigésima cuarta de la LIS establece que las rentas acogidas a la reinversión de beneficios extraordinarios prevista en el artículo 21 de la Ley 43/1995, según redacción vigente hasta 1 de enero de 2002, que no hubiesen aplicado la deducción establecida en el artículo 36 ter de la Ley 43/1995 por aplicación del apartado dos de la disposición transitoria tercera de la Ley 24/2001, de 27 de diciembre, de Medidas Fiscales, Administrativas y del Orden Social, se regularán por lo establecido en el referido artículo 21 y en sus normas de desarrollo.

Dada esta vigencia transitoria del artículo 21 de la Ley 43/1995, se recogen a continuación las características principales de este beneficio de diferimiento por reinversión.

Para acogerse al diferimiento de las rentas obtenidas en la transmisión onerosa de elementos patrimoniales, estos han de pertenecer a alguno de estos **grupos**:

▶ Los pertenecientes al inmovilizado material.

▶ Los pertenecientes al inmovilizado inmaterial.

▶ Los valores representativos de la participación en el capital o en fondos propios de toda clase de entidades que otorguen una participación no inferior al 5 por 100 sobre el capital social de las mismas y que se hubieran poseído, al menos, con un año de antelación a la fecha de transmisión, sin que se encuentren comprendidos en esta categoría de elementos patrimoniales los valores representativos de la participación en fondos de inversión ni aquellos otros que no otorguen una participación sobre el capital social. A los efectos de calcular el tiempo de posesión se entiende que los valores transmitidos han sido los más antiguos.

No formarán parte de las rentas acogidas al beneficio el importe de las provisiones relativas a los elementos patrimoniales o valores, en cuanto las dotaciones a las mismas hubieran sido fiscalmente deducibles, ni las cantidades aplicables a la libertad de amortización que deban integrarse en la base imponible con ocasión de la transmisión de los elementos patrimoniales que disfrutaron de la misma.

La condición para que resulte de aplicación la reinversión de beneficios extraordinarios reside en que el importe de las citadas transmisiones se reinvierta en cualquiera de los elementos patrimoniales antes relacionados, dentro del plazo comprendido entre el año anterior a la fecha de entrega o puesta a disposición del elemento patrimonial transmitido y los tres años posteriores y, excepcionalmente, de acuerdo con un plan especial de reinversión aprobado por la Administración tributaria.

La reinversión se entenderá efectuada en la fecha en que se produzca la puesta a disposición de los elementos patrimoniales en que se materialice. Tratándose de elementos patrimoniales que sean objeto de los contratos a que se refiere el apartado 1 de la disposición adicional séptima de la Ley 26/1988, de 29 de julio, sobre Disciplina e Intervención de las Entidades de Crédito (contratos de arrendamiento financiero), se considerará realizada la reinversión en la fecha de celebración del contrato, por un importe igual al valor de contado del elemento patrimonial. Los efectos de la reinversión se encuentran condicionados, con carácter resolutorio, al ejercicio de la opción de compra.

En el caso de no realizarse la reinversión dentro del plazo señalado anteriormente, la parte de cuota íntegra correspondiente a la renta obtenida, además de los intereses de demora, se ingresará conjuntamente con la cuota correspondiente del período impositivo en que venció aquél o conjuntamente con la cuota correspondiente a un período impositivo anterior, a elección del contribuyente.

La reinversión de una cantidad inferior al importe de la transmisión da derecho a la no integración en la base imponible de la parte de renta que proporcionalmente corresponda a la cantidad reinvertida. En este caso, la parte de cuota íntegra correspondiente a la renta que debe integrarse en la base imponible, además de los intereses de demora, se ingresará conjuntamente con la cuota correspondiente al período impositivo en el que venció el plazo para efectuar la reinversión, o conjuntamente con la cuota correspondiente a un período impositivo anterior, a elección del contribuyente.

El importe de la renta no integrada en la base imponible debe incorporarse a la misma por alguno de los siguientes **métodos**, a elección del contribuyente:

a) En los períodos impositivos que concluyan en los siete años siguientes al cierre del período impositivo en que venció el plazo de los tres años posteriores a la fecha de entrega o puesta a disposición del elemento patrimonial cuya transmisión originó el beneficio extraordinario.

    En este caso se integrará en la base imponible de cada período impositivo la renta que proporcionalmente corresponda a la duración del mismo en relación a los referidos siete años.

169

b) En los períodos impositivos en los que se amorticen los elementos patrimoniales en los que se materialice la reinversión, tratándose de elementos patrimoniales amortizables.

En este caso se integrará en la base imponible de cada período impositivo la renta que proporcionalmente corresponda al valor de la amortización de los elementos patrimoniales en relación a su precio de adquisición o coste de producción.

El valor de la amortización será el importe que deba tener la consideración de fiscalmente deducible, no pudiendo ser inferior al resultante de aplicar el coeficiente lineal derivado del período máximo de amortización establecido en las tablas de amortización oficialmente aprobadas.

Tratándose de elementos patrimoniales que sean objeto de los contratos a que se refiere el apartado 1 de la disposición adicional séptima de la Ley 26/1988, de 29 de julio, sobre Disciplina e Intervención de las Entidades de Crédito (contratos de arrendamiento financiero), se tomarán las cantidades que hubieren resultado fiscalmente deducibles de acuerdo con lo previsto en el apartado 6 del artículo 128 de la Ley 43/1995.

En caso de transmisión del elemento patrimonial antes de su total amortización se entenderá por valor de la amortización el importe pendiente de amortizar en el momento de efectuarse aquélla.

 Cuando el elemento patrimonial objeto de la reinversión sea una edificación, la parte de valor atribuible al suelo deberá afectarse al método previsto en la letra a) anterior. Cuando no se conozca el valor atribuido al suelo, dicho valor se calculará prorrateando el precio de adquisición entre los valores catastrales del suelo y de la construcción en el año de adquisición. No obstante, el contribuyente podrá utilizar un criterio de distribución del precio de adquisición diferente, cuando se pruebe que dicho criterio se fundamenta en el valor normal de mercado del suelo y de la construcción en el año de adquisición.

La elección por cualquiera de los métodos de incorporación a la base imponible de la renta no integrada en la misma por aplicación de la reinversión de beneficios extraordinarios deberá efectuarse en el primer período impositivo en el que proceda la incorporación de la renta, manifestándose conjuntamente con la declaración correspondiente a dicho período impositivo.

Una vez realizada la elección, no podrá modificarse. En caso de no realizarse la elección se aplicará el método previsto en la letra a) anterior.

En ningún caso podrá quedar renta sin integrar en la base imponible, debiendo efectuarse dicha integración de acuerdo con el método que resulte aplicable.

Los elementos patrimoniales objeto de la reinversión deberán permanecer en el patrimonio del contribuyente, salvo pérdida justificada, hasta que se cumpla el plazo de siete años citado anteriormente, excepto que su vida útil conforme al método de amortización de los admitidos en el apartado 1 del artículo 11 de la Ley del Impuesto, que se aplique, fuere inferior. La transmisión de dichos elementos antes de la finalización del mencionado plazo determinará la integración en la base imponible, del período impositivo en el que se produce la transmisión, de la parte de renta pendiente de integración, excepto si el importe obtenido es objeto de reinversión en los términos que se están exponiendo. En este caso, la parte de renta pendiente de integración deberá integrarse en la base imponible conforme al método que el contribuyente eligió. Cuando dicho método hubiese sido el establecido en la letra b) anterior, en tanto no se realice la nueva reinversión, se integrará en la base imponible el resultado de aplicar a la cuantía de la renta acogida a la reinversión de beneficios extraordinarios el coeficiente lineal máximo de amortización según tablas de amortización oficialmente aprobadas que correspondía al elemento transmitido. Igual criterio de integración continuará aplicándose en el caso de que la reinversión se materialice en elementos no amortizables. Tratándose de elementos amortizables, la renta pendiente se integrará en los períodos impositivos en los que se amorticen los elementos patrimoniales en los que se hubiere materializado esta reinversión.

Una vez superado el plazo de siete años al que se refiere la letra a) anterior, o la vida útil si fuera inferior, la transmisión de los elementos patrimoniales en los que se materializó la reinversión determinará que la renta pendiente de integración en ese momento se integre en la base imponible de los períodos impositivos que concluyan con posterioridad a dicha transmisión, en el importe que resulte de aplicar en cada uno de ellos el coeficiente lineal máximo de amortización que correspondía al elemento transmitido a la cuantía de la renta obtenida a la reinversión de beneficios extraordinarios, o a la parte de ese importe que proporcionalmente corresponda, cuando la duración del período impositivo sea inferior a doce meses.

Deducciones disposición transitoria 24ª.7 LIS y art. 42 RDLeg. 4/2004						
	Límite conjunto	Límite año		Deducción pendiente/ generada	Aplicado en esta liquidación	Pendiente de aplicación en periodos futuros
Deducción art. 42 RDLeg. 4/2004 2007		2021/22	00004	00005		
Deducción art. 42 RDLeg. 4/2004 2008		2022/23	00031	00032		00033
Deducción art. 42 RDLeg. 4/2004 2009		2023/24	00022	00023		00024
Deducción art. 42 RDLeg. 4/2004 2010		2024/25	00040	00041		00042
Deducción art. 42 RDLeg. 4/2004 2011		2025/26	00138	00139		00140
Deducción art. 42 RDLeg. 4/2004 2012		2026/27	00141	00142		00143
Deducción art. 42 RDLeg. 4/2004 2013		2027/28	00188	00189		00190
Deducción art. 42 RDLeg. 4/2004 2014	25/ 50%	2028/29	00803	00804		00805
Deducción DT 24ª.7 LIS 2015		2029/30	01055	01056		01057
Deducción DT 24ª.7 LIS 2016		2030/31	00700	00708		00709
Deducción DT 24ª.7 LIS 2017		2031/32	01353	01354		01355
Deducción DT 24ª.7 LIS 2018		2032/33	01775	01776		01777
Deducción DT 24ª.7 LIS 2019		2033/34	01838	01839		01840
Deducción DT 24ª.7 LIS 2020		2034/35	02206	02207		02208
Deducción DT 24ª.7 LIS 2021		2035/36	02329	02330		02331
Deducción DT 24ª.7 LIS 2022(*)		2036/37	00249	00252		00253
Deducción DT 24ª.7 LIS 2022		2036/37	00696	00697		00710
Total			00841	00585		00843

(*) Sólo debe cumplimentarse si tiene deducciones pendientes de aplicar correspondientes a un período impositivo anterior iniciado en 2022.

4. Régimen fiscal de Canarias

El régimen fiscal de Canarias contempla diversas especialidades fiscales, entre otras:

— Deducción para incentivar la realización de determinadas actividades.

— Deducción para incentivar la realización de determinadas actividades.

— Reserva para inversiones en Canarias.

— Deducción por inversiones en producciones cinematográficas (que hemos visto en otro apartado del curso).

4.1. Deducción para incentivar la realización de determinadas actividades

El artículo 94.1 de la Ley 20/1991, de 7 de junio establece que las sociedades y demás entidades jurídicas sujetas al Impuesto sobre Sociedades, con domicilio fiscal en Canarias, podrán acogerse a partir del primer ejercicio económico cerrado con posterioridad a 31 de diciembre de 1991, y en relación a las inversiones realizadas y que permanezcan en el Archipiélago, al Régimen de deducción previsto en el artículo 26 de la Ley 61/1978, de 27 de diciembre, del Impuesto sobre Sociedades, de acuerdo con las siguientes peculiaridades:

a) Los tipos aplicables sobre las inversiones realizadas serán superiores en un 80 por ciento a los del régimen general, con un diferencial mínimo de 20 puntos porcentuales.

b) Deducción por inversión en Canarias, tendrá por límite máximo el porcentaje que a continuación se indica de la cuota líquida resultante de minorar la cuota íntegra en el importe de las deducciones por doble imposición y, en su caso, las bonificaciones previstas en el artículo 25 de la Ley 61/1978, de 27 de diciembre, del Impuesto sobre Sociedades. Tal porcentaje será siempre superior en un 80 por ciento al que para cada modificación de la deducción por inversiones se fije en el régimen general con un diferencial mínimo de 35 puntos porcentuales.

No obstante, en las islas de La Palma, La Gomera y El Hierro, el tope mínimo del 80 por ciento se incrementará al 100 por cien y el diferencial mínimo pasará a 45 puntos porcentuales cuando la normativa comunitaria de ayudas de estado así lo permita y se trate de inversiones contempladas en la Ley 2/2016, de 27 de septiembre y demás leyes de medidas para la ordenación de la actividad económica de estas islas.

En relación a estos límites incrementados, debe tenerse en cuenta lo dispuesto en el artículo 39 de la LIS que establece que el importe de las deducciones aplicadas en el período impositivo, no podrán exceder conjuntamente del 25 por ciento de la cuota íntegra minorada en las deducciones para evitar la doble imposición internacional y las bonificaciones. No obstante, el límite se elevará al 50 por ciento cuando el importe de la deducción prevista en el artículo 35 de la LIS, que corresponda a gastos e inversiones efectuados en el propio período impositivo, exceda del 10 por ciento de la cuota íntegra, minorada en las deducciones para evitar la doble imposición internacional y las bonificaciones.

4.2. Deducción para incentivar la realización de determinadas actividades sin domicilio fiscal en Canarias

El régimen de deducción por inversiones del presente artículo será de aplicación a las Sociedades y demás Entidades jurídicas que no tengan su domicilio fiscal en Canarias, respecto de los establecimientos permanentes situados en este territorio y siempre que las inversiones correspondientes se realicen y permanezcan en el Archipiélago.

En este caso el límite máximo de deducción sobre la cuota líquida a que se refiere el artículo 94.1b) de la Ley 20/1991, se aplicará con independencia del que corresponda por las inversiones acogidas al régimen general.

Igual criterio se seguirá respecto a las inversiones realizadas en territorio peninsular o Islas Baleares, mediante establecimientos permanentes, por las Entidades domiciliadas en Canarias.

Asimismo, dicho régimen de deducción por inversiones será de aplicación a las personas físicas que realicen actividades empresariales o profesionales en Canarias, con los mismos condicionantes y restricciones que establezca la normativa del Impuesto sobre la Renta de las Personas Físicas para la aplicación a los sujetos pasivos de dicho Impuesto de los incentivos o estímulos a la inversión establecidos en el Impuesto sobre Sociedades.

4.3. Reservas para inversiones en Canarias

La reserva para inversiones en Canarias es un incentivo fiscal que permite a las entidades sujetas al Impuesto sobre Sociedades (excepto las excluidas por el artículo 27 y la disposición adicional duodécima de la Ley 19/1994, de 6 de julio), la reducción en la base imponible de las cantidades que, en relación con sus establecimientos situados en Canarias, destinen de sus beneficios a la reserva para inversiones en Canarias de acuerdo con lo dispuesto en el artículo 27 de la Ley 19/1994, de 6 de julio de modificación del Régimen Económico y Fiscal de Canarias.

La reducción se aplicará a las dotaciones que en cada período impositivo se hagan a la reserva hasta el límite del 90 por ciento de la parte de beneficio obtenido en el mismo período que no sea objeto de distribución, en cuanto proceda de establecimientos situados en Canarias.

En ningún caso la aplicación de la reducción podrá determinar que la base imponible sea negativa.

Los contribuyentes del Impuesto sobre Sociedades que practiquen la reducción correspondiente a la reserva por inversiones en Canarias, estarán obligados a presentar dentro del plazo establecido para la presentación de la declaración del Impuesto sobre Sociedades, una nueva declaración informativa aprobada por la Orden HAP/296/2016, de 2 de marzo, por la que se aprueba el modelo 282 «Declaración informativa anual de ayudas recibidas en el marco del Régimen Económico y Fiscal de Canarias y otras ayudas de estado, derivadas de la aplicación del Derecho de la Unión Europea».

5. Deducción por inversiones realizadas por las autoridades portuarias

Las autoridades portuarias podrán deducir de la cuota íntegra:

a) Las inversiones y gastos relacionados con:

1.º La infraestructura y los servicios de control del tráfico marítimo.

2.º Los servicios e infraestructuras destinados a mejorar la seguridad de la navegación y los movimientos de los buques en el mar litoral español, incluidos los elementos de señalización marítima, balizamiento y ayudas a la navegación, cuyos beneficiarios no sean principalmente los usuarios del puerto que los construye y mantiene.

3.º Los accesos terrestres viarios y ferroviarios de servicio público general, los accesos marítimos, los dragados, que beneficien a la colectividad en su conjunto y cuyos beneficiarios no sean principalmente los usuarios del puerto, así como las infraestructuras de mejora de las redes generales de transporte de uso común.

4.º Las infraestructuras de protección y resistencia contra condiciones climáticas extremas cuyos beneficiarios no sean principalmente los usuarios del puerto.

5.º Los servicios e infraestructuras de salvamento marítimo asociados al ejercicio del poder público, siempre y cuando dichas infraestructuras no se exploten comercialmente, y la formación de los servicios públicos responsables en materia de emergencias, seguridad y salvamento, siempre y cuando dicha formación no sea obligatoria para las empresas.

6.º La elaboración e implantación de planes de seguridad y protección, en la medida en que estos costes no estén asociados a requisitos obligatorios de seguridad que todas las compañías deban cumplir, y la atención de emergencias de protección civil, en ambos casos, cuando estas actividades estén asociadas al ejercicio de poder público y siempre que sus beneficiarios no sean principalmente los usuarios del puerto.

7.º Los servicios e infraestructuras de defensa contra incendios, desprendimientos y otros riesgos relacionados con la protección civil, asociados al ejercicio de poder público, que no se exploten comercialmente, que no sean obligatorios para las empresas, que beneficien a la colectividad en su conjunto y cuyos beneficiarios no sean principalmente los usuarios del puerto.

8.º Los servicios e infraestructura utilizados exclusivamente por las Fuerzas y Cuerpos de Seguridad y por la Policía portuaria en el ejercicio de poder público.

9.º Los servicios e infraestructuras sanitarias para la atención a personas en situaciones de vulnerabilidad, siempre y cuando las infraestructuras no se utilicen para actividades económicas del puerto.

10.º Las infraestructuras y servicios para el control aduanero de mercancías, para la inspección en frontera exigidos por normas con rango de ley en los ámbitos de sanidad animal, sanidad vegetal, sanidad exterior y seguridad industrial e interés público, y las relacionadas con el control de pasajeros y la inmigración.

11.º Las infraestructuras y servicios para la vigilancia de la contaminación, las emergencias en materia medioambiental y lucha contra la contaminación asociadas al ejercicio de poder público, cuyos costes no sean legalmente repercutibles al causante de la emergencia, ni sean costes en los que se incurra simplemente para cumplir la normativa legalmente obligatoria para todas las empresas, la descontaminación de suelos que no se destinen al desarrollo de una actividad económica, el desguace de embarcaciones y equipos abandonados, cuyo tratamiento recaiga legalmente sobre la autoridad portuaria por haber quedado desiertos los procedimientos destinados a identificar el interés privado en su desguace, retirada o achatarramiento, y el saneamiento, limpieza general portuaria y retirada de residuos distintos de los generados por los usuarios del puerto, tales como los desechos generados por los buques, los residuos de la carga y similares.

12.º Los servicios e infraestructuras realizados para organismos internacionales como consecuencia de obligaciones contraídas por el Reino de España en el marco de un tratado internacional.

13.º Los servicios e infraestructuras dedicadas a la Defensa Nacional.

14.º Los servicios e instalaciones utilizados para el desarrollo de actividades científicas cuyos resultados no tengan por objeto su explotación económica y a las actuaciones de monitorización y predicción del medio físico con fines de investigación e información meteorológica cuyos resultados no se exploten comercialmente.

15.º Los servicios de alumbrado de zonas comunes en beneficio de la colectividad, de uso público y abiertas cuyos beneficiarios no sean principalmente los usuarios del puerto.

16.º Las actuaciones de protección o corrección de la deriva litoral cuyos beneficiarios no sean principalmente los usuarios del puerto.

17.º Las inversiones y servicios relacionados con el fomento de la cultura y el patrimonio histórico y cultural, incluidos los previstos en el apartado 1 del artículo sesenta y ocho de la Ley 16/1985, de 25 de junio, del Patrimonio Histórico Español, en los supuestos en los que las obras públicas no estén relacionadas con la actividad económica de la autoridad portuaria, así como las actuaciones de rehabilitación de bienes con protección cultural que no se exploten comercialmente y beneficien a la sociedad en su conjunto.

18.º Las actuaciones de urbanización y en desarrollo y revitalización de suelo público para su uso público sin explotación comercial.

b) Las inversiones y gastos realizados para la construcción, sustitución o mejora de las infraestructuras de los puertos marítimos, para la construcción, sustitución o mejora de las infraestructuras de acceso a los mismos o para las actividades de dragado, en los términos y con las condiciones previstas en el capítulo I y en los artículos 56 ter y 56 quater del Reglamento (UE) Nº 651/2014, de la Comisión, de 17 de junio de 2014, por el que se declaran determinadas categorías de ayudas compatibles con el mercado interior en aplicación de los artículos 107 y 108 del Tratado. El importe de la deducción será el que resulte de aplicar a dichas inversiones y gastos el porcentaje de intensidad máxima de ayuda permitida calculada con arreglo a lo dispuesto en el artículo 56 ter y 56 quater, respectivamente, del Reglamento (UE) Nº 651/2014.

c) Las inversiones que superen los umbrales establecidos en las letras ee) y ff) del apartado 1 del artículo 4 del Reglamento (UE) Nº 651/2014 podrán deducirse en la medida en que la Comisión Europea haya declarado su compatibilidad con el mercado interior de conformidad con lo previsto en el apartado 3 del artículo 108 del Tratado de Funcionamiento de la Unión Europea y se cumplan las condiciones establecidas por la Comisión en la Decisión correspondiente. El importe de la deducción será el que resulte de aplicar a dichas inversiones el porcentaje de intensidad máxima de ayuda autorizada por la Comisión.

La deducción de la letra c) del apartado 1 de este artículo solo se podrá aplicar a partir del período impositivo en el que la Comisión Europea haya declarado la compatibilidad de las inversiones a las que se refiere dicha letra.

Las inversiones o gastos objeto de esta deducción se minorarán en el importe de las subvenciones recibidas.

Las autoridades portuarias deberán llevar los oportunos registros contables y documentales específicos que permitan identificar los gastos e inversiones a los que se refiere la deducción prevista en este artículo.

La deducción prevista en este artículo queda excluida del límite a que se refiere el último párrafo del apartado 1 del artículo 39 de esta ley. A efectos del cálculo de dicho límite no se computará esta deducción.

Las cantidades no deducidas por insuficiencia de cuota íntegra podrán aplicarse en las liquidaciones de los períodos impositivos siguientes en el plazo establecido en el apartado 1 del artículo 39 LIS.

6. Régimen transitorio y normas comunes de las deducciones en el impuesto sobre sociedades

6.1. Régimen transitorio

Las deducciones por inversiones en activos fijos materiales nuevos generadas de acuerdo con el artículo 26 de la Ley 61/1978 LIS, respecto de las que el contribuyente hubiese optado por aplicarlas en los períodos impositivos en que se realicen los pagos, se seguirán aplicando en las liquidaciones de los períodos impositivos en los que se efectúan los referidos pagos.

Las deducciones procedentes de diferentes modalidades o períodos impositivos del artículo 26 no podrán rebasar un límite conjunto del 35 por ciento de la cuota líquida.

Las deducciones a que se refieren los párrafos anteriores se practicarán una vez realizadas las deducciones y bonificaciones establecidas en los Capítulos II y III del Título VI de la vigente LIS y, a continuación, las deducciones establecidas en el Capítulo IV del Título VI, cuyo límite se computará independientemente del establecido en el párrafo anterior.

6.2. Normas comunes a las deducciones anteriores

Las cantidades correspondientes al periodo impositivo no deducidas podrán aplicarse en las liquidaciones de los periodos impositivos que concluyan en los 15 años inmediatos y sucesivos. No obstante, las deducciones por actividades de investigación y desarrollo e innovación tecnológica podrán aplicarse en las liquidaciones de los periodos que concluyan en los 18 años inmediatos y sucesivos.

El cómputo de los plazos para la aplicación de las deducciones previstas en este Capítulo podrá diferirse hasta el primer ejercicio en que, dentro del periodo de prescripción, se produzcan resultados positivos, en los siguientes casos:

a) En las entidades de nueva creación.

b) En las entidades que saneen pérdidas de ejercicios anteriores mediante la aportación efectiva de nuevos recursos, sin que se considere como tal la aplicación o capitalización de reservas.

El importe de las deducciones aplicadas en el periodo impositivo no podrá exceder conjuntamente del 25% de la cuota íntegra minorada en las deducciones para evitar la doble imposición interna e internacional y las bonificaciones. No obstante, el límite se elevará al 50% cuando el importe de la deducción por actividades de I+D y la deducción por inversiones en producciones cinematográficas del artículo 36, exceda del 10% de la cuota íntegra, minorada en las deducciones para evitar la doble imposición interna e internacional y las bonificaciones.

En el caso de entidades a las que resulte de aplicación el tipo de gravamen previsto en el apartado 1 o en el apartado 6 del artículo 29 de LIS, las deducciones por actividades de investigación y desarrollo e innovación tecnológica a que se refieren los apartados 1 y 2 del artículo 35 de LIS, podrán, opcionalmente, quedar excluidas del límite establecido en el último párrafo del apartado anterior, y aplicarse con un descuento del 20 por ciento de su importe, en los términos establecidos en este apartado. En el caso de insuficiencia de cuota, se podrá solicitar su abono a la Administración tributaria a través de la declaración de este Impuesto.

El importe de la deducción aplicada o abonada, de acuerdo con lo dispuesto en este apartado, en el caso de las actividades de innovación tecnológica no podrá superar conjuntamente el importe de 1 millón de euros anuales. Asimismo, el importe de la deducción aplicada o abonada por las actividades de investigación y desarrollo e innovación tecnológica, de acuerdo con lo dispuesto en este apartado, no podrá superar conjuntamente, y por todos los conceptos, los 3 millones de euros anuales.

Para la aplicación de lo dispuesto en este apartado, será necesario el cumplimiento de los siguientes requisitos:

a) Que transcurra, al menos, un año desde la finalización del período impositivo en que se generó la deducción, sin que la misma haya sido objeto de aplicación.

b) Que la plantilla media o, alternativamente, la plantilla media adscrita a actividades de investigación y desarrollo e innovación tecnológica no se vea reducida desde el final del período impositivo en que se generó la deducción hasta la finalización del plazo a que se refiere la letra c) siguiente.

c)   Que se destine un importe equivalente a la deducción aplicada o abonada, a gastos de investigación y desarrollo e innovación tecnológica o a inversiones en elementos del inmovilizado material o inmovilizado intangible exclusivamente afectos a dichas actividades, excluidos los inmuebles, en los 24 meses siguientes a la finalización del período impositivo en cuya declaración se realice la correspondiente aplicación o la solicitud de abono.

d)   Que la entidad haya obtenido un informe motivado sobre la calificación de la actividad como investigación y desarrollo o innovación tecnológica o un acuerdo previo de valoración de los gastos e inversiones correspondientes a dichas actividades, en los términos establecidos en el apartado 4 del artículo 35 de LIS.

Adicionalmente, en el supuesto de que los gastos de investigación y desarrollo del período impositivo superen el 10 por ciento del importe neto de la cifra de negocios del mismo, la deducción prevista en el apartado 1 del artículo 35 de LIS generada en dicho período impositivo podrá quedar excluida del límite establecido en el último párrafo del apartado anterior, y aplicarse o abonarse con un descuento del 20 por ciento de su importe en la primera declaración que se presente transcurrido el plazo a que se refiere la letra a) anterior, hasta un importe adicional de 2 millones de euros.

El incumplimiento de cualquiera de estos requisitos conllevará la regularización de las cantidades indebidamente aplicadas o abonadas, en la forma establecida en el artículo 125.3 de LIS.

En el caso de insuficiencia de cuota en la aplicación de la deducción prevista en el apartado 2 del artículo 36 de LIS, se podrá solicitar su abono a la Administración tributaria a través de la declaración de este Impuesto. Este abono se regirá por lo dispuesto en el artículo 31 de la Ley General Tributaria y en su normativa de desarrollo, sin que, en ningún caso, se produzca el devengo del interés de demora a que se refiere el apartado 2 de dicho artículo 31.

Una misma inversión no podrá dar lugar a la aplicación de más de una deducción en la misma entidad salvo disposición expresa, ni podrá dar lugar a la aplicación de una deducción en más de una entidad.

Los elementos patrimoniales afectos a las deducciones contempladas en las letras anteriores deberán permanecer en funcionamiento durante cinco años, o tres años, si se trata de bienes muebles, o durante su vida útil si fuera Inferior. En el caso de producciones cinematográficas y series audiovisuales, se entenderá este requisito cumplido en la medida que la productora mantenga el mismo porcentaje de titularidad de la obra durante el plazo de 3 años, sin perjuicio de su facultad para comercializar total o parcialmente los derechos de explotación derivados de la misma a uno o más terceros.

Conjuntamente con la cuota correspondiente al período impositivo en el que se manifieste el incumplimiento de este requisito, se ingresará la cantidad deducida, además de los intereses de demora.

El derecho de la Administración para iniciar el procedimiento de comprobación de las deducciones previstas en este Capítulo aplicadas o pendientes de aplicar prescribirá a los 10 años a contar desde el día siguiente a aquel en que finalice el plazo establecido para presentar la declaración o autoliquidación correspondiente al período impositivo en que se generó el derecho a su aplicación.

Transcurrido dicho plazo, el contribuyente deberá acreditar las deducciones cuya aplicación pretenda, mediante la exhibición de la liquidación o autoliquidación y la contabilidad, con acreditación de su depósito durante el citado plazo en el Registro Mercantil.

También tendrá acceso a la deducción prevista en el apartado 1 y 3 del artículo 36 de esta Ley, el contribuyente que participe en la financiación de producciones españolas de largometrajes y cortometrajes cinematográficos y de series audiovisuales de ficción, animación, documental o producción y exhibición de espectáculos en vivo de artes escénicas y musicales realizada por otro contribuyente, cuando aporte cantidades en concepto de financiación, para sufragar la totalidad o parte de los costes de la producción, así como los gastos para la obtención de copias, publicidad y promoción a cargo del productor hasta el límite del 30% de los costes de producción, sin adquirir derechos de propiedad intelectual o de otra índole respecto de los resultados del mismo, cuya propiedad deberá ser en todo caso de la productora. Dichas aportaciones se podrán realizar en cualquier fase de la producción hasta la obtención del certificado de nacionalidad.

 El importe máximo de la deducción generada por el productor que el contribuyente que participe en la financiación podrá aplicar será el resultado de multiplicar por 1,20 el importe de las cantidades que este último haya aportado para financiar los citados costes de producción o los gastos para la obtención de copias, publicidad y promoción a cargo del productor a que se refieren a los párrafos anteriores. El exceso de deducción podrá ser aplicado por el productor que haya generado el derecho a la misma.

La aplicación de la deducción por el contribuyente que participa en la financiación será incompatible, total o parcialmente, con la deducción a la que tendría derecho el productor por aplicación de lo dispuesto en los apartados 1 y 3 del artículo 36 LIS.

El importe de la deducción que aplique el contribuyente que participa en la financiación deberá tenerse en cuenta a los efectos de la aplicación del límite conjunto del

25 por ciento establecido en el apartado 1 del artículo 39 de LIS. No obstante, dicho límite se elevará al 50 por ciento cuando el importe de la deducción prevista en los apartados 1 y 3 del artículo 36 de LIS, que corresponda al contribuyente que participa en la financiación, sea igual o superior al 25 por ciento de su cuota íntegra minorada en las deducciones para evitar la doble imposición internacional y las bonificaciones.

En esta unidad hemos conocido las deducciones que se aplican a la cuota íntegra del Impuesto.

Como hemos visto, han desaparecido la mayoría de deducciones, las cuales se han incorporado en el curso en aplicación del régimen transitorio.

Finalmente, hemos determinado que las deducciones tienen un límite individual y un límite conjunto. Y que aquellas deducciones pendientes de aplicar por insuficiencia de cuota, se pueden aplicar en los 15-18 ejercicios siguientes.

UNIDAD DIDÁCTICA 6

Gestión del impuesto.

Introducción

1. **Pagos fraccionados**

2. **Declaración del impuesto**

3. **Devoluciones**

4. **Retenciones**

5. **Sanciones por declaración fuera de plazo**

6. **Obligaciones contables**

Los **objetivos** de esta unidad son:

1. Identificar las modalidades de pago fraccionados.

2. Planificar los pagos a cuenta del Impuesto.

3. Calcular la cuota diferencial.

4. Comparar las implicaciones fiscales de la presentación de liquidaciones fuera de plazo.

5. Definir las obligaciones contables.

Introducción

Una vez determinada la cuota íntegra y aplicadas las minoraciones en cuota, obtenemos la cuota líquida, que se verá reducida en los pagos fraccionados, los pagos a cuenta y las retenciones soportadas.

Conoceremos las implicaciones fiscales de la falta de presentación de las autoliquidaciones en el plazo reglamentario. Asimismo, conoceremos las obligaciones contables que deberán cumplir las entidades sujetas al impuesto.

Finalmente conoceremos las obligaciones de los pagadores de las rentas sujetas al impuesto en su carácter de retenedores.

1. Pagos fraccionados

En los primeros veinte días naturales de los meses de abril, octubre y diciembre, los sujetos pasivos por obligación personal de contribuir y los sujetos pasivos por obligación real de contribuir mediante establecimiento permanente, deberán efectuar un pago fraccionado a cuenta de la liquidación correspondiente al período impositivo que esté en curso el día primero de cada uno de los meses indicados.

Para el pago fraccionado, conforme a lo establecido en el artículo 40 de la LIS, se puede optar por uno de estos dos sistemas:

Sistema 1

El 18% de la cuota íntegra del último período impositivo cuyo plazo reglamentario de declaración estuviese vencido el primer día de los veinte naturales a que se ha hecho referencia, minorado en las deducciones y bonificaciones que le fueren de aplicación al contribuyente, así como en las retenciones e ingresos a cuenta correspondientes a aquél.

La sociedad ALFALFA, S.A., ha tenido un volumen de facturación en el ejercicio anterior de 2.700.000,00 euros y no ha manifestado nada en relación con los pagos fraccionados.

Ha consignado en la declaración del Impuesto sobre Sociedades correspondiente a 20X0 y que se presenta en julio de 20X1 una cuota íntegra de 2.000,00, unas deducciones por doble imposición de 300,00, unas bonificaciones de 100,00, unas deducciones por inversiones de 300,00 y retenciones practicadas de 500,00.

185

 Asimismo ha consignado en la declaración del Impuesto sobre Sociedades correspondiente a 20X1 y que se presenta en julio del 20X2 una cuota íntegra de 4.000,00, unas deducciones por doble imposición de 800,00, unas bonificaciones de 300,00, unas deducciones por inversiones de 500,00 y retenciones practicadas de 1.000,00.

En este caso, la sociedad ha de presentar la modalidad de pagos fraccionados correspondientes al art. 40 LIS, es decir, que tiene por base la última declaración presentada. Los pagos fraccionados que presentará durante el año 20X2 son:

Pago nº 1. Antes del 20 de abril. Se toma como base la declaración correspondiente a 20X0 que es la última presentada.

18% (2.000 – 300 – 100 – 300 – 500) = 144

Pago nº 2. Antes del 20 de octubre. Se toma como base la declaración correspondiente a 20X1 que es la última presentada.

18% (4.000 – 800 – 300 – 500 – 1.000) = 252

Pago nº 3. Antes del 20 de diciembre. Se toma como base la declaración correspondiente a 20X1 que es la última presentada.

18% (4.000 – 800 – 300 – 500 – 1.000) = 252

Los citados pagos fraccionados se presentan en el modelo 202.

Sistema 2

A opción del contribuyente, (salvo para las empresas cuyo volumen de operaciones supere los 6.000.000 euros durante los doce meses anteriores en que será obligatorio esta modalidad), será el resultado de multiplicar por 5/7 el tipo de gravamen redondeado por defecto de la parte de la base imponible del período de los tres, nueve, u once primeros meses de cada año natural en el caso de entidades que tengan por ejercicio económico el año natural, lo que resulta en un tipo de 17% para el tipo de gravamen general del 25%.

En el caso de que no tuviesen como ejercicio económico el año natural se calcularán los tres pagos fraccionados sobre la base imponible obtenida: desde el primer día de su período impositivo hasta el 31 de marzo, desde el primer día de su período impositivo hasta el 30 de septiembre, desde el primer día de su período impositivo hasta el 30 de noviembre.

Cuando la entidad esté obligada a efectuar sus pagos a cuenta por la fórmula establecida en el artículo 40.3 LIS, el porcentaje a aplicar dependerá del Importe neto de la cifra de negocios (INCN) y del tipo de gravamen general del Impuesto que asciende a 25%, de tal forma que será:

a) El resultado de multiplicar por 5/7 el tipo de gravamen redondeado por defecto, cuando en esos 12 meses el importe neto de la cifra de negocios sea inferior a 10 millones de euros.

Tipo de gravamen								
30	25	23	20	15	10	4	1	0
Porcentaje aplicable								
21	17	16	14	10	7	2	0	0

b) El resultado de multiplicar por 19/20 el tipo de gravamen redondeado por exceso, cuando en esos 12 meses el importe neto de la cifra de negocios sea al menos de a 10 millones de euros.

Tipo de gravamen							
30	25	20	15	10	4	1	0
Porcentaje aplicable							
29	24	19	15	10	4	1	0

La Disposición Adicional decimocuarta de la LIS y con vigencia desde el 7 de noviembre del 2018 establece que los contribuyentes cuyo importe neto de la cifra de negocios en los 12 meses anteriores a la fecha en que se inicie el período impositivo, sea al menos 10 millones de euros deberán ingresar un porcentaje que no podrá ser inferior, en ningún caso, al 23 por ciento del resultado positivo de la cuenta de pérdidas y ganancias del ejercicio de los 3, 9 u 11 primeros meses de cada año natural o, para contribuyentes cuyo período impositivo no coincida con el año natural.

El porcentaje a que se refiere el último párrafo del apartado 3 del artículo 40 de LIS será el resultado de multiplicar por diecinueve veinteavos el tipo de gravamen redondeado por exceso.

 Sea una sociedad cuyo volumen de ventas en el ejercicio anterior ha sido de 18.000.000,00 de euros, cuyo ejercicio económico coincide con el año natural y que tiene como base imponible durante los 3 primeros meses, los 9 primeros meses y los 11 primeros meses del año 90.000,00, 200.000,00 y 600.000,00 respectivamente. Asimismo, las retenciones que se le han practicado durante los 3 primeros meses, los 9 primeros meses y los 11 primeros meses del año han sido 12.000,00, 48.000,00 y 60.000,00 respectivamente.

En este caso los pagos fraccionados a realizar en 20XX que a esta sociedad le sea de aplicación el tipo impositivo del 30% serán los 5/7 partes de 30% aplicado a cada una de las bases imponibles.

Período	Base imponible	21%	Retenciones
1/1/20XX a 31/3/20XX	90.000,00	18.900,00	12.000,00
1/1/20XX a 30/9/20XX	200.000,00	42.000,00	48.000,00
1/1/20XX a 30/11/20XX	600.000,00	126.000,00	60.000,00

Los pagos fraccionados los presentará la sociedad en el modelo 202.

En el caso de ejercicio económico coincidente con el año natural, la opción por este sistema deberá ser ejercitada en la correspondiente declaración censal, durante el mes de febrero del año natural en que deba surtir efectos, quedando el sujeto pasivo vinculado a esta modalidad respecto de los pagos correspondientes al mismo período impositivo. Si el ejercicio económico no coincide con el año natural, el plazo para efectuar la opción será de dos meses a partir del inicio del período impositivo o dentro del plazo comprendido entre el inicio del periodo impositivo y la finalización del plazo para efectuar el primer pago fraccionado cuando este plazo fuese menor.

El pasado 18 de enero, el Peno del Tribunal Constitucional estimó por unanimidad (Sentencia nº 11/2024, rec. 2577-2023) la cuestión de inconstitucionalidad por la Audiencia Nacional respecto de varias modificaciones en el Impuesto sobre Sociedades ("IS") que habían sido introducidas por el Real Decreto-ley 3/2016. Esta norma limitaba la compensación de bases imponibles negativas en un 50% para entidades con cifra de negocios entre 20 y 60 millones de euros, y del 25% para aquellas con cifra de negocios superior a 60 millones de euros.

Esta Sentencia y la reforma de la LIS tiene relevancia a efectos del cálculo del primer pago fraccionado del IS del 2024, ya que a diferencia de ejercicios anteriores, las grandes empresas podrán compensar la totalidad de las BIN's, con el límite general del 70% de la base imponible positiva previa.

2. Declaración del impuesto

2.1. Cuota líquida

Después de haber minorado la cuota íntegra con las deducciones para evitar la doble imposición, interna e internacional, las bonificaciones y las deducciones para incentivar la realización de determinadas actividades llegamos a la cuota líquida del impuesto.

> Cuota líquida = Cuota íntegra – Deducciones Doble Imposición –
>
> Bonificaciones – Deducciones para incentivar determinadas actividades

A esa cuota líquida hay que minorarla con:

▶ Retenciones e ingresos a cuenta.

▶ Pagos fraccionados.

Y el resultado que nos da es la cuota diferencial.

189

2.2. Cuota diferencial

Como se ha indicado anteriormente es el resultado de minorar la cuota líquida en las retenciones e ingresos a cuenta y los pagos fraccionados durante el ejercicio.

> Cuota diferencial = Cuota líquida − Retenciones e Ingresos a cuenta − Pagos Fraccionados

Si el resultado de la cuota diferencial es positivo, la declaración resulta a ingresar, y si fuese negativo a devolver por la Hacienda Pública:

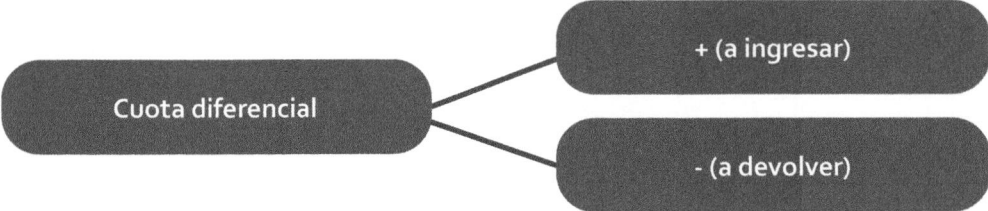

Cuota diferencial → + (a ingresar)

Cuota diferencial → - (a devolver)

3. Devoluciones

Cuando la suma de las retenciones, ingresos a cuenta y pagos fraccionados de este Impuesto sea superior al importe de la cuota resultante de la autoliquidación, la Administración tributaria practicará, si procede, liquidación provisional dentro de los 6 meses siguientes al término del plazo establecido para la presentación de la declaración.

Cuando la declaración hubiera sido presentada fuera de plazo, los 6 meses a que se refiere el párrafo anterior se computarán desde la fecha de su presentación.

Cuando la cuota resultante de la autoliquidación o, en su caso, de la liquidación provisional sea inferior a la suma de las cantidades efectivamente retenidas a cuenta de este Impuesto, de los ingresos a cuenta y de los pagos fraccionados de este Impuesto realizados, la Administración tributaria procederá a devolver de oficio el exceso sobre la citada cuota, sin perjuicio de la práctica de las ulteriores liquidaciones, provisionales o definitivas, que procedan.

Si la liquidación provisional no se hubiera practicado en el plazo, la Administración tributaria procederá a devolver de oficio el exceso sobre la cuota autoliquidada, sin perjuicio de la práctica de las liquidaciones provisionales o definitivas ulteriores que pudieran resultar procedentes.

Transcurrido el plazo legalmente establecido sin que se haya ordenado el pago de la devolución por causa no imputable al contribuyente, se aplicará a la cantidad pendiente de devolución el interés de demora.

4. Retenciones

4.1. Obligados a retener

Las entidades, incluidas las comunidades de bienes y las de propietarios, que satisfagan o abonen rentas sujetas a este Impuesto, estarán obligadas a retener o a efectuar ingresos a cuenta, en concepto de pago a cuenta, y a ingresar su importe en el Tesoro.

También estarán obligados a retener e ingresar las personas físicas respecto de las rentas que satisfagan o abonen en el ejercicio de sus actividades económicas, así como las personas físicas, jurídicas y demás entidades no residentes en territorio español que operen en él mediante establecimiento permanente.

Asimismo, estarán obligadas a practicar retención o ingreso a cuenta las entidades aseguradoras domiciliadas en otro Estado miembro del Espacio Económico Europeo que operen en España en régimen de libre prestación de servicios, en relación con las operaciones que se realicen en España.

4.2. Nacimiento de la obligación de retener

Con carácter general, las obligaciones de retener y de ingresar a cuenta nacerán en el momento de la exigibilidad de las rentas, dinerarias o en especie, sujetas a retención o ingreso a cuenta, respectivamente, o en el de su pago o entrega si es anterior.

Deberá practicarse retención, en concepto de pago a cuenta del Impuesto sobre Sociedades correspondiente al perceptor, respecto de:

a) Las rentas derivadas de la participación en fondos propios de cualquier tipo de entidad, de la cesión a terceros de capitales propios y las restantes rentas comprendidas en el artículo 25 de LIRPF.

b) Los premios derivados de la participación en juegos, concursos, rifas o combinaciones aleatorias, estén o no vinculados a la oferta, promoción o venta de determinados bienes, productos o servicios.

c) Las contraprestaciones obtenidas como consecuencia de la atribución de cargos de administrador o consejero en otras sociedades.

d) Las rentas procedentes de la cesión del derecho a la explotación de la imagen o del consentimiento o autorización para su utilización, aun cuando constituyan ingresos derivados de explotaciones económicas.

e) Las rentas procedentes del arrendamiento o subarrendamiento de inmuebles urbanos, aun cuando constituyan ingresos derivados de explotaciones económicas.

f) Las rentas obtenidas como consecuencia de las transmisiones o reembolsos de acciones o participaciones representativas del capital o patrimonio de instituciones de inversión colectiva.

g) Las rentas obtenidas como consecuencia de la reducción de capital con devolución de aportaciones y de la distribución de la prima de emisión realizadas por sociedades de inversión de capital variable.

Cuando un mismo contrato comprenda prestaciones de servicios o la cesión de bienes inmuebles, conjuntamente con la cesión de bienes y derechos de los incluidos en el apartado 4 de LIRPF deberá practicar retención sobre el importe total.

Cuando un mismo contrato comprenda el arriendo, subarriendo o cesión de fincas rústicas, conjuntamente con otros bienes muebles, no se practicará la retención excepto si se trata del arrendamiento o cesión de negocios o minas.

No se practicará retención, entre otras rentas reguladas en el artículo 61 RIS, a:

a) Las rentas obtenidas por las entidades a que se refiere el artículo 9.1 de esta Ley.

b) Los dividendos o participaciones en beneficios repartidos por agrupaciones de interés económico, españolas y europeas, y por uniones temporales de empresas que correspondan a socios que deban soportar la imputación de la base imponible y procedan de períodos impositivos durante los cuales la entidad haya tributado según lo dispuesto en el régimen especial del Capítulo II del Título VII de esta Ley.

c) Los dividendos o participaciones en beneficios, intereses y otras rentas satisfechas entre sociedades que formen parte de un grupo que tribute en el régimen de consolidación fiscal.

d) Los dividendos o participaciones en beneficios a que se refiere el apartado 1 del artículo 21 de esta Ley.

e) Las rentas obtenidas por el cambio de activos en los que estén invertidas las provisiones de los seguros de vida en los que el tomador asume el riesgo de la inversión.

f) Los premios de loterías y apuestas que, por su cuantía, estén exentos del gravamen especial del gravamen especial.

Los rendimientos procedentes del arrendamiento y subarrendamiento de bienes inmuebles urbanos en los siguientes supuestos:

1. Cuando se trate de arrendamientos de vivienda por empresas para sus empleados.

2. Cuando la renta satisfecha por el arrendatario a un mismo arrendador no supere los 900 euros anuales.

3. Cuando la actividad del arrendador esté clasificada en alguno de los epígrafes del grupo 861 de la sección primera de las tarifas del Impuesto sobre Actividades Económicas.

4.3. Porcentaje de retención e ingreso a cuenta

El porcentaje de retención o ingreso a cuenta será el siguiente:

a) Con carácter general, el **19 por ciento**.

Cuando se trate de rentas procedentes del arrendamiento o subarrendamiento de inmuebles urbanos situados en Ceuta, Melilla o sus dependencias, obtenidas por entidades domiciliadas en dichos territorios o que operen en ellos mediante establecimiento o sucursal, dicho porcentaje se dividirá por dos.

b) En el caso de rentas procedentes de la cesión del derecho a la explotación de la imagen o del consentimiento o autorización para su utilización, el **24 por ciento**.

c) En el caso de premios de loterías y apuestas que, por su cuantía, estuvieran sujetos y no exentos del gravamen especial de determinadas loterías y apuestas, el **20 por ciento**. En este caso, la retención se practicará sobre el importe del premio sujeto y no exento, de acuerdo con la referida disposición.

4.4. Obligaciones del retenedor

El retenedor y el obligado a ingresar a cuenta deberán presentar en los primeros veinte días naturales de los meses de abril, julio, octubre y enero, ante el órgano competente de la Administración tributaria, declaración de las cantidades retenidas y de los ingresos a cuenta que correspondan por el trimestre natural inmediato anterior e ingresar su importe en el Tesoro Público.

No obstante, la declaración e ingreso a que se refiere el párrafo anterior se efectuará en los 20 primeros días naturales de cada mes, en relación con las cantidades retenidas y los ingresos a cuenta que correspondan por el inmediato anterior, cuando se trate de retenedores u obligados a presentar sus autoliquidaciones con periodicidad mensual.

El retenedor u obligado a ingresar a cuenta deberá presentar en los primeros 20 días naturales del mes de enero una declaración anual de las retenciones e ingresos a cuenta efectuados.

5.   Sanciones por declaración fuera de plazo

5.1.   Recargos por declaración extemporánea sin requerimiento previo

Cuando los sujetos pasivos presenten sus autoliquidaciones o declaraciones fuera de plazo sin requerimiento previo de la Administración tributaria, no se aplicarán sanciones, sino recargos por declaración extemporánea, de acuerdo con el artículo 27 de la LGT.

El recargo será un porcentaje igual al 1 por ciento más otro 1 por ciento adicional por cada mes completo de retraso con que se presente la autoliquidación o declaración respecto al término del plazo establecido para la presentación e ingreso.

Dicho recargo se calculará sobre el importe a ingresar resultante de las autoliquidaciones o sobre el importe de la liquidación derivado de las declaraciones extemporáneas y excluirá las sanciones que hubieran podido exigirse y los intereses de demora devengados hasta la presentación de la autoliquidación o declaración.

Si la presentación de la autoliquidación o declaración se efectúa una vez transcurridos 12 meses desde el término del plazo establecido para la presentación, el recargo será del 15 por ciento y excluirá las sanciones que hubieran podido exigirse. En estos casos, se exigirán los intereses de demora por el período transcurrido desde el día siguiente al término de los 12 meses posteriores a la finalización del plazo establecido para la presentación hasta el momento en que la autoliquidación o declaración se haya presentado.

En las liquidaciones derivadas de declaraciones presentadas fuera de plazo sin requerimiento previo no se exigirán intereses de demora por el tiempo transcurrido desde la presentación de la declaración hasta la finalización del plazo de pago en período voluntario correspondiente a la liquidación que se practique, sin perjuicio de los recargos e intereses que corresponda exigir por la presentación extemporánea.

No obstante lo anterior, no se exigirán los recargos de este apartado si el obligado tributario regulariza, mediante la presentación de una declaración o autoliquidación correspondiente a otros períodos del mismo concepto impositivo, unos hechos o circunstancias idénticos a los regularizados por la Administración, y concurren las siguientes circunstancias:

a) Que la declaración o autoliquidación se presente en el plazo de seis meses a contar desde el día siguiente a aquél en que la liquidación se notifique o se entienda notificada.

b) Que se produzca el completo reconocimiento y pago de las cantidades resultantes de la declaración o autoliquidación en los términos previstos en el apartado 5 de este artículo.

c) Que no se presente solicitud de rectificación de la declaración o autoliquidación, ni se interponga recurso o reclamación contra la liquidación dictada por la Administración.

d) Que de la regularización efectuada por la Administración no derive la imposición de una sanción.

El incumplimiento de cualquiera de estas circunstancias determinará la exigencia del recargo correspondiente sin más requisito que la notificación al interesado.

Lo dispuesto en los párrafos anteriores no impedirá el inicio de un procedimiento de comprobación o investigación en relación con las obligaciones tributarias regularizadas mediante las declaraciones o autoliquidaciones a que los mismos se refieren.

El importe de los recargos a que se refiere este apartado se reducirá en el 25 por ciento siempre que se realice el ingreso total del importe de la deuda resultante de la autoliquidación extemporánea o de la liquidación practicada por la Administración derivada de la declaración extemporánea.

5.2. Recargos del período ejecutivo

Los recargos del período ejecutivo se devengan con el inicio de dicho período. Son de tres tipos:

⇨ **Recargo ejecutivo.** El recargo ejecutivo será del 5 por ciento y se aplicará cuando se satisfaga la totalidad de la deuda no ingresada en periodo voluntario antes de la notificación de la providencia de apremio.

⇨ **Recargo de apremio reducido.** El recargo de apremio reducido será del 10 por ciento y se aplicará cuando se satisfaga la totalidad de la deuda no ingresada en periodo voluntario y el propio recargo antes de la finalización del plazo de ingreso.

⇨ **Recargo de apremio ordinario.** El recargo de apremio ordinario será del 20 por ciento y es compatible con los intereses de demora.

 Dichos recargos son incompatibles entre sí y se calculan sobre la totalidad de la deuda no ingresada en período voluntario.

Cuando resulte exigible el recargo ejecutivo o el recargo de apremio reducido no se exigirán los intereses de demora devengados desde el inicio del período ejecutivo.

5.3. Sanciones por falta de ingreso y falta de presentación

La LGT, en sus artículos 191 y 192 regula las infracciones tributarias por dejar de ingresar la deuda tributaria y por incumplir la obligación de presentar las declaraciones en el plazo establecido legalmente.

La base de la sanción será la cuantía no ingresada en la autoliquidación o diferencia entre la cuantía que resulte de la adecuada liquidación y el importe declarado.

Ambas se califican como leve, grave o muy grave.

La infracción no será **leve**, cualquiera que sea la cuantía de la base de la sanción, en los siguientes supuestos:

a) Cuando se hayan utilizado facturas, justificantes o documentos falsos o falseados, aunque ello no sea constitutivo de medio fraudulento.

b) Cuando la incidencia de la llevanza incorrecta de los libros o registros represente un porcentaje superior al 10 por ciento de la base de la sanción.

c) Cuando se hayan dejado de ingresar cantidades retenidas o que se hubieran debido retener o ingresos a cuenta.

La sanción por infracción leve consistirá en multa pecuniaria proporcional del 50 por ciento.

La infracción será grave cuando la base de la sanción sea superior a 3.000 euros y exista ocultación.

La infracción también será grave, cualquiera que sea la cuantía de la base de la sanción, en los siguientes supuestos:

a) Cuando se hayan utilizado facturas, justificantes o documentos falsos o falseados, sin que ello sea constitutivo de medio fraudulento.

b) Cuando la incidencia de la llevanza incorrecta de los libros o registros represente un porcentaje superior al 10 por ciento e inferior o igual al 50 por ciento de la base de la sanción.

c) Cuando se hayan dejado de ingresar cantidades retenidas o que se hubieran debido retener o ingresos a cuenta, siempre que las retenciones practicadas y no ingresadas, y los ingresos a cuenta repercutidos y no ingresados, representen un porcentaje inferior o igual al 50 por ciento del importe de la base de la sanción.

La utilización de medios fraudulentos determinará que la infracción sea calificada en todo caso como muy grave.

La sanción por infracción grave consistirá en multa pecuniaria proporcional del 50 al 100 por ciento y se graduará incrementando el porcentaje mínimo conforme a los criterios de comisión repetida de infracciones tributarias y de perjuicio económico para la Hacienda Pública.

La infracción será **muy grave** cuando se hubieran utilizado medios fraudulentos.

La infracción también será muy grave, aunque no se hubieran utilizado medios fraudulentos, cuando se hubieran dejado de ingresar cantidades retenidas o que se hubieran debido retener o ingresos a cuenta, siempre que las retenciones practicadas y no ingresadas, y los ingresos a cuenta repercutidos y no ingresados, representen un porcentaje superior al 50 por ciento del importe de la base de la sanción.

La sanción por infracción muy grave consistirá en multa pecuniaria proporcional del 100 al 150 por ciento y se graduará incrementando el porcentaje mínimo conforme a los criterios de comisión repetida de infracciones tributarias y de perjuicio económico para la Hacienda Pública.

6. Obligaciones contables

Los contribuyentes de este Impuesto deberán llevar su contabilidad de acuerdo con lo previsto en el Código de Comercio y en el PGC.

En todo caso, los contribuyentes a que se refiere el Capítulo XIV del Título VII de esta Ley llevarán su contabilidad de tal forma que permita identificar los ingresos y gastos correspondientes a las rentas exentas y no exentas.

La Administración tributaria podrá realizar la comprobación e investigación mediante el examen de la contabilidad, libros, correspondencia, documentación y justificantes concernientes a los negocios del contribuyente, incluidos los programas de contabilidad y los archivos y soportes magnéticos.

La Administración tributaria podrá analizar directamente la documentación y los demás elementos a que se refiere el párrafo anterior, pudiendo tomar nota por medio de sus agentes de los apuntes contables que se estimen precisos y obtener copia a su cargo, incluso en soportes magnéticos, de cualquiera de los datos o documentos a que se refiere este apartado.

La Administración tributaria podrá comprobar e investigar los hechos, actos, elementos, actividades, explotaciones, valores y demás circunstancias determinantes de la obligación tributaria. En este sentido, podrá regularizar los importes correspondientes a aquellas partidas que se integren en la base imponible en los períodos impositivos objeto de comprobación, aun cuando los mismos deriven de operaciones realizadas en períodos impositivos prescritos.

6.1. Declaraciones

Los contribuyentes estarán obligados a presentar una declaración en el plazo de los 25 días naturales siguientes a los 6 meses posteriores a la conclusión del período impositivo.

Si al inicio del indicado plazo no se hubiera determinado por el Ministro de Hacienda y Administraciones Públicas la forma de presentar la declaración de ese período impositivo, la declaración se presentará dentro de los 25 días naturales siguientes a la fecha de entrada en vigor de la norma que determine dicha forma de presentación. No obstante, en tal supuesto el contribuyente podrá optar por presentar la declaración en el plazo al que se refiere el párrafo anterior cumpliendo los requisitos formales que se hubieran establecido para la declaración del período impositivo precedente.

Los contribuyentes a que se refieren los apartados 2, 3 y 4 del artículo 9 de LIS y estarán obligados a declarar la totalidad de sus rentas, exentas y no exentas.

No obstante, los contribuyentes a que se refiere el apartado 3 del artículo 9 de LIS no tendrán obligación de presentar declaración cuando cumplan los siguientes requisitos:

a) Que sus ingresos totales no superen 75.000 euros anuales.

b) Que los ingresos correspondientes a rentas no exentas no superen 2.000 euros anuales.

c) Que todas las rentas no exentas que obtengan estén sometidas a retención.

En esta unidad hemos conocido los dos sistemas de cálculo del pago fraccionado, un porcentaje fijo sobre la cuota de la última autoliquidación presentada para empresas con una cifra de negocios inferior a 6 millones de euros. Y un segundo sistema, que se calculará sobre el resultado acumulado en los tres, nueve, u once meses del ejercicio en curso.

Hemos determinado la cuota diferencial a partir de la cuota líquida una vez aplicadas las retenciones soportadas y los pagos fraccionados efectuados durante el ejercicio.

Finalmente, hemos conocido las obligaciones contables de las empresas y las implicaciones fiscales de la falta de presentación de las autoliquidaciones.

UNIDAD DIDÁCTICA 7

Régimen especial de las empresas de reducida dimensión.

Contenido & Objetivos

Introducción

1. Ámbito aplicación ERD

2. Libertad de amortización

3. Aceleración de la amortización de inversiones efectuadas en elementos de activo nuevos y en activos intangibles

4. Insolvencias. Pérdidas por deterioro de los créditos por posibles insolvencias de deudores de forma global sobre el saldo de deudores existentes a la conclusión del período impositivo

5. Tipos de gravamen. Incentivos para empresas de nueva creación. Impuesto sobre Sociedades

Los **objetivos** de esta unidad son:

1. Conocer qué se considera Empresa de Reducida Dimensión (ERD).

2. Conocer los beneficios y deducciones fiscales específicas que pueden aplicarse.

3. Realizar la gestión de sus impuestos a través de sus declaraciones.

Introducción

En esta unidad conoceremos el régimen especial e incentivos y beneficios aplicables a las entidades de reducida dimensión, que son aquellas cuya cifra de negocio es inferior a 10 millones de euros.

Los beneficios e incentivos que recoge la ley hacen referencia a la libertad de amortización, amortización acelerada, provisión de insolvencias, y el tipo general aplicable para entidades de nueva creación.

1. Ámbito aplicación ERD

El régimen jurídico de las empresas de reducida dimensión (en adelante, ERD), tiene su desarrollo normativo en la Ley del Impuesto sobre Sociedades, aunque su tratamiento fiscal no solo se aplica en el ámbito de este impuesto, sino también en el ámbito de la estimación directa de actividades económicas del IRPF.

Su regulación la encontramos en los artículos 101 a 105 de la LIS. Estos artículos y algún otro establecen una serie de incentivos fiscales a las empresas de dimensión reducida que tienen por objeto minorar el coste del uso del capital invertido en ellas que determinará una mejora en la competitividad de las mismas.

Son aquellas empresas que en el ejercicio anterior, o en el de inicio de la actividad, han tenido una cifra neta de negocios que ha sido inferior a diez millones de euros, tal como establece el artículo 101 de la LIS.

Los incentivos fiscales establecidos en los artículos mencionados también serán de aplicación en los tres períodos impositivos inmediatos y siguientes a aquél período impositivo en que la entidad o conjunto de entidades a que se refiere el apartado anterior, alcancen la referida cifra de negocios de 10 millones de euros, siempre que las mismas hayan cumplido las condiciones para ser consideradas como de reducida dimensión tanto en aquél período como en los dos períodos impositivos anteriores a este último, aunque no será de aplicación a aquellas entidades consideradas patrimoniales.

Cuando la entidad fuere de nueva creación, el importe de la cifra de negocios se referirá al primer período impositivo en que se desarrolle efectivamente la actividad. Si el período impositivo inmediato anterior hubiere tenido una duración inferior al año, o la actividad se hubiere desarrollado durante un plazo también inferior, el importe neto de la cifra de negocios se elevará al año.

Ejemplo 1

Una empresa tuvo una cifra de negocios en 20X0 de 7 millones de euros.

Al respecto hay que hacer varias precisiones:

- Por cifra neta de negocios, hay que entender el importe de las ventas o prestaciones de servicios efectuados, minorado en los descuentos y rebajas realizados sobre la misma, tanto en el momento de la prestación como en otro momento posterior, y minorado también en las devoluciones de ventas e impuestos que graven la operación.

- Por ejercicio anterior o el de inicio de la actividad, hay que entender un período impositivo de doce meses, en caso de que hubiera sido inferior la cifra de negocios debe elevarse al año.

En este caso sí es ERD.

Ejemplo 2

Una empresa, cuyo período impositivo coincide con el año natural, inició su actividad en octubre del ejercicio anterior facturando 1 millón de euros en cada uno de los meses de octubre a diciembre.

Para saber si tiene la consideración en el presente ejercicio de ERD tenemos que elevar dicha cifra al año mediante una simple regla de tres:

1 mes   1 millón €

12 meses   X

Por tanto X = 12 millones de euros, y por tanto no tiene consideración de ERD

Estos incentivos fiscales se pueden resumir en los siguientes apartados:

a) Libertad de amortización para las inversiones realizadas en elementos de activo material nuevos que vayan acompañados de la creación de empleo.

b)   Aceleración de la amortización de inversiones efectuadas en elementos de activo nuevos y en activo intangible.

c)   Dotación de una provisión por posibles insolvencias de deudores de forma global sobre el saldo de deudores existentes a la conclusión del período impositivo.

d)   Reserva de nivelación de bases imponibles.

e)   Incentivos para entidades de nueva creación y por volumen de facturación en IS y en IRPF.

Pasamos al estudio pormenorizado de los mismos.

2.   Libertad de amortización

2.1.   Libertad de amortización para las inversiones realizadas en elementos de activo material nuevos que vayan acompañados de la creación de empleo

Viene regulada en el artículo 102 LIS, que establece que deben cumplirse los siguientes requisitos:

Debe tratarse de elementos nuevos del inmovilizado material o de las inversiones inmobiliarias, afectos a actividades económicas, puestos a disposición del sujeto pasivo en el período impositivo. Pueden ser elementos construidos por la propia empresa. Puede tratarse también de elementos encargados en virtud de un contrato de ejecución de obra suscrito en el período impositivo, siempre que su puesta a disposición se produzca dentro de los 12 meses siguientes a su conclusión. Puede tratarse, por último, de elementos nuevos del inmovilizado material y de las inversiones inmobiliarias objeto de un contrato de arrendamiento financiero, a condición de que se ejercite la opción de compra.

Podrán ser amortizados libremente siempre que, durante los 24 meses siguientes a la fecha del inicio del período impositivo en que los bienes adquiridos entren en funcionamiento, la plantilla media total de la empresa se incremente respecto de la plantilla media de los 12 meses anteriores, y dicho incremento se mantenga durante un período adicional de otros 24 meses.

La cuantía de la inversión que podrá beneficiarse del régimen de libertad de amortización será la que resulte de multiplicar la cifra de 120.000 euros por el referido incremento calculado con dos decimales.

Para el cálculo de la plantilla media total de la empresa y de su incremento se tomarán las personas empleadas, en los términos que disponga la legislación laboral, teniendo en cuenta la jornada contratada en relación a la jornada completa.

La libertad de amortización será aplicable desde la entrada en funcionamiento de los elementos que puedan acogerse a ella.

En el supuesto de que se incumpliese la obligación de incrementar o mantener la plantilla se deberá proceder a ingresar la cuota íntegra que hubiere correspondido a la cantidad deducida en exceso más los intereses de demora correspondientes.

El ingreso de la cuota íntegra y de los intereses de demora se realizará conjuntamente con la autoliquidación correspondiente al período impositivo en el que se haya incumplido una u otra obligación.

También será de aplicación a los elementos nuevos del inmovilizado material y de las inversiones inmobiliarias objeto de un contrato de arrendamiento financiero, a condición de que se ejercite la opción de compra.

3. Aceleración de la amortización de inversiones efectuadas en elementos de activo nuevos y en activos intangibles

Viene regulada en el artículo 103 LIS, que establece que afecta a los siguientes elementos:

a) Elementos nuevos del inmovilizado material y de las inversiones inmobiliarias, así como elementos del inmovilizado intangible (en los escasos supuestos en que están mencionados en las tablas de amortización), puestos a disposición del sujeto pasivo.

b) Elementos encargados en virtud de un contrato de ejecución de obra suscrito en el período impositivo, siempre que su puesta a disposición sea dentro de los 12 meses siguientes a su conclusión.

c) Elementos del inmovilizado material o intangible y de las inversiones inmobiliarias construidos o producidos por la propia empresa.

Estos elementos podrán amortizarse en función del coeficiente que resulte de multiplicar por 2 el coeficiente de amortización lineal máximo previsto en las tablas.

Este incentivo será compatible con cualquier beneficio fiscal que pudiera proceder por razón de los elementos patrimoniales sujetos a la misma.

Ejemplo 1

Una ERD ha adquirido, a principios del ejercicio, mobiliario nuevo por importe de 40.000,00 euros.

Su amortización según tablas es del 10%.

En este caso al ser una ERD podrá amortizar:

40.000 x 10% x 2 = 8.000,00 euros.

Ejemplo 2

Una ERD ha procedido a activar como inmovilizado inmobiliario una nave industrial construida por sus trabajadores por importe de 400.000,00 euros. Su amortización según tablas es del 3%.

En este caso al ser una ERD podrá amortizar:

400.000 x 3% x 2 = 24.000,00 euros.

Además, también se regula una amortización acelerada de inmovilizado intangible con vida útil definida.

Los elementos del inmovilizado intangible con vida útil definida, adquiridos en el período impositivo en el que se cumplan las condiciones para ser considerada empresa de reducida dimensión, podrán deducirse en un 150 por ciento del importe que resulte de aplicar dicho apartado.

El citado artículo 12.2 LIS dispone que: "El inmovilizado intangible se amortizará atendiendo a su vida útil. Cuando la misma no pueda estimarse de manera fiable, la amortización será deducible con el límite anual máximo de la veinteava parte de su importe.

La amortización del fondo de comercio será deducible con el límite anual máximo de la veinteava parte de su importe".

Una ERD ha procedido a inscribir en el registro de la propiedad industrial un nuevo fármaco para combatir la gripe A encargado a otra empresa, por importe de 40.000,00 euros al ser un inmovilizado con vida útil definida se amortiza anualmente un 10%.

En este caso al ser una ERD podrá amortizar:

40.000 x 10% x 1,5 = 6.000,00 euros.

4. Insolvencias. Pérdidas por deterioro de los créditos por posibles insolvencias de deudores de forma global sobre el saldo de deudores existentes a la conclusión del período impositivo

Viene regulada en el artículo 104 LIS, que establece que será deducible la pérdida por deterioro de los créditos para la cobertura del riesgo derivado de las posibles insolvencias hasta el límite del 1% sobre los deudores existentes a la conclusión del período impositivo. En relación con esta deducción, el citado artículo 104 LIS establece las siguientes reglas:

a) A los efectos de esa deducción, no se incluirán entre los deudores sobre los que se hubiere reconocido de forma individual la pérdida por deterioro de acuerdo con el artículo 13.1 LIS. Tampoco se incluirán aquellos créditos cuyas pérdidas por deterioro no tengan el carácter de deducibles según este artículo 13.1 LIS (como, por ejemplo, los créditos con entidades vinculadas en ausencia de una insolvencia judicialmente declarada).

b) El saldo de la pérdida por deterioro así estimada (esto es, la suma de las dotaciones efectuadas por estimación global del deterioro en varios períodos impositivos, restadas en su caso las reversiones practicadas) en ningún caso podrá exceder del 1% sobre los deudores existentes a la conclusión del período impositivo de que se trate.

c) Las pérdidas por deterioro de los créditos para la cobertura del riesgo derivado de las posibles insolvencias de los deudores, efectuadas, en los períodos impositivos en que la empresa ha dejado de ser de reducida dimensión no serán deducibles hasta el importe del saldo de la pérdida por deterioro globalmente estimada (1 por ciento sobre los deudores existentes).

5. Tipos de gravamen. Incentivos para empresas de nueva creación. Impuesto sobre Sociedades

Las entidades de nueva creación que realicen actividades económicas tributarán, en el primer período impositivo en que la base imponible resulte positiva y en el siguiente, al tipo del 15 por ciento, excepto si, de acuerdo con lo previsto en el artículo 29 LIS, deban tributar a un tipo inferior.

Se establecen, no obstante, las siguientes previsiones:

a) Esta medida no resultará de aplicación a las entidades que deban tributar a un tipo diferente al general.

b) No tendrán la consideración de entidades de nueva creación aquellas que formen parte de un grupo en los términos establecidos en el artículo 42 del Código de Comercio, con independencia de la residencia y de la obligación de formular cuentas anuales consolidadas.

c) No se entenderá iniciada una actividad económica a estos efectos:

⇨ Cuando la actividad económica hubiera sido realizada con carácter previo por otras personas o entidades vinculadas en el sentido del artículo 18 LIS y transmitida, por cualquier título jurídico, a la entidad de nueva creación.

⇨ Cuando la actividad económica hubiera sido ejercida, durante el año anterior a la constitución de la entidad, por una persona física que tenga una participación, directa o indirecta, en el capital o en los fondos propios de la entidad de nueva creación superior al 50%.

Desde el ejercicio 2024 el tipo general de gravamen para los contribuyentes de este Impuesto será el 25 por ciento, excepto para las entidades cuyo importe neto de la cifra de negocios del período impositivo inmediato anterior sea inferior a 1 millón de euros que será el 23 por ciento.

A estos efectos, no se entenderá iniciada una actividad económica:

a) Cuando la actividad económica hubiera sido realizada con carácter previo por otras personas o entidades vinculadas en el sentido del artículo 18 de la LIS y transmitida, por cualquier título jurídico, a la entidad de nueva creación.

b) Cuando la actividad económica hubiera sido ejercida, durante el año anterior a la constitución de la entidad, por una persona física que ostente una participación, directa o indirecta, en el capital o en los fondos propios de la entidad de nueva creación superior al 50 por ciento.

Los tipos de gravamen del 23% y del 15% no resultará de aplicación a aquellas entidades que tengan la consideración de entidad patrimonial, en los términos establecidos en el apartado 2 del artículo 5 de la LIS.

Hemos conocido los incentivos aplicables a entidades cuya cifra de negocios es inferior a 10 millones de euros.

La libertad de amortización por creación de empleo existía en la anterior normativa y se ha mantenido en la norma vigente actual y permite una amortización fiscal de hasta 120.000 euros por empleado.

La amortización acelerada permite aplicar el doble del coeficiente de amortización lineal máximo previsto en las tablas.

A efectos de provisión de insolvencias la norma permite dotar un 1% del saldo pendiente que presentan los clientes de la empresa.

UNIDAD DIDÁCTICA 8

Introducción a la fiscalidad internacional en el ámbito del Impuesto sobre Sociedades.

Contenido & Objetivos

Introducción

1. **Generalidades**

2. **Deducción por doble imposición internaciones de dividendos y exención de rentas extranjeras**

3. **Incentivos y regímenes fiscales para la internacionalización de las empresas españolas: incentivos fiscales a la inversión exterior**

Los **objetivos** de esta unidad son:

1. Identificar la exención por la obtención de rentas extranjeras.

2. Diferenciar el concepto de exención en base de la deducción en cuota.

Introducción

En esta unidad conoceremos los incentivos y beneficios fiscales que la normativa actual reconoce por la obtención de rentas extranjeras.

Incorporamos en esta unidad también la exención por dividendos o participaciones en beneficios de entidades residentes.

1. Generalidades

Se considera que una persona física o jurídica opera mediante establecimiento permanente en territorio español cuando, por cualquier título disponga, de forma continuada o habitual, de instalaciones o lugares de trabajo de cualquier índole, en los que realice toda o parte de su actividad o actúe en él por medio de un agente autorizado para contratar, en nombre y por cuenta del contribuyente, que ejerza con habitualidad dichos poderes.

La característica fundamental del establecimiento permanente es la ausencia de personalidad jurídica distinta de la de su casa central. Se entenderá que constituyen establecimiento permanente las sedes de dirección, las sucursales, las oficinas, las fábricas, los talleres, los almacenes, tiendas u otros establecimientos, las minas, los pozos de petróleo o de gas, las canteras, las explotaciones agrícolas, forestales o pecuarias o cualquier otro lugar de exploración o de extracción de recursos naturales y las obras de construcción, instalación o montaje cuya duración exceda de seis meses.

Se considerará que un contribuyente opera mediante establecimientos permanentes distintos en un determinado país, cuando concurran las siguientes circunstancias:

a)   Que realicen actividades claramente diferenciables.

b)   Que la gestión de estas se lleve de modo separado.

No será posible la compensación de rentas entre establecimientos permanentes distintos.

Se considerarán rentas de un establecimiento permanente aquellas que el mismo hubiera podido obtener si fuera una entidad distinta e independiente, teniendo en cuenta las funciones desarrolladas, los activos utilizados y los riesgos asumidos por la entidad a través del establecimiento permanente.

A estos efectos, se tendrán en cuenta las rentas estimadas por operaciones internas con la propia entidad en aquellos supuestos en que así esté establecido en un convenio para evitar la doble imposición internacional que resulte de aplicación.

2. Deducción por doble imposición internaciones de dividendos y exención de rentas extranjeras

2.1. Exenciones rentas extranjeras (arts. 21 y 22 LIS)

2.1.1. Introducción

Se trata de exenciones que tienen por objeto evitar la doble imposición, tanto jurídica como económica.

Se entiende por doble imposición jurídica aquella que se produce cuando un mismo contribuyente es gravado por más de un Estado en relación con la misma renta, y por doble imposición económica aquella que se produce cuando dos personas distintas son gravadas por la misma renta en distintos Estados (doble imposición económica internacional).

La vigente Ley del Impuesto modificó sustancialmente las normas destinadas a evitar la doble imposición respecto de los dividendos y las rentas provenientes de participaciones en entidades residentes y no residentes en territorio español.

Esta modificación responde al cuestionamiento por parte de la Comisión Europea del diferente trato fiscal que la anterior normativa otorgaba a estas rentas, por lo que se ha hecho necesario la equiparación del tratamiento de las rentas internas e internacionales estableciendo un régimen uniforme para los dividendos y plusvalías obtenidas en la transmisión de participaciones en entidades residentes y no residentes basado en un régimen de exención.

Los supuestos de exención son los siguientes:

- Dividendos y rentas derivadas de participaciones en entidades residentes o no residentes en territorio español: régimen de exención (art. 21 LIS).

- Exención de rentas obtenidas en el extranjero a través de un establecimiento permanente (art. 22 LIS).

2.1.2. Dividendos y rentas derivadas de participaciones en entidades residentes o no residentes en territorio español: régimen de exención

Las principales características de este régimen se regulan en el artículo 21 LIS, y establece que estarán exentos los dividendos o participaciones en beneficios de entidades, cuando se cumplan los siguientes requisitos:

⇨ Que el porcentaje de participación, directa o indirecta, en el capital o en los fondos propios de la entidad no residente sea, al menos, del 5 por 100. Esta participación se deberá poseer ininterrumpidamente durante, al menos, el año anterior al día en que sea exigible el beneficio que se distribuya o, en su defecto, se deberá mantener posteriormente durante el tiempo necesario para completar dicho plazo, teniéndose en cuenta el periodo que haya sido poseída por alguna otra entidad de su grupo de sociedades definido conforme al artículo 42 del Código de Comercio.

⇨ Si la entidad es no residente, ha de estar sujeta y no exenta por un impuesto extranjero de naturaleza idéntica o análoga al IS a un tipo nominal mínimo del 10% en el ejercicio en que se hayan obtenido los beneficios que se reparten o en los que se participa, con independencia de la aplicación de algún tipo de exención, bonificación, reducción o deducción.

 Se considera cumplido cuando la participada sea residente en un país con el que España tenga suscrito un convenio para evitar la doble imposición internacional, que le sea de aplicación y que contenga cláusula de intercambio de información.

⇨ Se elimina el requisito de realización de actividades económicas que se exigía en el régimen anterior.

215

La sociedad española Petróleos de Almadén, S.A. compró en enero de 20X0 un 7% de las acciones de Petróleos de México S.A., sociedad mejicana dedicada a la comercialización de productos petrolíferos, posteriormente compra un 3% en mayo de 20X1. El día 15 de junio de 20X1, Petróleos de México S.A. acuerda repartir un dividendo de 10.000.000,00 euros.

El día 1 de julio de 20X1 la sociedad española percibe 1.000.000,00 euros mediante un ingreso bancario.

En este caso, todo el dividendo percibido por Petróleos de Almadén, S.A. tiene derecho a acogerse a la exención pues la sociedad poseía más del 5% de la sociedad mejicana durante el año anterior a la distribución del dividendo.

Por lo tanto, la entidad contabilizará como ingreso contable 1.000.000,00 euros percibido como dividendo de la sociedad mejicana, pero en su declaración del Impuesto sobre Sociedades hará un ajuste extracontable negativo de 1.000.000,00 euros que tendrá la naturaleza de diferencia permanente negativa (no tenemos en consideración la reducció del 5% al que haremos referencia en otro lugar de esta unidad).

La sociedad Petróleos de Almadén, S.A. compró hace 3 años el 3% de Petróleos de México S.A., sociedad mejicana dedicada a la comercialización de productos petrolíferos. Asimismo posee desde hace 10 años la totalidad de las acciones de Petróleos Franceses, S.A., la cual posee desde hace 4 años el 5% de las acciones de Petróleos de México S.A.

El día 15 de junio de 20X1 Petróleos de México S.A. acuerda repartir un dividendo de 10.000.000,00 euros. El día 1 de julio de 20X2 percibe 300.000 euros mediante un ingreso bancario.

En este caso, todo el dividendo percibido por Petróleos de Almadén, S.A. tiene derecho a acogerse a la exención pues la sociedad poseía más del 5% de la sociedad mejicana (3% de forma directa y el 5% de forma indirecta) durante el año anterior a la distribución del dividendo.

Adicionalmente se establecen las siguientes **reglas específicas en el caso de subholdings**:

▶ Si los dividendos, participaciones en beneficios o rentas derivadas de la transmisión representan más del 70% de sus ingresos (o del resultado consolidado en caso de que sea dominante de un grupo mercantil), el contribuyente debe tener una participación indirecta en esas entidades de al menos el 5%. La participación indirecta en filiales de segundo o ulterior nivel debe ser de al menos un 5%, salvo que reúnan las circunstancias para formar parte del mismo grupo mercantil con la entidad directamente participada y formulen estados contables consolidados.

▶ El requisito anterior no es aplicable si se acredita que los dividendos o participaciones en beneficios percibidos se han integrado en la base imponible de la entidad directa o indirectamente participada como dividendos, participaciones en beneficios o rentas derivadas de la transmisión de valores representativos del capital o de los fondos propios de entidades sin derecho a la aplicación de un régimen de exención o de deducción por doble imposición.

▶ Si la subholding es no residente, el requisito relativo al tipo nominal debe cumplirse, al menos, en la entidad indirectamente participada.

▶ Si se obtienen las rentas de dos o más entidades, pero solo en alguna o algunas de ellas se cumplen los mencionados requisitos, la exención se aplica a la parte de los dividendos o participaciones en beneficios recibidos por el contribuyente respecto de entidades en las que se cumplan los citados requisitos.

El artículo 21.2 LIS establece que se consideran **dividendos o participaciones en beneficios** las retribuciones de valores representativos del capital o de los fondos propios de entidades, con independencia de su consideración contable, y de los préstamos participativos otorgados por entidades que formen parte del mismo grupo mercantil, con independencia de la residencia y de la obligación de formular cuentas anuales consolidadas.

La exención de dividendos y participaciones en beneficios **no resulta de aplicación** cuando:

• Su distribución genere un gasto fiscalmente deducible en la entidad pagadora.

• Su importe deba ser objeto de entrega a otra entidad por un contrato que verse sobre los valores de los que proceden, registrando un gasto al efecto. La receptora podrá aplicar la exención, sujeto al cumplimiento de los siguientes requisitos:

  a) Que conserve el registro contable de dichos valores.

  b) Que pruebe que el dividendo ha sido percibido por la otra entidad contratante o una entidad perteneciente al mismo grupo de sociedades de cualquiera de las dos entidades, en los términos establecidos en el artículo 42 del Código de Comercio.

c) Que se cumplan las condiciones establecidas en el apartado anterior para la aplicación de la exención.

El apartado 3 del artículo 21 LIS establece que la exención prevista para las **rentas positivas** procedentes de la transmisión de la participación en una entidad que cumpla los requisitos previstos el apartado 1 del artículo 21 LIS, se amplía a los supuestos de liquidación de la entidad, separación del socio, fusión, escisión total o parcial, reducción de capital, aportación no dineraria o cesión global de activo y pasivo.

No obstante, en el caso de que el requisito previsto en la letra b) del apartado 1 del artículo 21 LIS no se cumpliera en alguno o algunos de los ejercicios de tenencia de la participación, la exención prevista en este apartado se aplicará de acuerdo con las siguientes reglas:

⇨ De la parte de la renta que se corresponda con un incremento neto de beneficios no distribuidos generados por a entidad participada durante el tiempo de tenencia de la participación, está exenta la parte que se corresponda con beneficios generados por las entidades en las que se cumpla el requisito de tipo de gravamen.

⇨ De la parte de la renta que no se corresponda con un incremento neto de beneficios no distribuidos generados por a entidad participada durante el tiempo de tenencia de la participación, la misma se entenderá generada de forma lineal, salvo prueba en contrario, durante el tiempo de tenencia de la participación, se considera exenta la parte que proporcionalmente atribuible a las entidades en que se haya cumplido el requisito de tipo de gravamen.

En el caso de transmisión de la participación en el capital o en los fondos propios de una entidad residente o no residente en territorio español que, a su vez, participara en dos o más entidades respecto de las que sólo en alguna o algunas de ellas se cumplieran los requisitos previstos en las letras a) o b) del apartado 1, la exención prevista en este apartado se aplicará de acuerdo con las siguientes reglas:

1. Respecto de aquella parte de la renta que se corresponda con un incremento neto de beneficios no distribuidos generados por las entidades indirectamente participadas durante el tiempo de tenencia de la participación, se considerará exenta aquella parte de la renta que se corresponda con los beneficios generados por las entidades en las que se cumpla el requisito establecido en la letra b) del apartado 1.

2. Respecto de aquella parte de la renta que no se corresponda con un incremento neto de beneficios no distribuidos generados por las entidades indirectamente participadas durante el tiempo de tenencia de la participación, se considerará exenta aquella parte que proporcionalmente sea atribuible a las entidades en que se haya cumplido el requisito establecido en la letra b) del apartado 1.

El artículo 21 LIS prevé también **reglas especiales** para la aplicación de la exención en los supuestos de transmisión de la participación en el capital o en los fondos propios de una entidad residente o no residente en territorio español que, a su vez, participara en dos o más entidades respecto de las que sólo en alguna o algunas de ellas se cumplieran los requisitos previstos en las letras a) o b) del apartado 1 del artículo 21 LIS:

a) Cuando la participación en la entidad hubiera sido valorada conforme a las reglas del régimen especial del Capítulo VII del Título VII de LIS y la aplicación de dichas reglas hubiera determinado la no integración de rentas en la base imponible de este Impuesto, o del Impuesto sobre la Renta de no Residentes, derivadas de:

1. La aportación de la participación en una entidad que no cumpla el requisito de la letra a) o, total o parcialmente al menos en algún ejercicio, el requisito a que se refiere la letra b) del apartado 1 de este artículo.

2. La aportación no dineraria de otros elementos patrimoniales distintos a las participaciones en el capital o fondos propios de entidades.

En este supuesto, la exención no se aplicará sobre la renta diferida en la entidad transmitente como consecuencia de la operación de aportación, salvo que se acredite que la entidad adquirente ha integrado esa renta en su base imponible.

b) Cuando la participación en la entidad hubiera sido valorada conforme a las reglas del régimen especial del Capítulo VII del Título VII de LIS y la aplicación de dichas reglas hubiera determinado la no integración de rentas en la base imponible del Impuesto sobre la Renta de las Personas Físicas, derivadas de la aportación de participaciones en entidades.

En este supuesto, cuando las referidas participaciones sean objeto de transmisión en los dos años posteriores a la fecha en que se realizó la operación de aportación, la exención no se aplicará sobre la diferencia positiva entre el valor fiscal de las participaciones recibidas por la entidad adquirente y el valor de mercado en el momento de su adquisición, salvo que se acredite que las personas físicas han transmitido su participación en la entidad durante el referido plazo.

El artículo 21.5 LIS establece la **no aplicación de la exención** a las rentas procedentes de la transmisión de la participación, liquidación de la entidad, separación del socio, fusión, escisión total o parcial, reducción de capital, aportación no dineraria o cesión global de activo y pasivo en los siguientes supuestos:

• Transmisión de la participación, directa o indirecta, en una entidad que tenga la consideración de entidad patrimonial, por la parte de renta que no se corresponda con un incremento de beneficios no distribuidos generados durante el tiempo de tenencia de la participación.

Si esta circunstancia no se cumple en todos los períodos impositivos de tenencia de la participación, la no aplicación de la exención se realiza de forma proporcional.

- Transmisión de la participación en una Agrupación de Interés Económico (AIE o AEIE), que no se corresponda con un incremento de beneficios no distribuidos generados durante el tiempo de tenencia de la participación.

- Transmisión de la participación, directa o indirecta, en una entidad que cumpla los requisitos establecidos para la aplicación del régimen especial de transparencia fiscal, siempre que, al menos, el 15% de sus rentas queden sometidas a dicho régimen.

Si esta circunstancia no se cumple en todos los períodos impositivos de tenencia de la participación, la no aplicación de la exención se realiza de forma proporcional.

No se integrarán en la base imponible las rentas negativas derivadas de la transmisión de la participación en una entidad, respecto de la que se de alguna de las siguientes circunstancias:

a) Que se cumplan los requisitos establecidos en el apartado 3 del artículo 21 LIS. No obstante, el requisito relativo al porcentaje de participación se entenderá cumplido cuando el mismo se haya alcanzado en algún momento durante el año anterior al día en que se produzca la transmisión.

b) En caso de participación en el capital o en los fondos propios de entidades no residentes en territorio español, que no se cumpla el requisito establecido en la letra b) del apartado 1 del artículo 21 de LIS.

Las rentas negativas derivadas de la transmisión de la participación en entidades que sean objeto de integración en la base imponible por no producirse ninguna de las circunstancias previstas en el apartado anterior, tendrán las especialidades que se indican a continuación:

a) En el caso de que la participación hubiera sido previamente transmitida por otra entidad que reúna las circunstancias a que se refiere el artículo 42 del Código de Comercio para formar parte del mismo grupo de sociedades con el contribuyente, con independencia de la residencia y de la obligación de formular cuentas anuales consolidadas, dichas rentas negativas se minorarán en el importe de la renta positiva generada en la transmisión precedente a la que se hubiera aplicado un régimen de exención o de deducción para la eliminación de la doble imposición.

b) El importe de las rentas negativas se minorará, en su caso, en el importe de los dividendos o participaciones en beneficios recibidos de la entidad participada a partir del período impositivo que se haya iniciado en el año 2009, siempre que los referidos dividendos o participaciones en beneficios no hayan minorado el valor de adquisición y hayan tenido derecho a la aplicación de la exención prevista en el apartado 1 del artículo 21 LIS.

El artículo 21.8 LIS establece que serán fiscalmente deducibles las rentas negativas generadas en caso de extinción de la entidad participada, salvo que la misma sea consecuencia de una operación de reestructuración.

En este caso, el importe de las rentas negativas se minorará en el importe de los dividendos o participaciones en beneficios recibidos de la entidad participada en los diez años anteriores a la fecha de la extinción, siempre que los referidos dividendos o participaciones en beneficios no hayan minorado el valor de adquisición y hayan tenido derecho a la aplicación de un régimen de exención o de deducción para la eliminación de la doble imposición, por el importe de la misma.

El artículo 21.9 de la LIS establece que **no se aplicará la exención** prevista en este artículo:

⇨ A las rentas distribuidas por el fondo de regulación de carácter público del mercado hipotecario.

⇨ A las rentas obtenidas por agrupaciones de interés económico españolas y europeas, y por uniones temporales de empresas, cuando, al menos uno de sus socios, tenga la condición de persona física.

⇨ A las rentas de fuente extranjera que la entidad integre en su base imponible y en relación con las cuales opte por aplicar, si procede, la deducción establecida en los artículos 31 o 32 de la LIS.

A partir del 1 de enero del 2021 El importe de los dividendos o participaciones en beneficios de entidades y el importe de la renta positiva obtenida en la transmisión de la participación en una entidad y en el resto de supuestos a que se refiere el apartado 3 art.21 LIS, a los que resulte de aplicación la exención, se reducirá, a efectos de la aplicación de dicha exención, en un 5 por ciento en concepto de gastos de gestión referidos a dichas participaciones.

Como novedad también en 2021 la reducción aplicable a dividendos o participaciones en beneficios de entidades a que se refiere el apartado anterior no será de aplicación cuando concurran las siguientes circunstancias:

a) Los dividendos o participaciones en beneficios sean percibidos por una entidad cuyo importe neto de la cifra de negocios habida en el período impositivo inmediato anterior sea inferior a 40 millones de euros.

A efectos de determinar el importe neto de la cifra de negocios será de aplicación lo dispuesto en el apartado 2 del artículo 101 de la LIS.

La entidad a que se refiere esta letra deberá cumplir los siguientes requisitos:

- No tener la consideración de entidad patrimonial en los términos establecidos en el apartado 2 del artículo 5 de la LIS.

- No formar parte, con carácter previo a la constitución de la entidad a que se refiere la letra b) de este apartado, de un grupo de sociedades en el sentido del artículo 42 del Código de Comercio, con independencia de la residencia y de la obligación de formular cuentas anuales consolidadas.

- No tener, con carácter previo a la constitución de la entidad a que se refiere la letra b) de este apartado, un porcentaje de participación, directa o indirecta, en el capital o en los fondos propios de otra entidad igual o superior al 5 por ciento.

b) Los dividendos o participaciones en beneficios procedan de una entidad constituida con posterioridad al 1 de enero de 2021 en la que se ostente, de forma directa y desde su constitución, la totalidad del capital o los fondos propios.

c) Los dividendos o participaciones en beneficios se perciban en los períodos impositivos que concluyan en los 3 años inmediatos y sucesivos al año de constitución de la entidad que los distribuya.

Se establece un régimen transitorio en la Disposición Transitoria 23 para los supuestos de rentas obtenidas por participaciones adquiridas antes del 1 de enero del 2015.

▶ Según la Disposición Transitoria cuadragésima se establece el régimen de tributación de las participaciones con un valor de adquisición superior a 20 millones.

Las participaciones adquiridas en los períodos impositivos iniciados con anterioridad al 1 de enero de 2021 que tuvieran un valor de adquisición superior a 20 millones de euros sin alcanzar el porcentaje establecido en el primer párrafo de la letra a) del apartado 1 del artículo 21 de LIS o en la letra a) del apartado 1 del artículo 32 de LIS, aplicarán el régimen fiscal establecido en dichos artículos, según proceda, siempre que cumplan el resto de los requisitos previstos en ellos durante los períodos impositivos que se inicien dentro de los años 2021, 2022, 2023, 2024 y 2025.

Ejemplo 1

El Banco Español de los Negocios es una institución bancaria española que tiene el 8% del Banco Argentino de Negocios. Dicha participación la adquirió hace 3 años por un importe de 100.000.000,00 euros. En Argentina existe un impuesto similar al Impuesto sobre Sociedades español y además tiene convenio de Doble imposición con España.

Ante una buena oferta ha decidido vender la citada participación por un importe de 250.000.000,00 euros. Esta operación no ha tributado cantidad alguna en Argentina.

En este caso, la renta obtenida en esa transmisión estará exenta en España.

Ejemplo 2

El Banco Español de los Negocios es una institución bancaria española que tiene el 8% del Banco Panameño de Negocios. Dicha participación la adquirió hace 3 años por un importe de 100.000.000,00 euros. En Panamá existe un impuesto similar al Impuesto sobre Sociedades español pero es un paraíso fiscal y además no tiene convenio de Doble imposición con España. Ante una buena oferta ha decidido vender la citada participación por un importe de 250.000.000,00 euros. Esta operación no ha tributado cantidad alguna en Panamá.

En este caso, la renta obtenida no estará exenta en España de acuerdo con lo dispuesto en el artículo 21 LIS, pues al ser Panamá un paraíso fiscal no es de aplicación la exención.

2.1.3. Exención de rentas obtenidas en el extranjero a través de un establecimiento permanente (art. 22 LIS)

Al igual que se ha establecido la exención para las rentas obtenidas a través de una sociedad residente en el extranjero cuando esta haya sido gravada por un impuesto extranjero de naturaleza idéntica o análoga al IS, en el artículo 22 LIS se ha establecido otra exención cuando las rentas se obtienen directamente a través de un establecimiento permanente.

Se considerará que **una entidad opera mediante un establecimiento permanente** en el extranjero cuando, por cualquier título, disponga fuera del territorio español, de forma continuada o habitual, de instalaciones o lugares de trabajo en los que realice toda o parte de su actividad, o actúe en él por medio de un agente autorizado para contratar, en nombre y por cuenta del contribuyente, que ejerza con habitualidad dichos poderes.

En particular, se entenderá que constituyen establecimiento permanente las sedes de dirección, las sucursales, las oficinas, las fábricas, los talleres, los almacenes, tiendas u otros establecimientos, las minas, los pozos de petróleo o de gas, las canteras, las explotaciones agrícolas, forestales o pecuarias o cualquier otro lugar de exploración o de extracción de recursos naturales, y las obras de construcción, instalación o montaje cuya duración exceda de 6 meses.

Si el establecimiento permanente se encuentra situado en un país con el que España tenga suscrito un convenio para evitar la doble imposición internacional, que le sea de aplicación, se estará a lo que de él resulte.

Estarán **exentas** las rentas positivas obtenidas en el extranjero a través de un establecimiento permanente sito en el extranjero y las rentas derivadas de su transmisión cuando el establecimiento permanente haya sido gravado por un impuesto análogo a un tipo nominal de, al menos, un 10%, siendo de aplicación las particularidades previstas para el supuesto de exención de rentas procedentes de participaciones en entidades no residentes (existencia de un convenio de doble imposición con cláusula de intercambio de información).

No se integrarán en la base imponible las rentas negativas obtenidas en el extranjero a través de un establecimiento permanente.

Tampoco serán objeto de integración las rentas negativas derivadas de la transmisión de un establecimiento permanente.

No obstante, serán fiscalmente deducibles las rentas negativas generadas en caso de cese del establecimiento permanente. En este caso, el importe de las rentas negativas se minorará en el importe de las rentas positivas netas obtenidas con anterioridad y que hayan tenido derecho a la aplicación de un régimen de exención o de deducción para la eliminación de la doble imposición, por el importe de la misma.

Se considerará que un contribuyente opera mediante establecimientos permanentes distintos en un determinado país, cuando concurran las siguientes circunstancias:

a)   Que realicen actividades claramente diferenciables.

b)   Que la gestión de estas se lleve de modo separado.

Se considerarán rentas de un establecimiento permanente aquellas que el mismo hubiera podido obtener si fuera una entidad distinta e independiente, teniendo en cuenta las funciones desarrolladas, los activos utilizados y los riesgos asumidos por la entidad a través del establecimiento permanente.

A estos efectos, se tendrán en cuenta las rentas estimadas por operaciones internas con la propia entidad en aquellos supuestos en que así esté establecido en un convenio para evitar la doble imposición internacional que resulte de aplicación.

No se podrá aplicar esta exención cuando el establecimiento permanente esté situado en un país o territorio calificado como paraíso fiscal, excepto que se trate de un Estado miembro de la Unión Europea y el contribuyente acredite que su constitución y operativa responde a motivos económicos válidos y que realiza actividades económicas.

Las exenciones objetivas son totales por la obtención de dividendos, participaciones en beneficios o transmisión de estos valores de entidades no residentes y también por la obtención de rentas obtenidas a través de establecimientos permanentes en el extranjero. Tratan de evitar la doble imposición internacional.

Ejemplo 1

La conocida firma de diseño de ropa Antonio López S.A. ha decidido abrir una tienda en Francia para vender sus productos, que ha tenido un rápido éxito obteniendo en el último año un beneficio de 1.000.000,00 euros en dicho establecimiento y satisfaciendo por ello impuestos en Francia por importe de 250.000,00 euros.

En este supuesto la renta obtenida puede disfrutar de la exención que estamos comentando.

Ejemplo 2

La conocida firma de diseño de ropa Antonio López, S.A. ha decidido abrir una tienda en Francia para vender sus productos. Los dos primeros años ha tenido pérdidas por valor de 500.000,00 euros y 200.000,00 euros, pero en el tercer año de actividad del establecimiento ha obtenido un beneficio de 1.000.000,00 euros en dicho establecimiento, satisfaciendo por ello impuestos en Francia por importe de 50.000,00 euros.

En este supuesto, Antonio López S.A., durante los dos primeros años de actividad podrá incorporar a la declaración del Impuesto sobre Sociedades las pérdidas obtenidas en Francia, es decir, 500.000,00 euros y 200.000,00 euros de pérdidas, pero en el tercer año, el que sí existe beneficio, solo podrá considerar exenta la renta positiva que supere la suma de esas dos cantidades debiendo integrar el resto en la base imponible.

2.1.4. Exención de rentas derivadas de la transmisión de determinados inmuebles

La Disposición Adicional Sexta LIS dispone que estarán exentas en un 50% de las rentas derivadas de la transmisión de bienes inmuebles de naturaleza urbana que tengan la condición de activo no corriente o que hayan sido clasificados como activos no corrientes mantenidos para la venta y que hubieran sido adquiridos a título oneroso a partir de la entrada en vigor del Real Decreto-ley 18/2012 y hasta el 31 de diciembre de 2012.

No formarán parte de la renta con derecho a la exención:

a) El importe de las pérdidas por deterioro relativas a los inmuebles.

b) Las cantidades correspondientes a la reversión del exceso de amortización que haya sido fiscalmente deducible en relación con la amortización contabilizada.

No resultará de aplicación esta exención cuando el inmueble se hubiera adquirido o transmitido a:

a) Una persona o entidad que forme parte de un grupo de sociedades, con independencia de la residencia y de la obligación de formular cuentas anuales consolidadas.

b) Al cónyuge de la persona anteriormente indicada.

c) A cualquier persona unida a esta por parentesco, en línea recta o colateral, por consanguinidad o afinidad, hasta el segundo grado incluido.

2.2. Deducciones para evitar la doble imposición internacional

2.2.1. Deducción para evitar la doble imposición jurídica: impuesto soportado por el contribuyente

Las deducciones para evitar la doble imposición internacional vienen reguladas en los artículos 31 y 32 de la Ley del Impuesto y son las siguientes:

- Deducción para evitar la doble imposición jurídica: impuesto soportado por el contribuyente (art. 31 LIS).

- Deducción para evitar la doble imposición económica internacional: dividendos y participaciones en beneficios (art 32 LIS).

A continuación, vamos a ver el artículo 31. Deducción para evitar la doble imposición jurídica: impuesto soportado por el contribuyente.

Cuando en la base imponible del contribuyente se integren **rentas positivas obtenidas y gravadas en el extran**jero, se deducirá de la cuota íntegra la menor de las dos cantidades siguientes.

a) El importe efectivo de lo satisfecho en el extranjero por razón del gravamen de naturaleza idéntica o análoga a este Impuesto.

No se deducirán los impuestos no pagados en virtud de exención, bonificación o cualquier otro beneficio fiscal.

Siendo de aplicación un convenio para evitar la doble imposición, la deducción no podrá exceder del impuesto que corresponda según aquél.

b) El importe de la cuota íntegra que en España correspondería pagar por las mencionadas rentas si se hubieran obtenido en territorio español.

El **importe del impuesto satisfecho en el extranjero** se incluirá en la renta a los efectos previstos en el apartado anterior e, igualmente, formará parte de la base imponible, aun cuando no fuese plenamente deducible.

Tendrá la consideración de gasto deducible aquella parte del importe del impuesto satisfecho en el extranjero que no sea objeto de deducción en la cuota íntegra por aplicación de lo señalado en el apartado anterior, siempre que se corresponda con la realización de actividades económicas en el extranjero.

Cuando el contribuyente haya obtenido en el período impositivo **varias rentas del extranjero,** la deducción se realizará agrupando las procedentes de un mismo país salvo las rentas de establecimientos permanentes, que se computarán aisladamente por cada uno de estos.

Las **cantidades no deducidas por insuficiencia de cuota íntegra** podrán deducirse en los períodos impositivos siguientes.

El derecho de la Administración para iniciar el **procedimiento de comprobación** de las deducciones por doble imposición aplicadas o pendientes de aplicar prescribirá a los 10 años a contar desde el día siguiente a aquel en que finalice el plazo establecido para presentar la declaración o autoliquidación correspondiente al período impositivo en que se generó el derecho a su aplicación.

Transcurrido dicho plazo, el contribuyente deberá acreditar las deducciones cuya aplicación pretenda, mediante la exhibición de la liquidación o autoliquidación y la contabilidad, con acreditación de su depósito durante el citado plazo en el Registro Mercantil.

2.2.2. Deducción para evitar la doble imposición económica internacional: dividendos y participaciones en beneficios

En el caso de obligación personal de contribuir, cuando en la base imponible se computen dividendos o participaciones en los beneficios pagados por una entidad no residente en territorio español, se deducirá el impuesto efectivamente pagado por esta última respecto de los beneficios con cargo a los cuales se abonan los dividendos, en la cuantía correspondiente de tales dividendos, siempre que dicha cuantía se incluya en la base imponible del contribuyente.

Para ello se requiere el cumplimiento de los siguientes requisitos:

a) **Participación significativa**: participación mínima de al menos el 5%.

b) **Mantenimiento de la participación**: esta se deberá mantener ininterrumpidamente durante el año anterior al que se distribuye el beneficio o se mantenga el tiempo que sea necesario para completar el año.

En el cómputo del plazo también se tendrá en cuenta el periodo que haya estado poseída por alguna otra entidad de su grupo de sociedades definido conforme al artículo 42 del Código de Comercio.

 Con efectos del 1 de enero del 2021 la deducción regulada en el artículo 32 LIS, conjuntamente con la establecida en el artículo 31 respecto de los dividendos o participaciones en los beneficios, no podrá exceder de la cuota íntegra que correspondería pagar en España por estas rentas si se hubieran obtenido en territorio español. Para calcular dicha cuota íntegra los dividendos o participaciones en los beneficios se reducirán en un 5 por ciento en concepto de gastos de gestión referidos a dichas participaciones. Dicha reducción no se practicará en el caso de los dividendos o participaciones en los beneficios en los que concurran las circunstancias establecidas en el apartado 11 del artículo 21 de LIS.

El exceso sobre dicho límite no tendrá la consideración de gasto fiscalmente deducible, sin perjuicio de lo establecido en el apartado 2 del artículo 31 de LIS.

Una sociedad posee, hace 3 años, el 9%, de las acciones de una empresa alemana ha recibido 200.000,00 euros brutos en concepto de dividendos procedentes de estas acciones. Además sabemos que la entidad alemana ha tributado al tipo del 18% por dichos dividendos. Por lo tanto, la entidad residente española se podrá deducir el 18% de 200.000 = 36.000,00 euros.

Esta deducción no resultará de aplicación en relación con los dividendos o participaciones en beneficios recibidos cuyo importe deba ser objeto de entrega a otra entidad con ocasión de un contrato que verse sobre los valores de los que aquellos proceden, registrando un gasto al efecto. La entidad receptora de dicho importe podrá aplicar la deducción prevista en el referido apartado 1 en la medida en que conserve el registro contable de dichos valores y estos cumplan las condiciones establecidas en el apartado anterior.

Las cantidades no deducidas por insuficiencia de cuota íntegra podrán deducirse en los períodos impositivos siguientes.

Tendrá también la consideración de impuesto efectivamente pagado el impuesto satisfecho por las entidades participadas directamente por la sociedad que distribuye el dividendo y por las que, a su vez, estén participadas directamente por aquellas, y así sucesivamente, en la parte imputable a los beneficios con cargo a los cuales se pagan los dividendos siempre que la participación indirecta en dichas entidades sea, al menos, del 5% y se cumpla el requisito a que se refiere el apartado anterior en lo concerniente al tiempo de tenencia de la participación.

El derecho de la Administración para iniciar el procedimiento de comprobación de las deducciones por doble imposición aplicadas o pendientes de aplicar prescribirá a los 10 años a contar desde el día siguiente a aquel en que finalice el plazo establecido para presentar la declaración o autoliquidación correspondiente al período impositivo en que se generó el derecho a su aplicación.

Transcurrido dicho plazo, el contribuyente deberá acreditar las deducciones cuya aplicación pretenda mediante la exhibición de la liquidación o autoliquidación y la contabilidad, con acreditación de su depósito durante el citado plazo en el Registro Mercantil.

Deducciones doble imposición internacional RDLeg. 4/2004

DI internac. ejerc. anteriores:	Deducción pendiente	Tipo gravamen período generación	2022 deducción pendiente	Aplicado en esta liquidación(**)	Pendiente de aplicación en períodos futuros
DI internacional 2005	00153	00728	00637	00638	00639
DI internacional 2006	00154	00729	00849	00894	00197
DI internacional 2007	00155	00730	00285	00286	00287
DI internacional 2008	00156	00731	00825	00826	00827
DI internacional 2009	00157	00732	00001	00002	00003
DI internacional 2010	00158	00733	00028	00029	00030
DI internacional 2011	00159	00734	00717	00718	00719
DI internacional 2012	00720	00721	00722	00723	00724
DI internacional 2013	00739	00921	00740	00741	00742
DI internacional 2014	00134	00926	00135	00136	00137
Total	**00160**		**00161**	**00572**	**00162**

Tipo de gravamen 2022 00103

(**) Para los contribuyentes cuyo importe neto de la cifra de negocios sea al menos de 20 millones de euros durante los 12 meses anteriores a la fecha en que se inicie el período impositivo, el importe no podrá exceder conjuntamente del 50% de la cuota íntegra del contribuyente (DA 15ª LIS).

Deducciones doble imposición internacional LIS

DI internac. períodos anteriores:	Deducción pendiente	Tipo gravamen período generación	2022 deducción pendiente	Aplicado en esta liquidación(**)	Pendiente de aplicación en períodos futuros
DI internacional 2015	01054	01050	01051	01052	01053
DI internacional 2016	01348	01349	01350	01351	01352
DI internacional 2017	01770	01771	01772	01773	01774
DI internacional 2018	01833	01834	01835	01836	01837
DI internacional 2019	02201	02202	02203	02204	02205
DI internacional 2020	02324	02325	02326	02327	02328
DI internacional 2021	02207	02208	02209	02212	02213
DI internacional 2022(*)	00490	00491	00492	00493	00620
Total	**00131**		**00132**	**00571**	**00133**

Tipo de gravamen 2022 00103

DI internacional 2022:

	Deducción generada			Aplicado en esta liquidación(**)	Pendiente de aplicación en períodos futuros
DI jurídica: Imp. soportado por el contribuyente (art. 31 LIS)	00163			00165	00166
DI económica: Dividendos y part. en beneficios (art. 32 LIS)	00167			00169	00170
Total 2022	**00171**			**00573**	**00174**

(*) Sólo debe cumplimentarse esta fila si la entidad tiene deducciones pendientes de aplicar correspondientes a un período impositivo anterior iniciado en 2022.

(**) Para los contribuyentes cuyo importe neto de la cifra de negocios sea al menos de 20 millones de euros durante los 12 meses anteriores a la fecha en que se inicie el período impositivo, el importe no podrá exceder conjuntamente del 50% de la cuota íntegra del contribuyente (DA 15ª LIS).

 La disposición transitoria cuadragésima regula el régimen de tributación de las participaciones con un valor de adquisición superior a 20 millones.

Las participaciones adquiridas en los períodos impositivos iniciados con anterioridad al 1 de enero de 2021 que tuvieran un valor de adquisición superior a 20 millones de euros sin alcanzar el porcentaje establecido en el primer párrafo de la letra a) del apartado 1 del artículo 21 de esta Ley o en la letra a) del apartado 1 del artículo 32 de esta Ley, aplicarán el régimen fiscal establecido en dichos artículos, según proceda, siempre que cumplan el resto de los requisitos previstos en ellos durante los períodos impositivos que se inicien dentro de los años 2021, 2022, 2023, 2024 y 2025.

3. Incentivos y regímenes fiscales para la internacionalización de las empresas españolas: incentivos fiscales a la inversión exterior

3.1. Régimen de las entidades de tenencia de valores extranjeros

La LIS en su Título VII capítulo XIII, artículos 107 y siguientes regula el régimen de las entidades de tenencia de valores extranjeros, como una de las medidas para internacionalizar las empresas españolas y que trata de ser un complemento a la exención regulada en los artículos 21 y 22 de la LIS, cuando se produce el reparto de la ganancia a los socios de la entidad.

Podrán acogerse al régimen previsto en este capítulo las entidades cuyo objeto social comprenda la actividad de gestión y administración de valores representativos de los fondos propios de entidades no residentes en territorio español, mediante la correspondiente organización de medios materiales y personales.

Los valores o participaciones representativos de la participación en el capital de la entidad de tenencia de valores extranjeros deberán ser nominativos.

Las entidades sometidas a los regímenes especiales de las agrupaciones de interés económico, españolas y europeas, y de uniones temporales de empresas, no podrán acogerse al régimen de este capítulo. Tampoco podrán acogerse las entidades que tengan la consideración de entidad patrimonial.

La opción por el régimen de las entidades de tenencia de valores extranjeros deberá comunicarse al Ministerio de Hacienda y Administraciones Públicas y se aplicará al período impositivo que finalice con posterioridad a dicha comunicación y a los sucesivos que concluyan antes de que se comunique al Ministerio competente en Hacienda la renuncia al régimen.

Según este régimen, los beneficios o participaciones en beneficios distribuidos a los socios con cargo a las rentas exentas a que se refiere el artículo 21 de esta Ley que procedan de entidades no residentes en territorio español o a las rentas exentas a que se refiere el artículo 22 de esta Ley obtenidas en el extranjero a través de un establecimiento permanente recibirán el siguiente tratamiento:

▶ Cuando el perceptor sea un contribuyente de este Impuesto o del Impuesto sobre la Renta de no Residentes con establecimienten territorio español, y cumpla el requisito de participación en la entidad de tenencia de valores extranjeros establecido en el apartado 1 del artículo 21 de esta Ley, podrá aplicar el régimen de exención en los términos previstos en dicho artículo.

▶ Cuando el perceptor sea contribuyente del Impuesto sobre la Renta de las Personas Físicas, el beneficio distribuido se considerará renta del ahorro.

▶ Cuando el perceptor sea una entidad o persona física no residente en territorio español sin establecimiento permanente, el beneficio distribuido no se entenderá obtenido en territorio español.

▶ La distribución de la prima de emisión tendrá el tratamiento previsto en este apartado para la distribución de beneficios. A estos efectos, se entenderá que el primer beneficio distribuido procede de rentas exentas.

Las rentas obtenidas en la transmisión de la participación en la entidad de tenencia de valores o en los supuestos de separación del socio o liquidación de la entidad recibirán el siguiente tratamiento:

a) Cuando el perceptor sea un contribuyente de este Impuesto o del Impuesto sobre la Renta de no Residentes con establecimiento permanente en territorio español, y cumpla el requisito de participación en la entidad de tenencia de valores extranjeros establecido en el apartado 1 del artículo 21 de la LIS, podrá aplicar el régimen de exención en los términos previstos en dicho artículo.

b) Cuando el perceptor sea una entidad o persona física no residente en territorio español, no se entenderá obtenida en territorio español la renta que se corresponda con las reservas dotadas con cargo a las rentas exentas o con diferencias de valor, imputables en ambos casos a las participaciones en entidades no residentes que cumplan los requisitos establecidos en el artículo 21 de la LIS o a establecimientos permanentes que cumplan los requisitos establecidos en el artículo 22 de la LIS.

3.2. Otras medidas para apoyar las inversiones extranjeras

Existen diversos programas y fondos dirigidos a apoyar las inversiones en el exterior de las empresas domiciliadas en España. De entre estos programas, señalaremos:

• FIEM (Fondo para la Internacionalización de la Empresa, gestionado por el Ministerio competente en materia de comercio a través de la Secretaría de Estado de Comercio).

• FIEX (Fondo para Inversiones en el Exterior, gestionado por COFIDES).

• FONPYME (Fondo para Operaciones de Inversión en el Exterior de la Pequeña y Mediana empresa, gestionado por COFIDES https://www.cofides.es/financiacion/internacionalizacion/instrumentos).

• Líneas de Internacionalización (gestionadas por COFIDES).

• Línea de Internacionalización del ICO y apoyo a Exportaciones del ICO, y del Ministerio competente en Hacienda.

En esta unidad hemos conocido que las rentas obtenidas por fuentes extranjeras tienen dos tipos de incentivos o beneficios fiscales.

Por un lado, la LIS permite la exención en la base imponible de las rentas extranjeras, cuando se cumplen determinados requisitos.

Por otro lado, en aquellos casos en los que la entidad no pueda acogerse a la exención, podrá aplicar la deducción para evitar la doble imposición internacional.

Finalmente, hemos conocido el régimen de las entidades de tenencia de valores extranjeros, como un complemento a la exención regulada en los artículos 21 y 22 de la LIS, cuando se produce el reparto de la ganancia a los socios de la entidad.

TEST DE UNIDAD DIDÁCTICA

Unidad 1

1. ¿Cuál es el ámbito de aplicación espacial del impuesto?:

a) En todo el territorio español.
b) Únicamente se aplica en el TAI.
c) En territorio peninsular y en las Islas Baleares.
d) Ninguna es correcta.

2. ¿Se aplica la misma normativa en el ámbito de aplicación espacial del impuesto?:

a) Sí, la Ley 27/2014 se aplica en todo el territorio español y aguas territoriales.
b) En País Vasco y Navarra se aplica el concierto y convenio económico.
c) En Canarias aplican la normativa reguladora del régimen fiscal de Canarias.
d) Todas son correctas.

3. El hecho imponible del impuesto es:

a) El consumo de bienes.
b) La propiedad de bienes.
c) La obtención de renta.
d) Ninguna es correcta.

4. ¿Cuándo se considera el arrendamiento de inmueble como actividad económica?:

a) Cuando la empresa esté dada de alta en el IAE únicamente.
b) Cuando tenga bienes inmuebles en arrendamiento.
c) Cuando se disponga de un local afecto a la actividad, una persona empleada con contrato laboral y jornada completa.
d) Ninguna es correcta.

5. ¿Cuándo se entiende que una entidad es residente en territorio español?:

a) Cuando se haya constituido según leyes españolas.
b) Cuando tenga su domicilio social en España.
c) Cuando tenga su sede de dirección efectiva en territorio español.
d) Todas son correctas.

6. **Las operaciones vinculadas se valorarán:**

   a) Por su valor real.
   b) Por el valor pactado.
   c) Por su valor de mercado.
   d) Ninguna es correcta.

7. **¿Qué personas o entidades se consideran vinculadas?:**

   a) Una entidad y sus socios.
   b) Una entidad y el cónyuge de los socios.
   c) Una entidad y sus consejeros.
   d) Todas son correctas.

8. **Dos sociedades se consideran vinculadas:**

   a) Cuando una sociedad esté participada por otro en, al menos, el 25% del capital social.
   b) Cuando coincidan sus socios o familiares de estos hasta tercer grado, cuando participen en un 25% del capital social.
   c) Cuando pertenezcan a un grupo.
   d) Todas son correctas.

9. **¿Qué sanción tendrá la falta de aportación de la documentación vinculada?:**

   a) De 1.000 por cada dato referidos a cada persona o entidad vinculada.
   b) De 10.000 por conjunto de dato referidos a cada persona o entidad vinculada.
   c) La sanción tendrá como límite el 10% del conjunto de operaciones o el 1% de la cifra de negocios.
   d) Todas son correctas.

10. **¿Qué explotaciones económicas están exentas, en cuanto a las rentas obtenidas, de la base imponible del IS, siempre que se desarrollen en cumplimiento del objeto o finalidad específica de la entidad?:**

    a) Las explotaciones económicas agrarias.
    b) Las explotaciones económicas de escasa relevancia, cuyo importe neto de la cifra de negocios no supere en conjunto 50.000 euros.
    c) Las explotaciones económicas consistentes en la organización de seminarios.
    d) Las explotaciones económicas de servicios relacionados con espectáculos deportivos.

Unidad 2

1. ¿Qué norma regula el PGC?:

a) La ley 27/2014.
b) La ley 37/1992.
c) El Real Decreto 1514/2007.
d) Ninguna es correcta.

2. ¿En qué cuenta se recoge la dotación del impuesto por las diferencias temporarias producidas en el ejercicio actual?:

a) 4740.
b) 479.
c) 6301.
d) Ninguna es correcta.

3. El principio del devengo significa que:

a) Los ingresos se imputan en el período impositivo en el que se produzca el pago.
b) Solo los gastos se imputan en el período impositivo en el que se produzca la corriente real de bienes.
c) Los ingresos y gastos se imputan al período impositivo en el que se produzca la corriente real de bienes y servicios.
d) Todas son correctas.

4. ¿Cuándo se permite la deducibilidad de un gasto en un ejercicio posterior al periodo en el que se ha generado?:

a) No se permite esta deducción.
b) Cuando los ingresos que correlacionen estos ingresos se hayan imputado a la cuenta de resultados.
c) Se permite la contabilización en un ejercicio posterior en todos los casos.
d) Cuando no derive una tributación inferior a la que hubiera correspondido la correcta imputación temporal.

5. **¿Cuándo se imputará a la base imponible la recuperación de valor de elementos patrimoniales que hubieran sido objeto de una corrección de valor?:**

   a) No se imputará a la base imponible.

   b) Se imputará mediante autoliquidación complementaria respecto el ejercicio en el que dotó la pérdida por deterioro de valor.

   c) Se imputará en el ejercicio en el que la circunstancia causó el deterioro de valor.

   d) Ninguna es correcta.

6. **¿Cuándo se imputará a la base imponible las rentas obtenidas por una venta aplazada?:**

   a) Se entenderán obtenidas proporcionalmente a medida que se efectúen los correspondientes cobros, siempre que entre la entrega y el vencimiento del último o único plazo sea inferior al año.

   b) En base al criterio del devengo.

   c) En el momento de la entrega de bienes o prestación del servicio.

   d) Se entenderán obtenidas proporcionalmente a medida que se efectúen los correspondientes cobros, siempre que entre la entrega y el vencimiento del último o único plazo sea superior al año.

7. **¿Cuándo se imputará a la base imponible los gastos por provisiones, en virtud del artículo 14.1 LIS?:**

   a) En el período en el que se recoja el gasto en la cuenta de resultados de la contabilidad.

   b) En el período en el que se efectúa el pago de estas provisiones.

   c) En el período en que se abonen las prestaciones.

   d) Ninguna es correcta.

8. **¿En qué período se imputan fiscalmente a la base imponible los gastos por provisiones y fondos internos para la cobertura análogas a Planes y Fondos de Pensiones?:**

   a) Se imputan a la base imponible en el ejercicio en el que se contabiliza el gasto.

   b) Estas provisiones no son nunca deducibles.

   c) Se imputan a la base imponible en el ejercicio en el que se abonen las prestaciones.

   d) Ninguna es correcta.

9. **¿Cuándo se imputará en la base imponible la reversión del deterioro del valor de los elementos patrimoniales, según el artículo 11.6 LIS?:**

   a) Se imputan a la base imponible en el ejercicio en el que desaparezca la causa que la motivaron.

   b) Se imputan a la base imponible en el ejercicio en el que se contabiliza el gasto.

   c) Estas provisiones no son nunca deducibles.

   d) Ninguna es correcta.

10. **Una multa genera un ajuste extracontable:**

    a) Diferencias permanentes positivas.

    b) Diferencias permanentes negativas.

    c) Diferencias temporarias positivas.

    d) Diferencias temporarias negativas.

Unidad 3

1. **El coeficiente lineal mínimo para amortizar una central hidráulica es:**

   a) 1%.
   b) 2%.
   c) 100%.
   d) 3%.

2. **Un hotel desea amortizar su lencería por el método según porcentaje constante, aplicando el coeficiente máximo. ¿Cuál será el coeficiente que aplicaremos?:**

   a) 25%.
   b) 18,75%.
   c) 37,50%.
   d) 8,00%.

3. **El mobiliario puede amortizarse:**

   a) Por el sistema de coeficiente lineal por tablas.
   b) Por el método según porcentaje constante.
   c) Por el método según números dígitos.
   d) Ninguna es correcta.

4. **Un hotel desea amortizar su lencería según el método de amortización por números dígitos. Desea aplicar el coeficiente máximo. ¿Cuál será la suma de dígitos?:**

   a) 25.
   b) 4.
   c) 10.
   d) Ninguna es correcta.

5. **Las máquinas de producción de la empresa trabajan en dos turnos de 8 horas cada día. ¿Qué porcentaje podrá aplicar en base al artículo 4.2 RIS?:**

   a) 12%.
   b) 24,45%.
   c) 5,55%.
   d) 18,45%.

6. **Podrán amortizar libremente en base al artículo 12.3 LIS:**

   a) Silla de despacho de 250 euros.
   b) 10 sillas, como la anterior.
   c) Un ordenador de 1.560 euros.
   d) Son correctas a) y b).

7. **¿Qué bienes podrán amortizarse libremente, según el artículo 12.3 LIS?:**

   a) Los elementos adquiridos por SAL o SLL en los primeros cinco años de su calificación.
   b) Todos los bienes afectos a actividades de investigación y desarrollo.
   c) Los elementos del inmovilizado material nuevos, cuyo valor unitario no exceda de 25.000 euros.
   d) Ninguna es correcta.

8. **La empresa ha adquirido un bien mediante arrendamiento financiero. Cumple los requisitos del artículo 106 LIS. El valor de adquisición es 27.000 euros. El porcentaje por tablas es el 10%. La cuota de recuperación del coste anual es 5.800 euros. ¿Qué importe podrá amortizarse fiscalmente?:**

   a) 2.700 euros.
   b) 5.400 euros.
   c) 2.700 euros.
   d) Ninguna es correcta.

9. **El fondo de comercio se amortiza:**

   a) Al 5% anual.
   b) Al 20% anual.
   c) No se amortiza.
   d) Al 10%.

10. **¿Cuál será el porcentaje de amortización para el inmovilizado intangible?:**

   a) Se amortizará durante su vida útil.
   b) Se amortizará en una veinteava parte de su importe.
   c) Se amortizará en un 5%.
   d) Todas son correctas.

Unidad 4

1. **El gasto fiscal derivado del artículo 106 LIS generará:**

   a) Siempre una diferencia fiscal positiva.
   b) Siempre una diferencia fiscal negativa.
   c) Una diferencia permanente.
   d) Una diferencia temporal o temporaria.

2. **Con carácter general, independientemente del período del Covid, la empresa presenta el impago de un cliente desde septiembre ¿puede dotar una pérdida por deterioro de los créditos por insolvencias de los deudores?:**

   a) No, porque no ha transcurrido el plazo de seis meses desde el vencimiento de la obligación.
   b) Sí, si el cliente está en situación de concurso.
   c) Sí, si se ha reclamado judicialmente la deuda.
   d) Son correctas b) y c).

3. **Son gastos no deducibles:**

   a) Las pérdidas por deterioro del inmovilizado material.
   b) Las pérdidas por deterioro de los valores representativos de la participación en el capital de entidades.
   c) Un donativo a la ONCE.
   d) Todas son correctas.

4. **Se valorarán a valor de mercado:**

   a) Los transmitidos a los socios por causa de disolución de la sociedad.
   b) Los adquiridos por permuta.
   c) Los adquiridos por canje o conversión.
   d) Todas son correctas.

5. **¿Qué gasto será deducible?:**

   a) Los deterioros por valores representativos de la participación de capital.
   b) La retribución de fondos propios.
   c) Las atenciones comerciales, en cualquier caso.
   d) Son correctas a) y b).

6. Los gastos financieros, en virtud del artículo 16 LIS es deducible:

a) En el importe que figure en la cuenta de resultados.

b) Siempre el 30% del beneficio operativo del ejercicio.

c) 1.000.000 euros.

d) Ninguna es correcta.

7. Las rentas positivas procedentes de la cesión de uso de software avanzado registrado que derive de actividades de I+D se imputarán en la base imponible:

a) Por el importe obtenido.

b) No se declaran estas rentas, por estar exentas.

c) Se aplicará una reducción del 60% de la cantidad obtenida.

d) Ninguna es correcta.

8. Se dotará la reserva de capitalización cuando:

a) El importe del incremento de los fondos propios de la entidad se mantenga durante un plazo de 5 años.

b) Se dote una reserva por el importe de la reducción.

c) La reserva será indisponible durante el plazo de 5 años.

d) Todas son correctas.

9. La reserva de nivelación se aplicará:

a) En todas las empresas.

b) En las empresas con cifra de negocios superior a 10.000.000 euros.

c) En las empresas que presenten un incremento de los fondos propios.

d) Ninguna es correcta.

10. Las base imponibles (señalar la respuesta incorrecta):

a) Se podrán aplicar sin límite temporal.

b) Serán compensadas con el límite del 70% de la base imponible antes de aplicar la reserva de capitalización.

c) El límite del 70% no resultará de aplicación en entidades de nueva creación en los 3 primeros periodos impositivos en que se genere una base imponible positiva previa a su compensación.

d) Se compensará en el 50% para empresas que presenten una cifra de negocios en los 12 meses anteriores de 21 millones de euros.

245

Unidad 5

1. **Podrán acogerse a una bonificación en la cuota íntegra del IS por rentas obtenidas en Ceuta o Melilla las siguientes empresas:**

   a) Entidades españolas domiciliadas fiscalmente en Ceuta y Melilla.

   b) Entidades españolas domiciliadas en el resto de España, pero que operen en Ceuta o Melilla por medio de sucursal o establecimiento permanente.

   c) Entidades extranjeras que operen en Ceuta o Melilla mediante establecimiento permanente.

   d) Todas son correctas.

2. **La empresa XXXX presta los servicios de recogida de basuras en la ciudad YYYYY, ¿cómo tributarán estas rentas?:**

   a) Están exentas por provenir de un servicio público.

   b) Se aplicará una bonificación del 50%.

   c) Aplicará una bonificación del 90%.

   d) Ninguna es correcta.

3. **La bonificación por prestación de servicios públicos locales será de:**

   a) El 50 por 100 la parte de cuota íntegra que corresponda a las rentas derivadas de la prestación de servicios de la competencia de las entidades locales.

   b) Cuando los servicios sean prestados por entidades íntegramente dependientes del Estado o de las Comunidades Autónomas.

   c) El 99 por 100 la parte de cuota íntegra que corresponda a las rentas derivadas de la prestación de servicios de la competencia de las entidades locales.

   d) Son correctas b) y c).

4. **La bonificación por rentas obtenidas en Ceuta será de:**

   a) 50% de la parte de la cuota íntegra del IS que corresponda a rentas obtenidas en Ceuta.

   b) 50% de la parte de la cuota íntegra del IS que corresponda a rentas obtenidas en España.

   c) El gravamen general por las rentas obtenidas en Ceuta.

   d) Ninguna es correcta.

5. **La deducción por creación de empleo para trabajadores con discapacidad con grado igual o superior al 60% será:**

   a) 9.000 euros por cada persona/año de incremento del promedio de plantilla de trabajadores con discapacidad.
   b) 10.000 euros por cada persona/año de incremento del promedio de plantilla de trabajadores con discapacidad.
   c) 12.000 euros por cada persona/año de incremento del promedio de plantilla de trabajadores con discapacidad.
   d) Ninguna es correcta.

6. **El porcentaje de deducción por los gastos de investigación y desarrollo es:**

   a) 25 por 100 de los gastos efectuados en el período impositivo.
   b) 42 por 100 del exceso de la media de los dos años anteriores.
   c) 10 por 100 de los gastos efectuados en el periodo impositivo.
   d) Son correctas a) y b).

7. **El porcentaje de deducción por los gastos de personal investigador adscritos a actividades de investigación y desarrollo:**

   a) 12 por 100 de los gastos efectuados en el período impositivo.
   b) 42 por 100 del exceso de la media de los dos años anteriores.
   c) 25 por 100 de los gastos efectuados en el periodo impositivo.
   d) 17 por 100 de los gastos efectuados en el periodo impositivo.

8. **El porcentaje de deducción por inversiones en producciones cinematográficas es:**

   a) 25 por 100 de los gastos efectuados en el período impositivo.
   b) No podrá exceder de 3 millones de euros.
   c) 25 por 100 del primer millón de base de la deducción.
   d) Son correctas b) y c).

9. **Sería definición del concepto investigación:**

   a) El desarrollo de conocimientos en el ámbito científico y tecnológico.
   b) La actividad cuyo resultado sea un avance tecnológico en la obtención de nuevos productos o procesos de producción.
   c) La indagación original planificada que persiga descubrir nuevos conocimientos y una superior comprensión en el ámbito científico y tecnológico.
   d) Ninguna es correcta.

10. **Una empresa podrá aplicar una deducción por los gastos de innovación tecnológica del:**

a) 12 por 100 de los gastos efectuados en el período impositivo.

b) 42 por 100 del exceso de la media de los dos años anteriores.

c) 25 por 100 de los gastos efectuados en el periodo impositivo.

d) Son correctas a) y b).

Unidad 6

1. Señala la respuesta incorrecta:

a) Con carácter general, el gravamen del pago fraccionado de las empresas cuyo volumen de ventas sea inferior a 6 millones de euros en los 12 meses anteriores será del 18%.

b) Una Sociedad Limitada, cuyo volumen de ventas sea superior a 6.000.000 euros podrá realizar el pago fraccionado aplicando un gravamen del 17%.

c) Los pagos fraccionados se producirán en los primeros veinte días de los meses de abril, julio, octubre y enero.

d) Ninguna es correcta.

2. El porcentaje del pago fraccionado en las entidades con cifra de negocios de 11.000.000 euros y que tributan al tipo general del 25% es:

a) 19%.

b) 24%.

c) 18%.

d) 25%.

3. El porcentaje del pago fraccionado según el artículo 40.3 LIS para entidades con una cifra de negocios de 6.500.000 euros y que tributan al tipo general del 25% es:

a) 19%.

b) 24%.

c) 18%.

d) 17%.

4. Cuota líquida es:

a) La cuota íntegra minorada en pagos fraccionados y retenciones.

b) La cuota íntegra minorada en bonificaciones y deducciones.

c) La cuota líquida minorada en pagos fraccionados y retenciones.

d) Ninguna es correcta.

5. El IS resultará a pagar si:

a) La cuota íntegra es positiva.

b) La cuota líquida es negativa.

c) La cuota líquida es positiva.

d) La cuota diferencial es positiva.

6. Los dividendos o participaciones en beneficios repartidos por agrupaciones de interés económico, españolas y europeas están sujetos a una retención del:

   a) 19%.
   b) 24%.
   c) 18%.
   d) Ninguna es correcta.

7. El porcentaje de retención o ingreso a cuentas del IS en el caso de rentas procedentes de premios de loterías y apuestas que, por su cuantía, estuvieran sujetos y no exentos del gravamen especial de determinadas loterías y apuestas, están sujetas a una retención del:

   a) 19%.
   b) 24%.
   c) 18%.
   d) 20%.

8. El recargo por declaración extemporánea presentada fuera de plazo a los 8 meses:

   a) 10%.
   b) 9%.
   c) 15%.
   d) 20%.

9. El recargo por declaración extemporánea presentada fuera de plazo a los 13 meses:

   a) 5%.
   b) 10%.
   c) 15%.
   d) 20%.

10. El recargo de apremio reducido es del:

   a) 5%.
   b) 10%.
   c) 15%.
   d) 20%.

Unidad 7

1. **Se aplica el régimen contenido en los artículos 101 y siguientes de la LIS a aquellas empresas que, en el ejercicio anterior, o al inicio de la actividad, han tenido una cifra neta de negocio:**

   a) Inferior a 10 millones de euros.
   b) Inferior a 8 millones de euros.
   c) Inferior a 7 millones de euros.
   d) Inferior a 9 millones de euros.

2. **Los elementos del inmovilizado intangible cuya vida útil no pueda estimarse se amortizarán:**

   a) Un 20%.
   b) Un 50%.
   c) Un 100%.
   d) Un 150%.

3. **¿A qué bienes se aplica la libertad de amortización regulada en el artículo 102 de la LIS?:**

   a) Inversiones inmobiliarias.
   b) Inmovilizado material.
   c) Elementos construidos por la propia empresa.
   d) Todas son correctas.

4. **La cifra máxima de la inversión que podrá beneficiarse del régimen de libertad de amortización resultará de multiplicar el incremento de personal por la cifra de:**

   a) 12.000.
   b) 100.000.
   c) 120.000.
   d) 200.000.

5. **Señala la opción correcta en relación a la libertad de amortización para las inversiones realizadas en elementos de activo material nuevos que vayan acompañados de la creación de empleo:**

   a) Debe tratarse de elementos nuevos del inmovilizado material o de las inversiones inmobiliarias puestos a disposición del sujeto pasivo en el período impositivo.

   b) Durante los 24 meses siguientes a la fecha del inicio del período impositivo en que los bienes indicados entren en funcionamiento, la plantilla media total de la empresa se debe incrementar respecto de la plantilla media de los 12 meses anteriores.

   c) El incremento anterior se debe mantener durante un período adicional de otros 24 meses.

   d) Todas son correctas.

6. **¿Qué bienes podrán acogerse a la libertad de amortización para inversiones en elementos de escaso valor?:**

   a) Silla de escritorio de 250 euros.

   b) Conjunto de 6 sillas cuyo valor unitario es 300 euros.

   c) Armario de despacho 12.000.

   d) Son correctas a) y b).

7. **¿Qué porcentaje del saldo de deudores resulta deducible en el Impuesto de Sociedades para la cobertura del riesgo de posibles insolvencias en el caso de empresas de reducida dimensión?:**

   a) El 2%.

   b) El 1%.

   c) El 5%.

   d) El 10%.

8. **Indica qué afirmación es correcta:**

   a) Las empresas de reducida dimensión no pueden acogerse al beneficio fiscal de la libertad de amortización de los bienes de escaso valor.

   b) Las empresas de reducida dimensión pueden acogerse al beneficio fiscal de reserva de nivelación de bases imponibles.

   c) Las empresas de reducida dimensión pueden acogerse al beneficio fiscal de la exención de las plusvalías por reinversión del importe obtenido.

   d) Las empresas de reducida dimensión no pueden acogerse al beneficio fiscal de la libertad de amortización por la adquisición de elementos nuevos del activo material fijo.

9. ¿Qué tipo de gravamen se aplica, con carácter general, a las entidades de reducida dimensión?:

a) 30%.
b) 25%.
c) 19%.
d) 18%.

10. **Son incentivos fiscales de las ERD. Señala la opción incorrecta:**

a) Aceleración de la amortización de inversión efectuada en elementos de activo nuevos y en activo intangible.
b) Porcentaje deducible para la cobertura de riesgo derivado de posibles insolvencias.
c) Reserva de nivelación de bases imponibles.
d) Todas son correctas.

Unidad 8

1. **Se consideran establecimiento permanente en territorio español:**

   a) Sedes de duración.
   b) Sucursales.
   c) Oficinas de fábricas.
   d) Todos son correctas.

2. **¿Qué es la doble imposición jurídica?:**

   a) La que se produce cuando un mismo contribuyente es gravado por más de un Estado respecto a distinta renta.
   b) Aquella que se produce cuando dos personas distintas son gravadas por la misma renta en distintos Estados.
   c) La que se produce cuando un mismo contribuyente no es gravado por más de un Estado respecto a la misma renta.
   d) Ninguna es correcta.

3. **¿Qué es la doble imposición económica?:**

   a) La que se produce cuando un mismo contribuyente es gravado por más de un Estado respecto a distinta renta.
   b) Aquella que se produce cuando dos personas distintas no son gravadas por la misma renta en distintos Estados.
   c) La que se produce cuando un mismo contribuyente es gravado por más de un Estado respecto a la misma renta.
   d) Ninguna es correcta.

4. **En virtud del artículo 21 y 22 ¿qué requisitos deben cumplirse para acogerse a la exención por participaciones en el capital de entidades residentes?:**

   a) El porcentaje de participación directa o indirecta debe ser 5%.
   b) La participación será superior a 20 millones de euros.
   c) Debe mantener la participación al menos un año.
   d) Todas son correctas.

5. **Para acogerse a la exención por participaciones en el capital de entidades no residentes:**

   a) La entidad participada haya estado sujeta y no exenta a un impuesto similar al IS.

   b) El tipo nominal que debe haber gravado las rentas será el 10%.

   c) Hayan estado exentas estas rentas en el país extranjero.

   d) Son correctas a) y b).

6. **Se aplicará la exención del art. 21.3 LIS:**

   a) Aquella parte de renta de una entidad patrimonial que se corresponda con un incremento de beneficios no distribuidos generados por la entidad participada.

   b) Aquella parte de renta en una AIEE que no se corresponda con un incremento de beneficios no distribuidos generados por la entidad participada.

   c) Las rentas en las que al menos el 15% de sus rentas queden sometidas al régimen de transparencia fiscal internacional

   d) Todas son correctas.

7. **La plusvalía derivada de la transmisión de participación en el capital de una entidad que, a su vez, participe en dos o más entidades estarán exentas:**

   a) Respecto los beneficios distribuidos generados por entidades indirectamente participadas, estará exenta la parte proporcional de renta que corresponda con los beneficios generados por las entidades en las que se cumpla el requisito del tipo de gravamen.

   b) Respecto los beneficios distribuidos generados por entidades indirectamente participadas, estará exenta la parte de renta que corresponda con los beneficios generados por las entidades en las que se cumpla el requisito del tipo de gravamen.

   c) Respecto los beneficios no distribuidos generados por entidades indirectamente participadas, estará exenta la parte de renta que corresponda con los beneficios generados por las entidades en las que se cumpla el requisito del tipo de gravamen.

   d) Ninguna es correcta.

8. **Cuando en la base imponible se integren rentas positivas obtenidas y gravadas en el extranjero se deducirá:**

   a) El importe total recibido.

   b) El importe efectivo de lo satisfecho en el extranjero.

   c) El importe de la cuota íntegra que en España correspondería si se hubieran obtenido estas rentas en el territorio español.

   d) El menor entre b) y c).

9. **Estarán exentas las rentas positivas obtenidas en el extranjero a través de un establecimiento permanente situado fuera del territorio español:**

    a) Cuando no haya estado sujeto exento a un impuesto con tipo nominal de, al menos, un 10%.

    b) Cuando haya estado sujeto y no exento al gravamen general del 25%.

    c) Cuando haya estado sujeto y no exento a un impuesto con tipo nominal máximo del 10%.

    d) Ninguna es correcta.

10. **Podrán acogerse al régimen de las entidades de tenencia de valores extranjeros:**

    a) Las entidades cuyo objeto social sea la gestión y administración de valores representativos de los fondos propios de entidades no residentes.

    b) Agrupaciones de interés económico.

    c) Uniones temporales de empresas.

    d) Entidades que tengan la consideración de entidad patrimonial .

Test Final

1. **Indica cuál de las siguientes no es una característica del Impuesto sobre Sociedades:**

   a) Progresivo.
   b) Sintético.
   c) Estatal.
   d) Directo.

2. **¿Qué régimen aplicaremos a las operaciones efectuadas entre una entidad y uno de sus socios propietario del 30% del capital social con derecho de voto?:**

   a) Régimen general.
   b) Régimen especial para grupos de empresa.
   c) Régimen de operaciones vinculadas.
   d) Estas operaciones no tributan.

3. **El método de amortización según porcentaje constante puede aplicarse a:**

   a) Elementos adquiridos de segunda mano.
   b) Elementos, nuevos o usados, distintos de los edificios, mobiliario y enseres.
   c) La amortización se determina aplicando un porcentaje constante sobre el valor pendiente de amortización.
   d) Son correctas b) y c).

4. **¿En el método de amortización según tablas los sujetos pasivos deben fijar el mismo importe de amortización durante toda la vida útil del bien?:**

   a) Sí.
   b) No, cada ejercicio puede sin problemas fijar el importe de la amortización, siempre dentro de la banda fijada por las tablas.
   c) No, cada ejercicio puede fijar el importe que quieran sin límite alguno.
   d) No, cada ejercicio puede determinar el importe que su auditor de cuentas determine.

5. **Los beneficios obtenidos por una sociedad en el juego, ¿tienen la consideración de ingresos para el Impuesto de Sociedades?:**

   a) Sí.
   b) No.
   c) Sí, cuando la empresa se dedique a esta actividad.
   d) Sí, cuando haya solicitado una autorización de la Administración.

6. **¿De qué plazo dispone una empresa para compensar sus bases imponibles positivas con bases imponibles negativas de ejercicios precedentes?:**

   a) 4 años.
   b) 8 años.
   c) 18 años.
   d) No existe límite temporal.

7. **¿Qué es la cuota íntegra?:**

   a) La cantidad resultante de aplicar a la base imponible el tipo de gravamen.
   b) La cantidad resultante a ingresar o devolver.
   c) La cantidad resultante de aplicar a la cuota líquida las deducciones y bonificaciones.
   d) No existe la cuota íntegra en el Impuesto sobre Sociedades.

8. **El porcentaje de retención en el caso de loterías y apuestas es del:**

   a) 5%.
   b) 10%.
   c) 15%.
   d) 20%.

9. **El recargo de apremio reducido es del:**

   a) 5%.
   b) 10%.
   c) 15%.
   d) 20%.

10. **¿Qué es un Convenio de doble imposición?:**

    a) Son tratados internacionales bilaterales firmados por dos Estados.
    b) A través de estos convenios se ordenan las relaciones fiscales internacionales que tienen lugar entre los residentes de los Estados que los firman.
    c) Su finalidad es eliminar la doble imposición.
    d) Todas son correctas.

TEST DE UNIDAD DIDÁCTICA

SOLUCIONES

Unidad 1

1. **a)** En todo el territorio español.

2. **d)** Todas son correctas.

3. **c)** La obtención de renta.

4. **d)** Ninguna es correcta.

5. **d)** Todas son correctas.

6. **c)** Por su valor de mercado.

7. **d)** Todas son correctas.

8. **d)** Todas son correctas.

9. **d)** Todas son correctas.

10. **c)** Las explotaciones económicas consistentes en la organización de seminarios.

Unidad 2

1. **c)** El Real Decreto 1514/2007.

2. **c)** 6301.

3. **c)** Los ingresos y gastos se imputan al período impositivo en el que se produzca la corriente real de bienes y servicios.

4. **d)** Cuando no derive una tributación inferior a la que hubiera correspondido la correcta imputación temporal.

5. **c)** Se imputará en el ejercicio en el que la circunstancia causó el deterioro de valor.

6. **d)** Se entenderán obtenidas proporcionalmente a medida que se efectúen los correspondientes cobros, siempre que entre la entrega y el vencimiento del último o único plazo sea superior al año.

7. **c)** En el período en que se abonen las prestaciones.

8. **c)** Se imputan a la base imponible en el ejercicio en el que se abonen las prestaciones.

9. **a)** Se imputan a la base imponible en el ejercicio en el que desaparezca la causa que la motivaron.

10. **a)** Diferencias permanentes positivas.

Unidad 3

1. **a)** 1%.

2. **c)** 37,50%.

3. **a)** Por el sistema de coeficiente lineal por tablas.

4. **c)** 10.

5. **d)** 18,45%.

6. **d)** Son correctas a) y b).

7. **a)** Los elementos adquiridos por SAL o SLL en los primeros cinco años de su califica-ción.

8. **b)** 5.400 euros.

9. **a)** Al 5% anual.

10. **d)** Todas son correctas.

Unidad 4

1. **d)** Una diferencia temporal o temporaria.

2. **d)** Son correctas b) y c).

3. **d)** Todas son correctas.

4. **d)** Todas son correctas.

5. **d)** Son correctas a) y b).

6. **c)** 1.000.000 euros.

7. **d)** Ninguna es correcta.

8. **d)** Todas son correctas.

9. **c)** En las empresas que presenten un incremento de los fondos propios.

10. **c)** El límite del 70% no resultará de aplicación en entidades de nueva creación en los 3 primeros periodos impositivos en que se genere una base imponible positiva previa a su compensación.

Unidad 5

1. **d)** Todas son correctas.

2. **d)** Ninguna es correcta.

3. **d)** Son correctas b) y c).

4. **a)** 50% de la parte de la cuota íntegra del IS que corresponda a rentas obtenidas en Ceuta.

5. **c)** 12.000 euros por cada persona/año de incremento del promedio de plantilla de trabajadores con discapacidad.

6. **d)** Son correctas a) y b).

7. **d)** 17 por 100 de los gastos efectuados en el periodo impositivo.

8. **d)** Son correctas b) y c).

9. **c)** La indagación original planificada que persiga descubrir nuevos conocimientos y una superior comprensión en el ámbito científico y tecnológico.

10. **a)** 12 por 100 de los gastos efectuados en el período impositivo.

Unidad 6

1. **c)** Los pagos fraccionados se producirán en los primeros veinte días de los meses de abril, julio, octubre y enero.

2. **b)** 24%.

3. **d)** 17%.

4. **b)** La cuota íntegra minorada en bonificaciones y deducciones.

5. **d)** La cuota diferencial es positiva.

6. **d)** Ninguna es correcta.

7. **d)** 20%.

8. **b)** 9%.

9. **d)** 20%.

10. **b)** 10%.

Unidad 7

1. **a)** *Inferior a 10 millones de euros.*

2. **a)** *Un 20%.*

3. **d)** *Todas son correctas.*

4. **c)** *120.000.*

5. **d)** *Todas son correctas.*

6. **d)** *Son correctas a) y b).*

7. **b)** *El 1%.*

8. **b)** *Las empresas de reducida dimensión pueden acogerse al beneficio fiscal de reserva de nivelación de bases imponibles.*

9. **b)** *25%.*

10. **d)** *Todas son correctas.*

Unidad 8

1. **d)** *Todos son correctas.*

2. **d)** *Ninguna es correcta.*

3. **d)** *Ninguna es correcta.*

4. **d)** *Todas son correctas.*

5. **d)** *Son correctas a) y b).*

6. **a)** *Aquella parte de renta de una entidad patrimonial que se corresponda con un incremento de beneficios no distribuidos generados por la entidad participada.*

7. **c)** *Respecto los beneficios no distribuidos generados por entidades indirectamente participadas, estará exenta la parte de renta que corresponda con los beneficios generados por las entidades en las que se cumpla el requisito del tipo de gravamen.*

8. **d)** *El menor entre b) y c).*

9. **d)** *Ninguna es correcta.*

10. **a)** *Las entidades cuyo objeto social sea la gestión y administración de valores representativos de los fondos propios de entidades no residentes.*

Test Final

1. **a)** Progresivo.

   Se trata de un impuesto proporcional, porque con independencia de que la base imponible sea mayor o menor el tipo de gravamen aplicable no aumenta con el incremento de la base imponible, sino que se aplica el mismo tipo impositivo, a diferencia de lo que sucede por ejemplo en el IRPF que es un impuesto progresivo por el cual a mayor base imponible mayor tipo de gravamen.

2. **c)** Régimen de operaciones vinculadas.

   Las operaciones vinculadas se encuentran reguladas en el artículo 18 de la Ley 27/2014 y establece que cuando la vinculación se defina en función de la relación de los socios o partícipes con la entidad, la participación deberá ser igual o superior al 25 por ciento.

3. **d)** Son correctas b) y c).

   El artículo 12.1. b) de la Ley 27/2014 establece que la amortización será el resultado de aplicar un porcentaje constante sobre el valor pendiente de amortización y no podrá aplicarse a Los edificios, mobiliario y enseres.

4. **b)** No, cada ejercicio puede sin problemas fijar el importe de la amortización, siempre dentro de la banda fijada por las tablas.

   La amortización se encuentra regulada en el artículo 12 de la Ley y en el artículo 4 del Reglamento. Las entidades podrán aplicar un coeficiente de amortización lineal comprendido entre los dos anteriormente mencionados.

5. **a)** Sí.

   El artículo 15 letra d) de la Ley 27/2014 establece la no deducibilidad de las pérdidas del juego.

6. **d)** No existe límite temporal.

   El artículo 26 de la Ley 27/2014 establece únicamente una limitación cuantitativa, pero en la normativa vigente ya no existe una limitación temporal.

7. **a)** La cantidad resultante de aplicar a la base imponible el tipo de gravamen.

   El artículo 30 de la Ley 27/2014 define la cuota íntegra como la cantidad resultante de aplicar a la base imponible el tipo de gravamen.

8. **d)** 20%.

   Se encuentra regulado en el artículo 128.6.c) de la Ley 27/2014 establece que en el caso de premios de loterías y apuestas que, por su cuantía, estuvieran sujetos y no exentos del gravamen especial de determinadas loterías y apuestas a que se refiere la Disposición adicional trigésima tercera de la Ley 35/2006, de 28 de *noviembre, del Impuesto sobre la Renta de las Personas Físicas y de modificación parcial de las leyes de los Impuestos sobre Sociedades, sobre la Renta de no Residentes y sobre el Patrimonio, el 20 por ciento. En este caso, la retención se practicará sobre el importe del premio sujeto y no exento, de acuerdo con la referida disposición.*

9. **b)** *10%.*

Se encuentra regulado en el artículo 28 de la Ley 58/2003 que establece que el recargo de apremio reducido será del 10 por ciento y se aplicará cuando se satisfaga la totalidad de la deuda no ingresada en periodo voluntario y el propio recargo antes de la finalización del plazo previsto en el apartado 5 del artículo 62 de esta ley para las deudas apremiadas.

10. **d)** *Todas son correctas.*

Los llamados "CDI" o convenios internacionales entre estados para evitar la doble imposición cuando se obtienen rentas en otros territorios o países extranjeros (para evitar tributar por esas rentas en ese país extranjero y además en España). Puedes comprobar los CDI firmados por España en la web de la Agencia Tributaria.

GLOSARIO

Actividad económica

Se considera cualquiera de carácter empresarial, profesional o artística, siempre que suponga la ordenación por cuenta propia de medios de producción, materiales y humanos, o de uno de ambos, con la finalidad de intervenir en la producción o distribución de bienes o servicios.

Actividades empresariales

Se consideran aquellas que se encuentran en la sección primera de las Tarifas del IAE, mientras que las actividades profesionales y artísticas se encuentran encuadradas en las secciones segunda y tercera de las tarifas del citado impuesto.

Acto administrativo

La declaración de voluntad, de juicio, de conocimiento o de deseo realizada por la Administración en el ejercicio de una potestad administrativa distinta de la reglamentaria.

Acuerdo de enajenación

Resolución, dictada por el Tesorero del organismo de gestión tributaria, que ordena la venta en subasta pública de los bienes embargados al deudor.

Afectación de bienes

A efectos del IRPF, se considera que un elemento patrimonial está afecto a la actividad si cumple unos determinados requisitos.

Agencia Tributaria

Organismo de la Administración General del Estado encargado de la gestión, inspección y recaudación de los tributos.

Alegación

Escrito presentado por el interesado ante la Administración, donde manifiesta hechos o razonamientos jurídicos en defensa de su derecho.

Amortización

Es un gasto contable, que podrá ser deducible fiscalmente siempre que responda a unos determinados principios.

Analogía

En derecho, es el método por el que una norma jurídica se extiende, por identidad de razón, a casos no comprendidos en ella.

Año fiscal

Periodo de vigencia de los presupuestos de ingresos y gastos de la Administración y en el que se devengan los impuestos. En España coincide con el año natural, pero en otros países tiene fechas diversas.

Autoliquidación

Declaración tributaria que efectúa el obligado al pago de una deuda donde pone de manifiesto las circunstancias o elementos integrantes de un hecho imponible determinando la cuota tributaria. Esta declaración siempre está sujeta a comprobación por parte de la Administración.

Base imponible

Cuantía sobre la cual se determina la cuota tributaria a pagar por el contribuyente, de acuerdo con lo establecido por la ley propia de cada tributo. Por ejemplo, en el Impuesto sobre Bienes Inmuebles la base imponible está constituida por el valor del bien inmueble.

Base liquidable

Resultado de aplicar a la base imponible las reducciones establecidas por la ley.

Bien de consumo

Bien que es comprado y utilizado directamente por el usuario final sin necesidad de transformación y que se desgasta de una sola vez o en un corto período de tiempo.

Bien de equipo y de inversión

Bien destinado a producir bienes de consumo o de inversión, que se va desgastando en el proceso productivo en un período de tiempo dilatado.

Bonificación

Reducción de la deuda tributaria establecida en la propia ley y aplicable en determinadas circunstancias. Por ejemplo, en los supuestos de viviendas de protección oficial en el Impuesto sobre Bienes Inmuebles.

Borrador de declaración

Liquidación provisional de IRPF efectuada con los datos obrantes en poder de la AEAT y remitida al contribuyente para su posterior confirmación o rectificación.

Calendario fiscal

Calendario que establece anualmente por las Administraciones competentes en el que se indican los períodos de pago en periodo voluntario de todos los tributos de vencimiento periódico.

Campaña de devoluciones

Es el período que se extiende desde el momento en el que los contribuyentes solicitan la devolución hasta que finalmente las devoluciones viables son realizadas. Cada campaña va ligada al ejercicio en el que se devenga el derecho, aunque las devoluciones puedan ser realizadas fuera del mismo.

Cargo en cuenta

Orden de un cliente que da a su entidad bancaria para que se efectúe el pago de un recibo descontándose la cantidad que corresponda de una cuenta determinada.

Carta de pago

Medio de pago consistente en la manifestación del contribuyente de su voluntad de que la deuda sea descontada de una determinada cuenta bancaria de su titularidad.

Censo

A efectos del Impuesto sobre Actividades Económicas, lista oficial de los sujetos pasivos y demás elementos tributarios del impuesto.

Certificado de pago

Documento administrativo que acredita el pago de una deuda tributaria u otro ingreso de Derecho público. También se denomina carta de pago o justificante de pago.

Certificado de usuario

A efectos de la firma electrónica, documento emitido por una Autoridad de Certificación que identifica una clave pública con su propietario.

Coeficiente

En el ámbito tributario, número o factor que se aplica para modificar la cuota de un tributo. Por ejemplo, un vehículo con una potencia fiscal superior a 20 caballos tiene establecida una cuota, según la Ley de Haciendas Locales, de 112 €. Si el Ayuntamiento tiene aprobado, según sus ordenanzas fiscales, un coeficiente de 1,6, la deuda tributaria sería 112 x 1,6 = 179,20 €.

Comprobación limitada

En este procedimiento, la Administración únicamente puede efectuar las siguientes actuaciones:

- Examen de los datos aportados por los obligados tributarios en sus declaraciones y de los justificantes presentados o requeridos al efecto.

- Examen de los datos y antecedentes en poder de la Administración que pongan de manifiesto la existencia de elementos determinantes no declarados o distintos de los declarados por el obligado tributario.

- Examen de:

  ⇨ Los registros, libros o documentos exigidos por la normativa tributaria o que tengan carácter oficial, excepto la contabilidad mercantil.

⇨ Facturas o documentos que sirvan de justificante a las operaciones incluidas en los libros, registros o documentos.

- Requerimientos a terceros para que aporten la información que se encuentren obligados a suministrar para que la ratifiquen mediante la presentación de los correspondientes justificantes. En ningún caso se pueden requerir a terceros información sobre movimientos financieros.

Dictada la resolución, la Administración tributaria no podrá efectuar una nueva regulación en relación con el objeto comprobado salvo que en un procedimiento de comprobación limitada o inspección posterior se descubran nuevos hechos o circunstancias que resulten de actuaciones distintas de las relaciones y especificadas en la resolución anterior.

Cómputo de plazos

En las actuaciones que se desarrollen ante las Administraciones públicas, los plazos se computan de la siguiente forma:

- Cuando los plazos se establecen en días, salvo que expresamente se disponga lo contrario, se entiende que éstos son hábiles, por lo que en su cómputo se excluyen los domingos y los festivos.

- Cuando los plazos se fijan en meses o años, éstos se cuentan a partir del día siguiente a aquel en que se produzcan la notificación o de aquel en el que se pueda considerar la solicitud estimada o desestimada por silencio administrativo. Si el mes de vencimiento no tuviera los mismos días que el mes que comienza el cómputo, se entiende que el plazo vence el último día del mes. Por ejemplo, si el plazo concedido es de un mes y comienza a computarse el 30 de enero, el vencimiento se producirá el día 28 de febrero.

Los plazos comienzan a contarse a partir del día siguiente a aquel en que se reciba la notificación o desde aquel en que se produzca la estimación o desestimación por silencio administrativo.

Si el último día del plazo es inhábil, el plazo se entiende prorrogado hasta el primer día hábil.

Cuando un día es hábil en el municipio o comunidad en la que residimos e inhábil en la sede del órgano administrativo que está instruyendo el procedimiento administrativo o viceversa, debe considerarse día inhábil.

Las deudas tributarias que deban satisfacerse mediante declaración-liquidación o autoliquidación, deberán satisfacerse en los plazos o fechas que señalan las normas reguladoras de cada tributo.

Condonación de deudas tributarias

Es el acto jurídico mediante el cual una persona que es acreedora de otra decide renunciar a su derecho frente a la otra, liberando del pago al deudor.

Consulta tributaria

Consulta efectuada a la Administración sobre temas tributarios cuya respuesta puede o no ser vinculante para la misma.

Contraído previo

Son derechos de cobro que la Administración conoce y anota en cuenta antes de que se haya producido el ingreso de los mismos, por lo que a fin de ejercicio puede haberse producido el ingreso o quedar pendiente para ejercicios siguientes. Proceden, por una parte, de actuaciones de la Administración (actas de inspección o liquidaciones como resultado de procesos de control) y, por otra, de autoliquidaciones del propio contribuyente que han dado lugar a reconocimientos de deuda (con solicitud de compensación o imposibilidad de pago) o solicitudes de aplazamiento y/o fraccionamiento.

Contribuyente

El contribuyente es la persona natural o jurídica a quien la Ley impone la carga tributaria derivada del hecho imponible, aún cuando realice la traslación a otras personas (art. 31 de la Ley General Tributaria). En estos informes el término se refiere a todo sujeto pasivo que presenta al menos una declaración tributaria en el año.

Cuota diferencial

Es el resultado de disminuir de la cuota líquida los ingresos y pagos a cuenta. Puede ser positiva (a favor del Estado), cero / negativa o a devolver (a favor del contribuyente).

Cuota diferencial neta

Es el resultado agregado de la suma aritmética de las cuotas diferenciales positivas y negativas individuales.

Cuota íntegra

Es el resultado de aplicar el tipo de gravamen de carácter proporcional o progresivo que corresponda sobre la respectiva base liquidable (art. 54 de la Ley General Tributaria).

Cuota líquida

Es el resultado de disminuir la cuota íntegra en el importe de las deducciones y bonificaciones recogidas en la Ley de cada tributo.

Cuota tributaria

Cantidad de dinero que corresponde pagar a un sujeto pasivo como consecuencia de la aplicación de un tributo. Puede ser fija (si viene señalada directamente en el texto legal) o variable (que fluctúa como resultado de elementos variables incluidos en la normativa). También puede ser íntegra (antes de aplicar deducciones) o líquida (después de restar las correspondientes deducciones).

Declaración complementaria

Se presenta con la finalidad de completar o modificar el contenido de una autoliquidación, declaración o comunicación presentada con anterioridad, y normalmente implica para el obligado tributario el pago de una deuda tributaria adicional. Así, si no ha habido declaración previa, no cabe hablar de declaración complementaria sino de declaración fuera de plazo. El obligado tributario puede efectuar cuantas declaraciones complementarias estime oportunas.

Se puede presentar en cualquier momento anterior a la fecha de prescripción. y siempre que la Administración no haya practicado liquidación definitiva del impuesto.

Declaraciones informativas

Algunas declaraciones tributarias no incorporan una autoliquidación y cumplen sólo una función de información y control del cumplimiento. Es el caso del resumen anual del IVA (modelo 390), de los modelos de retenciones sobre rentas del trabajo (modelo 190), del capital (modelos 193, 194 y 196) y sobre arrendamientos (modelo 197), que se acompañan de listados individualizados de los perceptores. La misma naturaleza tienen los modelos anuales de operaciones con terceros (modelo 347) y de operadores intracomunitarios (modelo 349), que se acompañan también de listados individualizados de clientes, proveedores, importadores y exportadores.

Los modelos de operaciones de los impuestos especiales cumplen también una función informativa. Así, el modelo 570 del impuesto especial de hidrocarburos contiene un detallado resumen de las entradas y salidas de los consumos sujetos, expresados en unidades físicas y para cada uno de los establecimientos o depósitos fiscales de la empresa.

Decretos legislativos

Normas con rango de ley dictadas por el Gobierno en base a una delegación de las Cortes.

El Decreto legislativo ha de ser tramitado internamente por el Gobierno debiendo ser publicado en el BOE con su respectiva denominación de decreto legislativo.

Decretos-leyes

Normas con rango de ley que emanan por vía de excepción de un órgano que no tiene constitucionalmente atribuido el poder legislativo, concretamente el Gobierno.

Deducción

Cantidad que se puede deducir de la cuota del tributo de acuerdo con los términos establecidos por la normativa.

Depósitos fiscales

Establecimientos en los que los productos pueden almacenarse en régimen suspensivo, sin liquidación de impuestos, hasta su salida a consumo.

Derecho de superficie

Derecho real sobre un inmueble propiedad de otra persona que permite edificar y utilizarlo a cambio del pago de un canon periódico. En el Impuesto sobre Bienes Inmuebles, la persona titular del derecho real de superficie, es decir el superficiario, es el obligado al pago.

Derecho de usufructo

Derecho real sobre un inmueble propiedad de otra persona, que otorga las facultades de poseer y recibir los frutos de ese inmueble. En el Impuesto sobre Bienes Inmuebles, el usufructuario, es decir la persona titular del derecho real de usufructo, es el obligado al pago.

Derechos pendientes de cobro

Deudas de los contribuyentes liquidadas y contraídas por la Administración que todavía no han sido canceladas (por ingreso, prescripción, insolvencia u otras causas). Pueden ser de ejercicio corriente o de ejercicios cerrados.

Derechos reconocidos

Es la suma aritmética del contraído previo del ejercicio corriente y del contraído simultáneo. En términos netos, minorados de las anulaciones (devoluciones, fraccionamientos, aplazamientos y anulaciones propiamente dichas).

Desgravación

Deducción fiscal de la cuota de un tributo por alguna circunstancia prevista en la ley.

Deudas en ejecutiva

Tributos y otros ingresos de Derecho público que están incluidos en un expediente administrativo de apremio.

Deudas en voluntaria

Tributos y otros ingresos de Derecho público que se encuentran dentro del período de pago voluntario.

Devengo del impuesto

Nacimiento de la obligación de pagar un tributo. Por ejemplo, el nacimiento de la obligación de pagar el Impuesto sobre Bienes Inmuebles se produce el primer día del período impositivo, es decir, el 1 de enero de cada año.

Devoluciones de ingresos indebidos

Devoluciones motivadas, entre otras razones, por errores materiales en el cálculo de sus obligaciones por parte de los contribuyentes, por duplicidad en el pago o por haber ingresado una cantidad superior al importe de la deuda tributaria.

Devoluciones efectuadas / pagadas / practicadas / realizadas

Pagos del Estado a favor de los contribuyentes como consecuencia de una autoliquidación o reclamación por ingresos indebidos, que se contabilizan en el momento en el que se llevan a cabo los mismos, con independencia del momento en el que la devolución haya sido solicitada.

Devoluciones no procedentes

Devoluciones solicitadas que son anuladas, total o parcialmente, por la Administración debido, entre otras razones, a errores materiales en el cálculo, a duplicidades o por haber solicitado una cantidad superior a la que se tiene derecho.

Devoluciones solicitadas

Hacen referencia a las autoliquidaciones con clave S, cuyo saldo es a favor del contribuyente.

Devoluciones viables

Devoluciones solicitadas menos devoluciones no procedentes.

Doble imposición

Situación que se produce cuando dos impuestos distintos recaen sobre el mismo hecho imponible y deben ser liquidados en el mismo período impositivo.

Documento de pago

Documento que se envía al contribuyente con el que se puede efectuar el pago de una deuda en los lugares y con los medios que en el mismo se indican. Al documento de pago también se le denomina abonaré o tríptico.

Domicilio fiscal

Domicilio del contribuyente a efectos tributarios. Para las personas físicas es el de su residencia habitual; para las personas jurídicas, es el de su domicilio social siempre que en él esté efectivamente centralizada su gestión administrativa y la dirección de sus negocios.

Donación

Acto por el cual una persona, el donante, dispone gratuitamente una cosa a favor de otra persona, donatario, que la acepta.

Donatario

Persona que recibe una donación. A efectos del Impuesto sobre el Incremento del Valor de los Terrenos de Naturaleza Urbana, el donatario es el obligado al pago.

Ejercicio fiscal

Con carácter general el ejercicio fiscal (o periodo impositivo) coincide con el año natural, aunque puede haber excepciones como, por ejemplo, las entidades de ejercicio partido en el Impuesto sobre Sociedades.

Estimación directa

Método de determinación de la base imponible, que consiste en obtener la renta real y cierta obtenida por el sujeto pasivo por diferencia entre los ingresos y los gastos computables y justificados.

Estimación indirecta

Sistema para determinar bases imponibles mediante el empleo de índices, signos o módulos establecidos por la Administración, para el supuesto de que no se lleve contabilidad o registros y por lo tanto no pueda aplicarse la estimación directa.

Estimación objetiva singular

Sistema de determinación de bases imponibles mediante el empleo combinado de datos aportados por el contribuyente y de índices o módulos establecidos por la Administración.

Embargo de bienes

Acción de trabar bienes propiedad del deudor dentro del procedimiento administrativo de apremio. El embargo se realiza en los supuestos en que el deudor incumpla su obligación de pagar las deudas de Derecho público pendientes.

Entidades colaboradoras

En el procedimiento de recaudación, entidades bancarias o cajas de ahorro que colaboran con la Administración Tributaria para el cobro de las deudas.

Exacción

Hecho de exigir el cobro de impuestos, multas, tasas o deudas.

Exención

Privilegio del que alguien goza y por el cual puede el contribuyente dejar de pagar en parte o completo un determinado tributo.

Expediente administrativo de apremio

Conjunto de actuaciones realizadas por la Administración tributaria encaminadas al cobro de una deuda de Derecho público mediante la ejecución forzosa de bienes y derechos del patrimonio del deudor.

Expediente sancionador

Conjunto de actuaciones de la Administración encaminadas a la imposición de una sanción.

Factura

Es el documento que justifica el suministro de bienes o la prestación de servicios y, en su caso, la repercusión del IVA.

Todos los empresarios como profesionales tienen la obligación de expedir y entregar factura y copia de éste por cada una de las operaciones que realicen en el ejercicio de su actividad.

Fianza personal solidaria

En el procedimiento recaudatorio, garantía que presenta una persona diferente del deudor para asegurar el cumplimiento del pago de un ingreso de Derecho público. Esta persona (fiador) se obliga a realizar el pago si no lo hace el deudor.

Firma electrónica

La firma electrónica, también denominada firma digital, es un conjunto de datos asociados a un mensaje que permiten garantizar, con toda seguridad, la identidad del firmante así como la integridad del texto o mensaje enviado.

Funciones delegadas

En el procedimiento de gestión y recaudación, actuaciones que realiza una Administración en virtud de las competencias conferidas por otra. Las funciones delegadas han de estar especificadas en un acuerdo tomado por la Administración delegante, y publicadas en los diarios oficiales correspondientes (artículo 7 del Texto refundido de la Ley reguladora de Haciendas Locales).

Gastos deducibles

Aquellos cuyo importe se reduce de los ingresos íntegros para determinar la base imponible en los supuestos que determina la ley que regula cada tributo.

Gestión recaudatoria

Actuaciones llevadas a cabo por la Administración encaminadas al cobro de una deuda tributaria u otro ingreso de Derecho público.

Gestión tributaria

Actuaciones llevadas a cabo por la Administración encaminadas a la realización de una liquidación tributaria u otro ingreso de Derecho público.

Grandes empresas

Aquellas cuyo volumen de operaciones (según el artículo 121 de la LIVA) haya excedido, durante el año natural inmediatamente anterior, de 6.010.121,04 euros, lo que supone que su censo se modifica cada año. Están obligadas a presentar mensualmente sus declaraciones-liquidaciones referentes a retenciones, impuesto sobre el valor añadido, impuestos especiales y primas de seguros.

Desde enero de 2003 aquellos retenedores de las Administraciones Públicas, incluida la Seguridad Social, cuyo último presupuesto anual supere los 6 millones de euros, también tienen obligación de presentar mensualmente las declaraciones correspondientes a retenciones sobre rendimientos del trabajo y actividades económicas.

Hecho imponible

Presupuesto de naturaleza jurídica o económica fijado por la ley, cuya realización origina el nacimiento de la obligación tributaria. Por ejemplo, el hecho imponible del Impuesto sobre Actividades Económicas, que origina el nacimiento de una obligación tributaria, es el ejercicio de una actividad empresarial en territorio nacional.

Hipoteca inmobiliaria

Garantía de pago que se da a un acreedor sobre la propiedad de un inmueble del deudor.

Hipoteca mobiliaria

Garantía de pago que se da a un acreedor sobre la propiedad de un bien mueble (por ejemplo, maquinaria) del deudor.

Imputación temporal

Momento concreto en el que se computan determinados rendimientos, según lo dispuesto en la regulación legal de cada impuesto.

Ingresos de Derecho público

Recursos económicos de las Administraciones (tributos, precios públicos, sanciones), cuyo cobro se puede efectuar por la vía de apremio.

Ingresos en formalización

Apunte contable, que no supone movimiento físico de dinero, mediante el que se cancelan derechos y deudas recíprocas. Por este medio se contabilizan, entre otras, las retenciones realizadas por la Dirección General del Tesoro, así como por las Delegaciones de Ministerio competente en materia de Hacienda. Se integran dentro del conjunto de autoliquidaciones mediante autoliquidaciones virtuales.

Ingresos tributarios brutos

Recaudación realizada bruta de los tributos gestionados por la Hacienda estatal.

Ingresos tributarios de las AA.TT.

Ingresos procedentes de la recaudación realizada líquida de los tributos gestionados por la Hacienda estatal que se ceden a las AA.TT. en virtud del sistema de financiación vigente.

Ingresos tributarios del Estado

Recaudación realizada líquida de los tributos gestionados por la Hacienda estatal, una vez deducida la parte de los ingresos que corresponde a las AA.TT. en virtud del sistema de financiación vigente.

Ingresos tributarios homogéneos

Recaudación realizada bruta depurada de todos aquellos factores, distintos de la variación de bases y tipos, que distorsionan la evolución de la serie y dificultan su seguimiento. Tiene como finalidad analizar la evolución subyacente de la recaudación a partir del comportamiento de sus determinantes económicos.

Ingresos tributarios totales

Es la recaudación realizada líquida de los tributos gestionados por la Hacienda estatal antes de deducir la parte de los ingresos que corresponden a las AA.TT. (CC.AA. de régimen común en virtud del sistema de financiación autonómica vigente y CC.LL.). Pueden atribuirse al Estado (ingresos tributarios del Estado) o a las AA.TT. (ingresos tributarios de las AA.TT.).

Inmueble de naturaleza rústica

A efectos del Impuesto sobre Bienes Inmuebles, y según lo dispuesto en el artículo 61 del Texto refundido de la Ley Reguladora de las Haciendas Locales, se considera inmueble de naturaleza rústica todo aquél definido como tal en las normas reguladoras del Catastro Inmobiliario. Constituye el hecho imponible de este impuesto la titularidad de los derechos señalados en el citado artículo.

Inmueble de naturaleza urbana

A efectos del Impuesto sobre Bienes Inmuebles, y según lo dispuesto en el artículo 61 del Texto refundido de la Ley Reguladora de las Haciendas Locales, se considera inmueble de naturaleza urbana todo aquél definido como tal en las normas reguladoras del Catastro Inmobiliario. Constituye el hecho imponible de este impuesto la titularidad de los derechos señalados en el citado artículo.

Intereses de demora

Cuantía que se genera cuando no se efectúa el pago de una deuda dentro del período de pago voluntario y que se ha de ingresar con independencia de la deuda principal. El importe se calcula según los días transcurridos desde la finalización del período de pago en voluntaria hasta el día en que se efectúe su pago.

Ley de bases

Norma aprobada por las Cortes Generales, por la que se delega en el Gobierno la potestad de dictar un texto articulado con rango de ley, que adoptará la forma de decreto legislativo, y que deberá seguir los principios y criterios contenidos en aquélla.

Licencia urbanística

Autorización otorgada por la Administración para la realización de una actividad de edificación, uso del suelo, etc., de carácter urbanístico por parte del interesado.

Liquidación tributaria

Acto por el cual la Administración determina una deuda tributaria y la cuota a pagar.

Liquidación tributaria provisional

Acto administrativo mediante el cual se determina el importe de la deuda tributaria de forma provisional, a expensas de posterior comprobación y liquidación definitiva por parte de la Administración.

Mínimo exento

Cantidad no sujeta a gravamen, a partir de la cual se aplica la tarifa que corresponda.

Minoraciones

Se trata de ingresos procedentes de tributos gestionados y recaudados por la Hacienda estatal que son cedidos a otras Administraciones o entidades. En concreto se consideran minoraciones la participación de las AA.TT. y la asignación tributaria a la Iglesia Católica.

NIF

El número de identificación fiscal (NIF) es un código de identificación de las personas físicas y jurídicas y de las entidades del artículo 35.4 de la LGT en sus relaciones de naturaleza o con trascendencia tributaria.

Normas tributarias

Son aquellas cuya materia tiene carácter tributario. Sus principios y su régimen se recogen en el título primero de la Ley General Tributaria de 28 de diciembre de 1963.

Objeto tributario

Bien o actividad en que recae un hecho imponible, fijado por la ley, y que origina el nacimiento de una obligación de contribuir. Por ejemplo, en el Impuesto sobre Vehículos de Tracción Mecánica el objeto tributario es el vehículo propiedad del contribuyente.

Obligado al pago

Persona natural o jurídica a quien, por ley y a efectos tributarios, le corresponde realizar el pago de un ingreso de Derecho público.

Obligado Tributario

Persona sobre la que recae la obligación de pago.

Obra nueva

Nueva edificación o construcción realizada que, a efectos catastrales, ha de declararse a la Gerencia Territorial del Catastro a fin de actualizar el valor catastral del inmueble (en los Ayuntamientos donde el Impuesto sobre Bienes Inmuebles está gestionado por el ORGT, esta declaración ha de presentarse en las oficinas de dicho Organismo).

Ordenanza fiscal

Disposición general de carácter reglamentario dictada por las Administraciones Locales, en el uso de sus competencias tributarias, mediante la cual se regula la imposición y ordenación de los tributos municipales.

Órganos administrativos

Se pueden definir como: «los diversos centros o unidades funcionales en que se divide la organización administrativa de cada ente público y a cada uno de los cuales se adscribe como titular una determinada persona física o pluralidad de personas físicas, a fin de actuar las correspondientes funciones y atribuciones jurídicas, cuya actuación o ejercicio se imputa directamente al ente del que forman parte».

Padrón fiscal

Listado donde figuran, entre otros elementos, todos los obligados al pago de un tributo de un municipio determinado.

Participación de las AA.TT.

Parte de la recaudación líquida de la Hacienda estatal, en concepto de IRPF, IVA e impuestos especiales, que se cede a las AA.TT. en virtud del sistema de financiación vigente de estas Entidades.

Período de pago ejecutivo

Plazo de que dispone el obligado al pago para hacer el ingreso con recargos e intereses de demora de un tributo u otro ingreso de Derecho público.

Período de pago voluntario

Plazo de que dispone el obligado al pago de un tributo u otro ingreso de Derecho público para hacer el ingreso, de forma voluntaria, sin recargos ni intereses de demora.

Período impositivo

Año en que se realiza el hecho de naturaleza jurídica o económica fijado por una norma y que origina el nacimiento de la obligación tributaria.

Ponencia de valores

Es el documento administrativo que recoge los valores del suelo y de las construcciones, los criterios y módulos de valoración, así como el planeamiento urbanístico y otros elementos necesarios para llevar a cabo dicha valoración.

Prescripción

Extinción, por el transcurso de 4 años, del derecho que tiene la Administración para determinar la deuda tributaria, exigir el pago de una deuda e imponer una sanción tributaria. Este plazo se interrumpirá en las condiciones establecidas en el artículo 66 de la Ley General Tributaria.

Procedimiento administrativo de apremio

Conjunto de actuaciones llevadas a cabo por la Administración Tributaria, encaminadas a la recaudación (cobro) de una deuda de derecho público.

Procedimiento sancionador

Conjunto de actuaciones integrantes de un expediente sancionador, llevadas a cabo de acuerdo con la normativa sancionadora, encaminadas a la imposición de una sanción.

Prorrata

Cuando un sujeto pasivo realiza de manera exclusiva operaciones que generan derecho a deducción, puede deducir la totalidad del impuesto soportado en la adquisición de los bienes y servicios necesarios para su actividad. Por contra, si solamente realiza operaciones que no generan derecho a deducción, no existe tal derecho, por lo que la deducción es del 0% del impuesto que soporte.

Providencia de apremio

Es el título ejecutivo que inicia el procedimiento de apremio. La providencia de apremio la dicta el Tesorero municipal y tiene la misma fuerza ejecutiva que una sentencia judicial para proceder contra el patrimonio del obligado al pago.

Prueba

Es la demostración o justificación de la existencia real de los hechos alegados.

En los procedimientos de aplicación de los tributos quien haga valer su derecho deberá probar los hechos constitutivos del mismo. Los obligados tributarios cumplirán su deber de probar si designan de modo concreto los elementos de prueba en poder de la Administración tributaria.

En los procedimientos tributarios serán de aplicación las normas que sobre medios y valoración de prueba se contienen en el Código Civil y en la Ley de Enjuiciamiento Civil, salvo que la Ley establezca otra cosa.

Pymes

Todas aquellas entidades que no son grandes empresas en términos tributarios ni Administraciones Públicas con obligación de declarar mensualmente sus retenciones sobre rendimientos del trabajo y actividades económicas.

Recargo

Cantidad adicional calculada sobre la base o la cuota de un tributo en beneficio de la Administración impositora o de otro ente público.

Recargo de apremio

Cantidad que se ha de ingresar cuando el pago de la deuda se realiza una vez finalizado el período de pago voluntario, con independencia del importe de la deuda principal. Este recargo será del 5% cuando la deuda se satisfaga antes de que haya sido notificada la providencia de apremio, del 10% si la deuda se paga una vez notificada la providencia de apremio y dentro de los plazos del artículo 62.5 de la Ley general tributaria, y del 20% más los intereses de demora transcurrido dicho plazo.

Recargo de equivalencia

Régimen especial del IVA aplicable a comerciantes personas físicas.

Recaudación aplicada

Medida de los ingresos cuyo criterio de registro es el del período en el que dichos ingresos son contabilizados en el presupuesto. Esto significa que la recaudación aplicada de un período contiene la mayor parte de los ingresos pendientes de aplicación a fin del periodo anterior y no recoge los ingresos que quedan pendientes de aplicar al final del propio período. Se refiere tanto a los ingresos de presupuesto corriente como a los de cerrados. En la actualidad, en términos anuales coincide con la recaudación realizada.

Recaudación del ejercicio corriente

Operaciones realizadas correspondientes a recursos del presupuesto de ingresos del ejercicio en curso.

Recaudación de ejercicios cerrados

Operaciones realizadas respecto a derechos pendientes de cobro al comienzo del ejercicio correspondientes a recursos de presupuestos de ingresos ya cerrados.

Recaudación realizada bruta

Está formada únicamente por los ingresos efectivamente realizados en el periodo, con independencia de cómo hayan sido realizados (Entidades Colaboradoras, Cajas de las Delegaciones, Aduanas o Formalización) y del momento en que se apliquen al presupuesto.

Recaudación realizada líquida/ neta

Recaudación realizada bruta menos devoluciones pagadas. Si la recaudación líquida es del Estado, también tiene restadas las minoraciones y los ajustes con los territorios forales.

Recaudación tributaria

Conjunto de órganos y personas que tienen por objeto el cobro efectivo de los distintos impuestos.

Recurso de reposición

Recurso de carácter preceptivo que los interesados han de interponer contra los actos dictados por la Administración local en la gestión, inspección y recaudación de sus tributos, si desean acudir a la vía contencioso administrativa.

Referencia catastral

Es un identificador oficial y obligatorio de todos los bienes inmuebles. Este código está asignado por el Catastro de tal forma que todo inmueble tiene una única referencia catastral. La referencia catastral incluye las coordenadas geográficas del terreno de que se trate.

Régimen económico matrimonial

Desde el punto de vista jurídico, el régimen económico matrimonial se puede definir como el conjunto de reglas que regulan las relaciones económicas entre los cónyuges y entre éstos y terceras personas mientras dura el matrimonio.

Reglamento

Toda norma escrita o disposición jurídica de carácter general procedente de la Administración, en virtud de su competencia propia y con carácter subordinado a la ley.

Retención

Retención es la cantidad Ingresada en el Tesoro Público por el pagador, a cuenta del Impuesto del perceptor, y que previamente le ha detraído de sus rendimientos brutos dinerarios.

Sanción tributaria

Cantidades exigidas por la Administración como consecuencia de que el obligado tributario haya incurrido en una infracción tributaria. Puede ser grave o leve.

Subasta pública

Acto público, dentro del procedimiento administrativo de apremio, mediante el cual se realiza la venta forzosa de bienes embargados a los deudores. Resulta adjudicatario quien hace la oferta económica más alta.

Sujeto pasivo

Persona natural o jurídica que, por ley, resulta obligada al cumplimiento de una prestación tributaria, ya sea como contribuyente o como substituto del mismo.

Sustituto del contribuyente

Es sustituto del contribuyente el sujeto pasivo que, por imposición de la Ley y en lugar de aquél, está obligado a cumplir las prestaciones materiales o formales de la obligación tributaria. El concepto se aplica especialmente a quienes se hallan obligados por la Ley a detraer, con ocasión de los pagos que realicen a otras personas, el gravamen tributario correspondiente, asumiendo la obligación de efectuar su ingreso en el Tesoro (art. 32 de la Ley General Tributaria).

Tarifa tributaria

Tabla de precios, derechos o impuestos que se tienen que pagar por la compra de una cosa o la realización de un trabajo. Conjunto de tipos de gravamen aplicables en un determinado impuesto.

Tasa

Clase de tributo cuyo hecho imponible es la utilización del dominio público, la prestación de un servicio público o la realización por la Administración de una actividad que afecte o beneficie de modo particular al sujeto pasivo.

Textos articulados

En este supuesto, el Parlamento fija mediante una ley de bases los principios generales que deben presidir la regulación de una determinada materia, y que deben ser desarrollados por el Gobierno mediante un decreto legislativo denominado texto articulado. La ley de bases deberá delimitar con precisión el contenido y alcance de la delegación y los principios y criterios que deben seguirse en su ejercicio. En ningún caso podrá autorizar la modificación de la propia ley de bases ni facultar para dictar normas con carácter retroactivo.

Textos refundidos

En este caso, la labor que se confía al Gobierno es sistematizar y articular en un texto único una pluralidad de leyes que inciden sobre un mismo objeto, sin alterar la regulación material que resulta de las mismas. El texto refundido sustituye, derogándolas, a las leyes en él refundidas, que desde este momento dejan de ser aplicables. La autorización para refundir textos legales debe determinar el ámbito normativo al que se refiere el contenido de la delegación especificando si se circunscribe la mera formulación de un texto único o si incluye la de aclarar, regularizar o armonizar los textos legales que han de ser refundidos.

Tipo de gravamen

Porcentaje, proporcional o progresivo, fijado por ley, que se aplica a la base liquidable para obtener la cuota tributaria.

Tipo impositivo

Porcentaje, proporcional o progresivo, fijado por ley, que se aplica a la base liquidable para obtener la cuota tributaria. También se denomina tipo de gravamen.

Tipo impositivo fijo o proporcional

Porcentaje aplicable a la base imponible que no varía al incrementarse esta.

Tipo impositivo progresivo

Porcentaje aplicable a la base imponible que varía al incrementarse esta.

Tipo impositivo marginal

Tipo aplicable a los últimos tramos de la renta del sujeto pasivo.

Tipo impositivo efectivo

Porcentaje resultante de relacionar la cuota a ingresar con la base liquidable.

Tipo medio

Resultado de dividir la recaudación entre la correspondiente base (liquidable, renta gravada, etc.).

Transmisión de dominio

Acción y efecto de pasar a otra persona o personas la propiedad de una cosa.

Transmisión lucrativa

Acción y efecto de pasar a otra persona la propiedad de un bien o derecho de forma gratuita, con lucro (ganancia o provecho) por parte de quien lo recibe.

Transmisión onerosa

Acción y efecto de pasar a otra persona la propiedad de un bien o derecho a cambio de un precio o cualquier otra contraprestación.

Tributos cedidos

Tributos cuyas competencias normativas han sido transferidas desde la Hacienda estatal a otras Administraciones.

Tributos de cobro periódico

Tributos que se devengan anualmente, es decir, que han de pagarse cada año.

Tríptico

Documento que se envía al contribuyente, con el que se puede efectuar el pago de un tributo en período de pago voluntario en los lugares y con los medios que en el mismo se indican. El tríptico también se denomina abonaré o documento de pago.

Unidad familiar

La unidad familiar es el conjunto de personas que, a efectos de tributación conjunta, han de acumular sus rendimientos y ganancias de patrimonio obtenidos durante el período impositivo y responden conjunta y solidariamente del pago de la deuda tributaria.

Uniones Temporales de Empresas

Las Uniones Temporales de Empresas (UTE) son las que surgen de contratos de colaboración de carácter temporal entre empresarios para el desarrollo o ejecución de una obra, servicio o suministro. En el sector que más se utilizan es en la construcción.

Valor añadido

Es la diferencia entre el valor de lo producido y el valor de los factores incorporados, que es igual a la suma de las rentas generadas por el proceso.

Valor catastral

El valor catastral es un valor administrativo que sirve de base, entre otros aspectos, para el cálculo del Impuesto sobre Bienes Inmuebles. Se obtiene a partir de los datos existentes en el Catastro Inmobiliario, y se fija con referencia al valor de mercado, sin que en ningún caso pueda exceder de éste. Se calcula mediante un procedimiento concreto (ponencia de valores) y está integrado por el valor del suelo y el de las construcciones.

Valor de mercado

Aquel pactado entre partes independientes en las relaciones comerciales.

Vía contencioso-administrativa

Procedimiento de reclamación contra los actos y resoluciones definitivos dictados por la Administración que se instruye ante los jueces y tribunales de la jurisdicción, de lo contencioso-administrativo.

Vía ejecutiva

Procedimiento utilizado por la Administración tributaria dentro del ámbito de la recaudación de los ingresos de derecho público. Tiene como objetivo el cobro de una deuda de Derecho público por la vía de apremio.

Vivienda habitual

Se considera la vivienda habitual del contribuyente la edificación que constituya su residencia durante un plazo continuado de, al menos, tres años, excepto:

- Cuando se produzca el fallecimiento del contribuyente.

- Concurran circunstancias que necesariamente exijan el cambio de vivienda, como separación matrimonial, traslado laboral, obtención del primer empleo o cambio de empleo, celebración de matrimonio o vivienda inadecuada en caso de minusvalía o situación análoga.

BIBLIOGRAFÍA

WEBGRAFÍA

Bibliografía

⇨ **Manual de Derecho Tributario**. Editorial Aranzadi, Navarra, 2015.

⇨ **Memento Práctico Fiscal**. Editorial Francis Lefebvre, S.A. Madrid, 2016.

⇨ **Curso de Derecho financiero y tributario**. Editorial Tecnos. Madrid, 2015.

⇨ **Impuesto sobre Sociedades**. Editorial Tirant. Valencia, 2015.

⇨ **Impuesto sobre la Renta de las Personas Físicas**. Editorial Tirant. Valencia, 2015.

⇨ **Ley General Tributaria**. Editorial Tirant. Valencia, 2015.

Webgrafía

⇨ https://sede.agenciatributaria.gob.es/

⇨ https://noticias.juridicas.com/

⇨ https://www.boe.es/

⇨ https://www.ief.es/

⇨ https://www.hacienda.gob.es/es-ES/Paginas/Home.aspx

⇨ https://www.icac.gob.es/